本著作获教育部人文社会科学研究青年基金项目
“贵州少数民族地区信用票据研究”(批准号：11YJC790184)资助

贵州少数民族地区信用票据研究

王敏 著

知识产权出版社
全国百佳图书出版单位

图书在版编目（CIP）数据

贵州少数民族地区信用票据研究/王敏著．—北京：知识产权出版社，2016.8

ISBN 978-7-5130-4403-5

Ⅰ.①贵…　Ⅱ.①王…　Ⅲ.①商业信用—票据—经济史—研究—贵州　Ⅳ.①F832.9

中国版本图书馆CIP数据核字（2016）第200358号

内容提要

本书对贵州少数民族地区信用票据的历史进行了系统研究。历史上，贵州少数民族地区流通过多种信用票据，见证了其经济发展与社会变迁的历程。同时，票据的信用丧失使历代少数民族地区的人民蒙受经济损失，重物轻币的心理致使票据的流通时断时续。新中国成立以后，全国统一发行的人民币，直接结束了新中国成立前多种票据在贵州少数民族地区流通的局面，使贵州人民免受票据贬值之害，对经济的恢复与发展发挥了重要作用，使贵州少数民族地区走向繁荣昌盛的发展道路，并促使社会文化发生巨大变迁。更为重要的是，统一的票据有利于加强少数民族的民族认同感，促进国家意识的形成，并以此为核心构建民族认同与国家意识的一致性。

责任编辑：宋　云　　**责任校对：**潘凤越
文字编辑：王颖超　　**责任出版：**刘译文

贵州少数民族地区信用票据研究
王　敏　著

出版发行：知识产权出版社有限责任公司　　网　址：http：//www.ipph.cn
社　址：北京市海淀区西外太平庄55号　　邮　编：100081
责编电话：010-82000860转8388　　责编邮箱：hnsongyun@163.com
发行电话：010-82000860转8101/8102　　发行传真：010-82000893/82005070/82000270
印　刷：三河市国英印务有限公司　　经　销：各大网上书店、新华书店及相关专业书店
开　本：720mm×1000mm　1/16　　印　张：15
版　次：2016年8月第1版　　印　次：2016年8月第1次印刷
字　数：235千字　　定　价：45.00元
ISBN 978-7-5130-4403-5

目 录

第二编　民国时期贵州少数民族地区信用票据

第三编　新中国成立后贵州少数民族地区信用票据流通

导　言

当今时代被称为“金钱时代”，崇尚的是“有钱能使鬼推磨”“没有钱万万不能”的口号，认为“人生最大的痛苦是人还没死，但是钱已经没了”。“钱”本身似乎成为生活的目的，人类行动的一切目的是向“钱”看齐，甚至认为今天一切问题都不是问题了，只剩下“这个东西值多少钱”的问题。“钱”如此重要，那你是否了解“钱”的历史？“钱”发展成我们今天观念中的“钱”经历了怎样的历史进程？同时，不知你是否又想过：“没有钱的时代，人们是如何表达对‘钱’的喜爱，又用什么东西来购买商品呢？”事实上，“钱”的出现本身是经济发展的结果。“钱”能够成为“钱”是信用在起作用，“钱”的天敌就是不讲信用。我们今天使用的“钱”是典型的信用票据。

从本质上讲，纸币不过是一张没有使用价值和价值的凭证，为什么能充当商品交换的媒介呢？是因为它有信用，拿到它就可换到等值的商品和服务。如果换不到，说明它已停止流通，人们将会拒绝接受，如果换得少，说明它已贬值，人们就会谴责发行纸币的机关。信用是信用票据的生命。信用坚挺，信用票据的币值就稳定，就坚挺。不讲信用，信用票据就丧失信用，失去生命力。任何国家发行的票据都是用来代替流通中已存在的金属货币，它本身虽并不具有价值，但却发挥金属货币的职能作用，并可以兑换金属货币或黄金。票据之所以能够成为通用的价值符号，国家的强制力起着关键作用。特别是在不能兑换金属货币的情况下，没有国家的强制力，纸币就不能取得社会公认而进行流通。但国家的强制力只能在一定的范围内有效，因而纸币就只能规定在本国范围内流通。当然在具有国家强制力的同时，也还要有物资以维持币值的稳定，否则就会贬值到无人接受的程度。如果纸币被强制退出流通，那么它就不再是货币符号或金的符号了，而变成一文不值的废纸。

纵观人类历史，信用票据的出现与发展经历了一个漫长的过程，见证了人类成长的足迹，是人类文明和社会生产力发展的必然产物。中国信用票据具体产生于何时是一个难以确定的问题，但我们可能肯定的是，信用票据不是从来就有的，是人类社会发展到一定阶段才产生的。正如彭信威先生所讲："信贷行为的发生，应当是在私有财产出现以后的事。"[1] 伴随借贷关系的出现，用以表示借贷关系的信用票据随之出现。因此，在某种程度上讲，信用票据的产生源于商品经济之中，商品经济是信用票据产生和存在的前提和基础，信用票据的出现见证着经济社会的发展。中国信用票据的使用源远流长，是中国经济社会发展的历史见证。在各个历史时期，信用票据以不同的形式、类型存在于人们的生活中，并对人类的生活产生了深远的影响。信用票据也因此成为我国经济发展的一个历史实物凭证，从侧面记载和表现了我国经济发展的历史过程和特点。通观中国历史可以看到，信用票据见证社会制度的更替、经济制度的转换和经济政策的重大变动，其使用时间的长短大致与当时经济社会的稳定密切相关。通常，信用票据类型多样、流通畅通的时期一般都是经济稳定、国泰民安的历史时期。反之，政局不稳则伴随产生信用票据丧失信用，无以为继的现象。

今天，我们生活在一个商品经济得到充分发展的世界中，信用票据极大地方便了人们的生活。我们打开电视或者翻开报纸几乎随时可以看到有关信用票据的新闻报道，无论是国家领导人还是普通老百姓，无论是中国还是外国，无论是一国之内还是国与国之间都会遇到信用票据的问题。人们与信用票据打交道的时间越多，受到信用票据的影响也越大。而信用票据最主要的问题是什么呢？当然是"信用"问题。即凭着政府或某机构赋予的信用，全社会的人相信用这种票据可以兑现一定数量的实物商品。那么，信用是什么呢？信用最广泛的意义是指人说话算数，承诺的就一定做到，认定的就一定是事实。信用对于人类社会具有极其重要的意义。人是结成社会关系而生产、

---

[1] 彭信威：《中国货币史》，上海：上海人民出版社，1965 年，第 2 页。

生活的，正是由于有了信用，单个的人才形成了社会有机体，如果没有信用，人类社会就不可能产生，更不可能存在和发展。人也就不能成其为人。孔子说“人而无信，不知其可也”“民无信不立”。他把信当作治国的第一基础条件，宁可“去兵”甚至“去食”，也不可“去信”。“信用自己的特点，第一，信用是社会关系，是人与人之间的关系，它涉及的关系主体至少是两个以上，一个人无所谓信用。第二，信用关系是人与人之间权利和义务的关系，这个权利和义务的实现在时间上有先后的差异。第三，信用关系如果没有锁定机制，就有可能断裂，换言之，信用是有风险的。第四，一个主体讲不讲信用，是由他的信用能力决定的，一旦超出了信用能力，不讲信用的现象就必然发生。”❶

所以说，信用票据最重要的是“信用”，这“信用”又是怎样建立的呢？说白了，假定你是一个政府首脑，给你一堆纸，你有什么办法让人民接受这些纸当钱呢？你固然可以用枪顶着某一个人的脑门儿要求他把你的纸当钱用，他为了要命不得不同意，但对于全体人民，这样做却毫无意义，而且只会激起强烈的反抗，而且拿枪顶别人脑门儿的士兵和警察们也是要用钱来养活自己的，你胆敢给他们也发纸……

有没有更好的办法？

很简单，有“信用”！

只要你拥有了信用，想让纸变成钱的办法很简单，那就是赋予这种纸购买粮食、金银、牲畜等商品的能力，这种纸自然也就成为大家都接受的交换媒介。就这样，不必拿枪顶着每个人的脑袋，你的纸自然变成了国家的货币。只要你不在纸币发行额上任意妄为，保证这种纸的信用，整个社会的人都会把拥有这种纸当成自己终身的奋斗目标。

信用票据的作用如此之大，与“点石成金”的神话故事一样令人神往。在中国历史中，众多朝代的统治阶级都曾发行信用票据，如宋代的交子，元朝的交钞，大明的宝钞，清朝的宝钞和官票。这些信用票据对促进社会经济发展都曾起到良好的促进作用，但也因失信被湮没在历史的洪流中。在某些

❶ 董丰均：《货币天然是信用》，北京：中央编译出版社，2012 年，第 67 页。

历史时刻，错误的政策使信用票据造成巨大灾难，令人谈虎色变。时至今日，信用票据的失信仍然可以带来国家动荡、人民暴动。如非洲的津巴布韦买1个面包，2000年的时候用1元，2005年的时候用1万元，2008年的时候用1万亿元。如此昂贵的面包真是闻所未闻！所以，贫穷的津巴布韦人即使都拥有几十万亿元、几百万亿元的财富，但却仍然大批饿死在街头。归根结底，凭着一个国家政府的信用而发行的纸币，一旦丧失了信用，这些纸币最大的作用可能只剩下点火或者做厕纸了。

贵州自古是一个多民族地区，明代以前汉族很少，主要居民是少数民族，谓之“夷多汉少”。在长期历史发展过程中，贵州由于交通极度不方便，与中原经济交流较少，一直是较为贫穷的地区，这一切与贵州独特的地理位置息息相关。贵州位于我国西南的云贵高原，境内崇山峻岭，地形崎岖，交通闭塞，丰富的矿产资源货弃于地，未能开发利用，长期以来商品交易多以“赶场”方式进行，处于自然经济状态。此外，由于历代统治者实行歧视、压迫和隔离的民族政策，少数民族长时间、大规模地流动迁徙，多被迫逃往自然条件恶劣的荒僻山野。因此，贵州少数民族地区经济、文化发展长期落后于中原其他各地。由于分散居住，形成了各地区间政治、经济、文化发展的极不平衡。就是说，各地区在同一时期内，各种社会经济形态并存，有的地区受汉族经济、文化的影响较深，已经进入封建地主经济社会；有的地区仅有简单的商品生产和交换；而更多的地区仍处于原始公社末期，或是保留着浓厚的原始公社残余，劳动生产的产品，除维持本身的温饱之外，没有更多的剩余产品用于交换和流通，仍处于低标准的自给自足状态，甚至自给不足。基本上没有商品、货币的概念，有的还用缯、帛或贝等实物货币；有的甚至还是采取原始社会的交换方式，以有易无。

由于地处偏远，关于贵州的历史记载不多，对贵州少数民族地区信用票据使用及流通的记载更加少见。在浩如烟海的文字记载中，我们可以发现信用票据在贵州少数民族地区发展的历史，及信用票据对促进当地的经济发展起到的巨大作用。可以说，贵州少数民族地区的信用票据文化与中原地区是一脉相承的，同样具有悠久的光辉历史，从一个侧面记载着贵州少数民族地区社会发展的历史进程。

贵州自古就被纳入中国的版图。公元前221年，秦始皇统一中国后，把全国划分为三十六郡，在少数民族聚居较多的黔中，设置黔中郡。这正好说明，贵州与外地互通有无的商业往来自古就非常密切。同时，为进一步加强中央政权对西南夷的统治，秦始皇下令修筑“五尺道”，“秦通五尺道，置夜郎吏”。[1] 汉武帝即位后又开辟“南夷道”，这无疑加强了贵州与中原地区的交往，促进其经济发展。

随着经济的发展，表示借贷关系的信用票据随之出现。在贵州少数民族地区存在“刻木为契”的传统票据形式，如思州地区存在这种古老的借贷契约方式，它是由借贷双方在一块木板（或竹片）上，刻上若干代表借贷数字的符号，然后从中劈分为二，借贷双方各执一半以为凭据。“刻木为契”类似于周代出现的信用凭证“傅别”，傅别是表示借贷关系的债券，一般用竹木制成，放债人拿右半，债务人拿左半。“刻木为契”“傅别”这样的信用票据存在于经济社会的初级阶段，随着商品交换在社会生活中的比重不断加大，信用票据的种类也越来越丰富。贵州某些少数民族地区受中原经济文化的影响较深，商品经济较为发达，因此，这些地区的信用票据深受中原的影响。

宋代是中国封建社会经济发展的高峰时期，为适应经济发展的需要，出现信用票据市场，有盐引、茶引、交子等票据形式。据当时经济与商品流通的情况，宋代出现的盐引、茶引等信用票据在贵州少数民族地区有流通的迹象。据《元史·食货志》记载，政府在辰、沅、靖等地设转运司，还“印制锡引”，每引收钱300文，发给商人贩锡，每引准许售锡100斤。无引者以私运论处，杖六十，其锡没官。然而，元初期之后，钞法大乱，宝钞急剧贬值，贵州少数民族地区由于地处边远，信息闭塞，所受的危害应更甚于中原地区。

清代以降，“改土归流”促使贵州经济发展，少数民族地区更是凭借资源优势，与外部的经济往来日益密切，铜仁、镇远、格江、黎平一带木材交易兴盛，锦屏成为黔东南主要的商品市场，有“木头城”的称号。遵义、安顺、毕节、兴义、恩南等地的棉纱和鸦片等土特产品贸易有了较大幅度的增长，

[1] 贵州省文史研究馆校勘：《贵州通志·前事志一》，贵阳：贵州人民出版社，1985年，第27页。

有些商号在收购土特产品过程中，以商号的名义发行了钱票，简称“商钞”，用来弥补资金不足，扩大业务经营。

上述诸多事例，足以说明贵州少数民族地区自古存在信用票据的使用与流通，并受到中原信用票据的影响。因票据的信用丧失使贵州少数民族地区的人民蒙受经济损失，使其对票据的使用始终抱有戒心，呈现出时断时续的状态。如据《洪武实录》记载，洪武十八年（1385 年），乌撒、宁川、毕节等卫市马 6729 匹；洪武十九年二月，赍白金 22 650 两往乌撒等处市 755 匹，平均每匹马价白银 30 两。[1] 这一史实说明，虽然明代初年已经发行纸币，并且全国通用，但贵州少数民族人民受元朝票据贬值之害，经济蒙受损失，百姓的生活更加贫苦。因此不愿接受票据，更愿意以真金白银买卖，或以实物交易，致使票据流通不畅。当然，因失去票据流通市场的支持，贵州的经济发展受到牵制，长期处于落后状态。

近代以来，帝国主义加强对中国的经济侵略，中国自给自足的自然经济逐步解体，在经济整体衰退的时代背景下，贵州少数民族地区处于新与旧、本国与外国、封建经济与资本主义经济的多重压迫之下，历届统治者都企图用经济侵略和金融渗透来充实自身的经济实力，共同吮吸贵州少数民族地区人民的血汗。在此过程中，历任统治者利用特权在贵州少数民族地区强行发行各类票据，使其经历了极其紊乱的多元化票据流通时期，给经济发展和人民生活带来了深重的灾难。

在军阀混战时期，贵州连年经历战乱，主黔军阀不断更换，历届执政者各自发行各种票据弥补财政赤字，扩充自身的军事实力。此外，黔军多次出省征战，滇川黔军阀在贵州相互征战，大量的地方性票据带进带出，因此，这一时期贵州少数民族地区流通过多种票据。这些在贵州少数民族地区流通的信用票据发行前都约定到期支付现金，但到期后无款支付，甚至以拒收的方式公开赖账，致使票据丧失信用。除此之外，军阀征收的税目无奇不有，发展到人走路、祭祖上坟都要交税的地步，时人作诗“自古未闻粪有税，而

[1] 转引自胡致祥：《贵州经济史探微》，贵阳：贵州省史学学会近现代史研究会，1996 年，第 21 页。

今只有屁无捐”❶ 进行尖锐的讽刺。这一切都使当时贵州少数民族地区的人民无力发展经济生产，改善生活，整个经济陷于崩溃的边缘。一旦信用票据丧失信用，贵州少数民族又会采取物物交易的交换方式；由于经济落后，长期以来受到统治阶层的剥削，贵州少数民族对信用票据一般抱有一种不信任的态度，人们普遍产生重物轻币的心理，很多地区退回到实物交换的阶段。因此，这些流通时间短暂、信用很差的票据极大地妨碍了商品流通和经济发展，反映出政治、经济不统一和混乱的局面。

中华人民共和国成立以后，为适应新政权，迎接全国解放，统一发行人民币成为迫切需要的事情。全国统一发行的人民币，直接结束了新中国成立前多种票据流通的局面，促进各地的物资交流与贸易往来，对新中国成立初期经济恢复发挥了重要作用。贵阳市军管会于 1949 年 11 月 27 日颁布布告，宣布中国人民银行发行的人民币为市场流通的唯一合法货币，一切缴纳、计算、收付、账目、债务均以人民币为结算本币，继续使用银元记账或计价或拒用人民币者，将给予严厉处罚。同年 12 月 9 日，贵阳市军管会再度发布布告，宣布限期收兑伪银圆券及银圆辅币券。1950 年 2 月 9 日，贵州省人民政府财经委员会发出《关于禁用银元的指示》，随后各地区相继发出禁银布告，开始了一场从城市逐渐扩展到乡村的禁银工作。从 1950 年 2 月 20 日起，以不予兑换的硬性冻结方式禁用银元。同时为减少人民群众的损失，中国人民银行贵州分行按一定比价，限期收兑银圆券予以销毁。至 1950 年年底，全省半数以上的县取得了禁银工作的胜利，其余的各县也在 1951 年内完成禁银工作。通过开展禁银斗争，人民币占领了全省市场，从根本上整顿了金融秩序，对稳定市场物价发挥了重要作用。

在人民币发行之初，少数民族地区的人民由于长期受到各种票据贬值之害，顾虑心理难以消除，这不利于人民币占领市场。尤其是新中国成立前，一些不法分子利用人民群众对人民币的不信任心理，大肆制造流言蜚语，企图阻止人民币的正常流通。针对复杂的现实情况，省人民政府根据中央有关指示精神，采取一系列有力措施，整顿金融市场，提高人民币信誉，使各族

❶ 周春元主编：《贵州近代史》，贵阳：贵州人民出版社，1987 年，第 180 页。

人民认识到人民币能够保障各族人民的利益，能为发展社会经济提供重要的前提条件和保障。最终，贵州少数民族地区流通的各类票据统一于独立自主和基本稳定的人民币，这是千百年来从未有过的票据统一制度。自此，贵州少数民族地区在党的领导下，开始走向繁荣昌盛的大道。

第一编　古代贵州少数民族地区信用票据发展史

尽管每个国家的货币演变过程不尽相同，但都遵循着一个从低级到高级演进的基本规律。人类历史上大多数早期的货币都是足值货币。当作货币的实物物品是在长期的经济交易中自然形成的，这些物品既可以作为货币使用，也可以用于非货币的商品使用，而且两者之间具有完全的替代性，因此其内在价值与交换价值就会大致相同。当实物物品用作货币的内在价值上升，大大超过其作为普通商品的交换价值时，其用于普通商品的机会就会减少，用于货币的供给就会增加，从而使得其作为普通商品的交换价值提高，并刺激其生产。由于它们作为货币具有十足的价值，从而保证了其在经济中具有完全的信用，持有人不会遭受大幅度的币值下跌之苦，也不会存在货币的伪造等问题。传统经济本质上是一种实物经济，信用票据的出现通常象征着商品经济的高度繁荣。

中国是世界上使用货币最早的国家之一。根据古代文献记载和大量出土文物考证，有4000多年历史。由于商品经济的发展，交换日益频繁，出现了实物货币。早在殷周时代，我国已经广泛使用各种贝币。春秋战国时期的铜铸币主要分为四大体系，即布币、刀币、圜钱和蚁鼻钱，并使用黄金作为贮藏或支付手段。从秦朝开始，形成了一套比较统一的制钱铸造制度，并一直延续至清末。伴随着借贷的出现，信用票据随之产生，而“借贷行为的发生，应当是在私有财产出现以后的事”。[1] 因此，中国传统社会在各个历史时期都有不同形式、特色鲜明的票据。如最初周代的傅别、汉代的皮币。

---

[1] 彭信威：《中国货币史》，上海：上海人民出版社，1965年，第108页。

第一章　先秦至两汉时期贵州少数民族地区的信用票据

第一节　先秦至两汉时期的信用票据

一、中国古代信用货币的产生

在原始社会早期，人类的生产能力低下，依靠集体劳动获得有限的生活资料，勉强维持整个部落的生存。在这种生活资料极度匮乏的年代，人们没有可以交换的东西，充当交换媒介的货币还没有问世，当然更不会有信用票据。直到原始社会末期，社会生产力有了一定的发展，人类的劳动除满足基本需求以外，尚有节余，这才出现了最初的商品交换。最初的商品交换自然是偶然的、简单的物与物之间的交换。如用粮食来交换另一人的工具，这两种交换物就互为对方的价值表现。

原始社会崩溃后，私有制开始形成，伴随着第一次社会大分工的发展，农业和畜牧业逐渐分离，交换活动逐渐频繁。产生最早的实物货币，其中有布、牛、羊、兽皮、五谷、布帛、珠玉、海贝等。在众多历史典籍中，有很多关于实物演变为货币的记载。如《诗经·氓》记载："抱布贸丝。"《古史考》中记载："伏羲制嫁娶，以俪皮为礼。"其中的俪皮就是色彩斑斓的皮毛。《史记·秦本纪》载："晋献公灭虞、虢，虏虞君与其大夫百里奚，以璧马赂于虞故也，既虏百里奚，以为秦缪公夫人媵于秦。百里奚亡秦走宛，楚鄙人执之。缪公闻百里奚贤，欲重赎之，恐楚人不与，乃使人谓楚曰：‘吾媵臣百里奚在焉，请以五羖羊皮赎之’，楚人遂许与之。”这里说的是秦缪公用五张公羊皮换回百里奚的故事。这些历史记载都说明此时皮毛已经渐渐地从一般商品中分离出来，演变为充当一般等价物的特殊商品，成为我国最早的原始货币形态之一。古书中关于“皮币”的记载还有很多，如《孟子·梁惠王下》载：“昔者大王居邠，狄人侵之，事之以皮币。”《国语·齐语》载：“皮币玩好，使民鬻之四方，以监其上下之所好，择其淫乱者而先征之。”《墨子·子鲁问篇》载：“外有以皮币与四邻诸侯以聘享。”

古代人类多以狩猎为主要生活来源，随着牲畜的增多，人们开始直接以牲畜交换自家需要的东西，后来感到这样的交换带来诸多不便，如牲畜大小价值不同，又不能分割，不便保管，逐渐把交换牲畜变成交换牲畜皮。正是因为牲畜皮交换便利的特色，色彩斑斓的兽皮摆脱了纯粹实用品的地位，开始成为装饰品，并进一步充当起支付工具，形成了“皮币”。由于皮革耐磨和不易腐烂等特点，作为交换的媒介比其他物品具有更大的优越性，但最终因为它的不可分割和不易携带的局限，与其他实物一样，不得不在竞争货币的行列中退了出来。但是在局部范围内，以动物皮革充当货币的现象持续了很长的时间。随着社会经济的发展，剩余产品的增多，交换的频繁，偶然性的以物易物不能满足发展的需要，使交换产生了困难。并且人们在交易中慢慢发现，有许多物品货币存在一定的局限性。例如，牛、羊、兽皮等不能随意分割，五谷容易腐烂变质，不易久藏，布帛容易破碎，且过于笨重，携带不便，这些实物货币就在频繁的交换过程中逐渐被自然淘汰，最后集中到具有特殊天然条件的海贝这一实物货币上。

天然海贝之所以被选来充当等价物，是因与其他物品货币相比具有很多优点。一是贝壳本身具有很强的使用价值。海贝质坚耐用，色泽美丽，形态玲珑。古人常把它作为装饰品使用，如把海贝串成一束，挂在颈项，作为“颈饰”。二是贝壳作为货币材料比玉石、黄金作为币材便宜很多。三是贝壳体积小、重量轻、便于携带，且天然的一枚一枚，便于计数且不易伪造。四是贝壳易于长期保存，不会腐蚀霉烂。因此，在长期的商品交换中，其他的物品货币如牲畜、布帛、五谷等逐渐被淘汰，而海贝则以其优越性最终成为中国最早的货币。

夏、商、西周时期，贝成为主要货币形态。《盐铁论·错币》中提到“夏后以玄贝”，这说明贝已经作为货币使用。商代，贝的使用更加普遍，相传殷商时人们喜欢经商，贝币成为人们追求的目标。《尚书·盘庚》记载，盘庚谴责贵族大臣对王不尽忠，只顾贪图贝玉。告诫他们要“无总于货宝”。可见贝和玉在当时人们心中都是财富的象征。此外，商代使用贝币，在青铜器中也可以找到不少例证。在青铜器《辛巳彝》《中鼎》《豸爵》《彦鼎》等中，都有许多赏贝、赐贝的记载。在考古发掘中，也有不少贝币出土。

> 如1928年，在河南安阳殷墟出土96枚贝；1957年，在安阳高楼庄的两座商代墓葬内，分别出土随葬贝1枚和3枚海贝；1958年，安阳大司空村发掘一批小型商代墓葬，其中11座墓殉有海贝，少者1~2枚，多者达83枚，总数为120枚；1975年，在偃师二里头的一墓葬中出土海贝12枚。有人统计，1969~1977年，在安阳殷墟西区发掘出939座商代墓葬，其中342座有殉贝，总数达2459枚，背部均穿一孔，其中4座墓内贝在百枚以上。最多的2座有350枚之多。以上墓葬中出土的海贝，一般在10枚以下，多则不超过百枚，只有少数超过百枚的，说明这些墓葬的墓主身份并不高。在商代王室的墓葬中，情况就大不相同了。1976年，在安阳小屯村附近发掘出一座完整的王室“妇好”墓。妇好是商王武丁的配偶。墓中除了出土大批精美的玉器、铜器等随葬品外，特别引人注目的是墓内随葬的海贝，竟达6880枚之多。据鉴定，这些海贝分别出产于台湾、南海以至更远的海域。可见这些海贝不但数量多，而且来之不易。❶

商代后期，随着商品生产的发展，交易地域的不断扩大，贝币的需求量越来越大。因海贝从很远的南方获取，且受到生长期等因素的限制，数量十分有限，于是出现了人工仿制贝。最多见的是骨贝，贝面有刻齿，背部穿有

❶ 刘精诚、李祖德：《货币史话》，北京：社会科学文献出版社，2012年，第7~8页。

一孔，用兽骨雕作的有的是二孔。除骨贝外，还有蚌壳仿作的贝，称“珧贝”。还有铜贝，这是我国最原始的金属货币，在河南安阳、山西保德县均有出土。此外，还有以石头、玉、金、银、铅等仿制的贝币。商代仿贝品种的多样，恰好说明贝币在当时流通广泛，已成为货币的主要形态。贝币在民间交易中长期存在。虽然秦代以后贝币不再是法定货币，但它的影响相当深远。民间特别是偏远地区的居民长期使用贝币，少数民族更加如此。例如，少数民族集中的贵州省，元、明时期仍用贝币进行贸易、纳税。

西周时期，由于耕作技术的提高和大量荒地被开垦，农业生产比商代有更大发展。在农业发展基础上，手工业也有新的进步。社会生产的发展，促进了商业的繁荣，在商品交换中货币得到了广泛的应用。西周的主要货币形态仍然是贝币。但周王的赐贝数大大超过了殷商。在殷商时代，赐贝大多在2～5朋，一般不超过10朋，而到了西周，赐贝都在10朋或10朋以上，多则50朋、百朋，反映了西周货币经济的发展。如《诗经·菁菁者莪》中记载：“既见君子，锡我百朋。”这说明西周时代将“百朋”的赏赐看作一件大事，用诗歌来表现愉悦的心情。从我国古代文字结构来看，凡与价值有关的字，大多与贝字有关。如属于买卖的有赊、赘、质、贩、贵、贱、购等；属于赏赐的有贺、贡、赠、赏、赐、赂；属于钱物的有货、赈、资、财等。这些字都是贝字旁，充分说明贝早期作为财富的象征。

贝币虽然较其他物品货币有很多优点，然而也存在不少缺陷。到了西周后期，随着商品交换的发展，贝作为货币已日益不能适应社会流通的需要，因而在市场中被逐渐淘汰。西周末年赐贝之事在铭文中逐渐减少。与之相反，金属货币日益显示出优越性：金属质地均匀，经久耐磨，便于携带和保藏，可以随意分割而价值不变，是作为价值尺度、流通手段的理想材料。因此金属货币逐渐取代贝币，成为社会货币的主要形态。金属货币可能早在夏代就已经出现。《史记·平准书》所载：“虞夏之币，金为三品，或黄或白或赤。”西周时期，金属货币开始得到广泛应用。在西周青铜器铭文中，有关赐金、罚金的记载很多。武王时《利簋》载：“王在阑师，赐右史利金。”昭王时《小子生方尊》载：“小子生赐金。”

春秋时期是我国由奴隶社会向封建社会转变的阶段，封建生产关系的确立进一步解放了生产力。这一时期，手工业门类较前增多。新兴的手工业有冶铁、煮盐、漆器等。此外，青铜铸造、纺织、瓷器烧造也有新的发展。随着社会分工的扩大，商业也日趋繁荣，成为中国货币史上一个重要发展的时期，最突出的是金属称量货币开始向金属铸币转化。金属铸币与金属称量货币有着很大的不同。金属称量货币没有固定的重量，也没有一定的形状。西周的铜饼、铜贝，虽有形状，但大小不一，重量不等。因而人们在使用这些货币时，既要确定重量，又要鉴定成色，在交换中有诸多不便。从严格意义上说，金属称量货币实际上仍然是一种自然状态的金属铸块，还没有完全脱离原始的物品货币形态。在交换过程中，它一方面作为一般等价物的货币，另一方面由于本身的使用价值而成为商品。金属铸币却不同，它是经过国家认可而确定的具有固定的重量形态和成色的货币。人们在使用它时，不必再先考虑它的重量，而只要计算货币的数量，既简单又方便。因此，春秋时期随着商品经济的发展，金属铸币在社会上流通起来，成为我国货币史上的一大进步。

春秋时期，由于各国处于分裂状态，各自有着不同的货币体系，出现了布币、刀币、圜钱和蚁鼻钱四大货币体系。此时的货币大多是由工具转化而来的，如布币是模仿先秦的青铜农具而成；刀币模仿的是商周时期齐、燕、赵三国普遍使用的渔猎工具；圜钱是由纺轮发展而来的。战国后期各国货币有了统一的趋势。为满足向东扩张的需要，秦采取了一系列措施，统一币制，发展经济，以强国力。公元前336年，秦惠文王集中货币发行，铸行秦圜钱，并统一价值标准。秦国货币形制的统一，为以后秦朝统一全国币制打下了基础。公元前221年，秦始皇统一六国，结束了战国时期分裂混乱的政治格局，建立了中国历史上第一个统一的中央集权制国家。秦朝在币制方面进行了一系列的改革，废除了战国时期那些形形色色的货币，一律改铸半两钱。秦朝半两钱的铸造和行使，在中国古代货币史上具有划时代的意义，并在中国通行了两千多年。

公元前206年，汉高祖刘邦建立西汉王朝。经过秦末连年战争，社会经济遭受严重破坏，民不聊生。高祖时允许民间铸钱，于是地方势力和豪绅富商趁机大肆滥铸恶钱，称为“荚钱”。高后二年（公元前186年），朝廷垄断铸币权，禁民私铸。高后六年（公元前182年），由于政治斗争，再次搞钱币减重，改铸“五分钱”，货币贬值造成通货膨胀。文帝五年（公元前175年），为稳定局势取消五分钱，改铸半两钱，又准民间自铸，促成汉王朝第一次通货稳定。武帝建元元年（公元前140年），因连年用兵造成国库空虚，再次进行铸币减重，改铸钱文为“三铢钱”，货币贬值造成私铸增加，出现严重的通货膨胀。建元五年（公元前136年），因三铢钱过轻，武帝不得不取消这种货币，改铸四铢半两钱。不久，为了财政需要，朝廷仍然恢复三铢钱，货币更加轻薄而价更贱，物价飞涨。元狩五年（公元前118年），武帝再次取消三铢钱，令郡国（相当于地方政府）铸五铢钱，通称“郡国五铢”。武帝于元鼎二年（公元前115年），收回郡国铸币权，改由专司铸造发行钱币的机关“钟官”专铸“赤仄五铢”，又称“赤侧钱”“孑绀钱”。元鼎四年（公元前113年），汉武帝严禁郡国铸钱，废除以前各种钱币，通令收回销毁，专令上林三官铸造发行标准五铢钱，从此五铢钱制定型。五铢钱的诞生以及上林三官五铢钱的定型定制，首次明确了货币由中央集中统一铸造，出现了中国货币史上第一次全局性的稳定局面，为后世提供了借鉴意义。

从先秦到两汉，中国的货币经历从实物货币到金属货币、货币形制统一、货币铸造权由国家垄断等重要发展阶段。尤其汉朝进一步确定货币由中央集中统一铸造的权力，按照彭信威先生所言，“中国货币的铸造权到元鼎四年才统一在国家的手中”❶。货币稳定对于当时社会经济的发展起到了明显的促进作用，特别是保持五铢钱的货币质量和币值稳定，使民众信任五铢钱，促进了商品经济的发展。货币的统一及其流通，对于信用产生极大的推动作用。

二、信用的出现与信用票据的萌芽

按照彭信威先生所言，“货币的存在，对于信贷，不是一个必要的前提，因为借贷不必一定要用货币，而可以用各种日用必需品”❷。“所以借贷的产

---

❶ 彭信威：《中国货币史》，上海：上海人民出版社，1965年，第84页。
❷ 彭信威：《中国货币史》，上海：上海人民出版社，1965年，第76页。

生，往往是在真正的货币产生之前，而同商品交换差不多有同样多的历史。”❶可见，借贷行为的发生建立在信用的基础上，同时催生出早期的信用凭证。我国现知最早的信用票据当属西周时期出现的里布、傅别、质剂，《周礼·载师篇》记载“凡宅不毛者有里布”（“不毛者”即不出产桑麻的人家），布上印币名，长二尺，宽二寸，写上年月、地址和钱数，发行人在这三处都加盖印书，用以买卖货物，可以转让流通。当时还有一种“傅别”，在《周礼》等典籍中，我们可以看到当时傅别的大致款式、使用方法等信息。傅别就是表示借贷关系的债券，一般用竹木制成，一分为二，放债人拿右半，债务人拿左半。“傅”有“附”意，表示附有约束文字；“别”就是指一分为二的意思，即分为左右两券。

战国时期借贷关系应已相当普及，“傅别”和“质剂”已是诉讼的最好依据，可以起到“定纷止争”的作用，以减少违约，防止纠纷，表明信用在当时已受到官府的积极干预，这对契约关系的确立起到促进作用，使信用票据被世人广泛接受。此时，借贷已非常普遍，甚至出现了放债致富的例子。最有名的例子是齐国的孟尝君，放债赚息。据《战国策·齐策四》记载，“齐人有冯谖者，贫乏不能自存，使人属孟尝君，愿寄食门下。……‘先生不羞，乃有意欲为收责于薛乎？’冯谖曰：‘愿之。’于是约车治装，载券契而行，辞曰：‘责毕收，以何市而反？’孟尝君曰：‘视吾家所寡有者。’驱而之薛，使吏召诸民当偿者，悉来合券。券遍合，起，矫命以责赐诸民，因烧其券，民称万岁”。冯谖烧毁券契解除孟尝君与薛地民众的债务关系，这不仅说明借贷行为在民间已经非常盛行，同时表明信用票据在当时的社会中已成为表示债权债务的重要凭据。当时的借贷基本上是信用借贷，无须抵押，“信用放款是封建社会的主要形式。对于债主并没有多大风险，因为在封建社会中，人民的行动不自由，逃债虽不是不可能，究竟比较困难，债户离开土地往往就难以为生。而且债主对债务人的财产以及人身往往有任意处分的自由”❷。

然而，不管是里布、傅别还是孟尝君放债的券契，大抵只能算是民间信

❶ 彭信威：《中国货币史》，上海：上海人民出版社，1965 年，第 76 页。
❷ 彭信威：《中国货币史》，上海：上海人民出版社，1965 年，第 78 页。

用借债的形式。到汉代武帝时期，统治者亲自推行“皮币”，这应该是最早国家发行的信用票据。武帝元狩四年（公元前119年），朝廷发行了一种白鹿皮币。这种白鹿皮币用上林苑中的白鹿皮制成，每张一方尺，饰以彩画，值四十万，供王侯宗室朝觐聘享时使用。据《史记·平准书》记载：“有司言曰‘古者皮币，诸侯以聘享。金有三等，黄金为上，白金为中，赤金为下。今半两钱法重四铢，而奸或盗摩钱里取鋊。钱益轻薄而物贵，则远方用币烦费不省。’乃以白鹿皮方尺，缘以藻缋，为皮币，直四十万。王侯宗室朝觐聘享，必以皮币荐璧，然后得行。”按照当时的规定，每逢重大节日，宗室、王侯等都要进献玉璧，而此时必须以白鹿皮币作“荐璧”，即必须以白鹿皮币作为所献的玉璧的衬垫之物，才被允许进宫。玉璧的价值在当时远不值四十万，衬垫之物的价值要远远高于作为贡品的玉璧，成了一种喧宾夺主式的闹剧。

事实上，汉武帝发行“白鹿皮币”是筹集国用、开发财源的手段之一，汉武帝即位后，自元光二年（公元前133年）到元狩四年（公元前119年）14年间与匈奴进行了长期的战争。汉朝大将卫青、霍去病统帅大军，先后十多次出击匈奴，消灭匈奴十余万人，横扫了河西走廊，收复了自秦朝以来丧失的大片土地。汉朝在军事方面取得了巨大的胜利，但同时也付出了惨重的代价，把文景以来的积蓄全部用光，国库财力消耗巨大。据《史记·平准书》记载：“山东被水灾，民多饥乏，于是天子遣使者虚郡国仓廥以振贫民。犹不足，又募豪富人相贷假。尚不能相救，乃徙贫民于关以西，乃充朔方以南新秦中，七十余万口，衣食皆仰给县官。数岁，假予产业，使者分部护之，冠盖相望。其费以亿计，不可胜数，于是县官大空。而富商大贾或蹛财役贫，转毂百数，废居居邑，封君皆低首仰给。冶铸煮盐，财或累万金，而不佐国家之急，黎民重困。于是天子与公卿议，更钱造币以赡用，而摧浮淫并兼之徒。”为了扭转汉王朝在经济上的窘境，借以打击诸侯王的经济实力，汉武帝采纳了御史大夫张汤的建议发行皮币，目的是让皇亲贵族拿钱出来购买，从而增加朝廷收入。

白鹿皮币实质上是方尺大小的一块鹿皮，方尺小块的白鹿皮币竟达到如此高价，确实是非常不可思议的。这样一小块鹿皮，不论怎样彩饰也值不得40万钱。实际上，这种认识在当时也存在。《汉书·食货志》记载武帝与张汤制作好白鹿皮币后，向时任大司农的颜异征求意见，颜异对奏："今王侯朝贺以仓璧，直数千，而其皮荐反四十万，本末不相称。"事实也正是如此，白鹿皮币问世后，因其作价过高，发行范围极其狭小，没有流转使用的价值，仅限于王侯宗室这个很小的圈子内，根本不在民间流通。因此，汉武帝时期发行的白鹿皮币数量很少，并且很快就退出了历史舞台。不过，白鹿皮币币材与币面的价值相差悬殊，其值四十万钱的背后是国家信用的担保，已具备信用货币的雏形，这使"白鹿皮币"在中国信用票据史上占有一定地位，傅筑夫先生对皮币的评价是"本身既没有商品价值，又不是钱币的代表，四十万的票面价值是由皇帝的主观意志赋予的"❶。彭信威认为"它可以说是中国纸币的滥觞"❷。

第二节　贵州早期开发与秦汉时期金属货币的传入

一、贵州早期开发

早在二十多万年以前，贵州就有人类居住、活动，现已确定的古人类，有属于"晚期直立人"（猿人）的"桐梓人"，有属于"早期智人"（古人）的"水城人""大洞人"，有属于"晚期智人"（新人）的"兴义人""穿洞人""马鞍山人""岩脚洞人""安龙观音洞人"等。大约在距今一万年，贵州进入了新石器时代，磨制石器日渐兴盛起来，骨角器也更加多样、精巧。❸在贵州，许多古文化遗址中出现了箭镞和网坠、石锛、石斧、石刀和骨铲等物件，不仅说明狩猎、捕鱼技术有了较大进步，也表明农业在经济社会中逐

❶ 傅筑夫：《中国封建社会经济史》（第二册），北京：人民出版社，1982 年，第 502 ~ 503 页。
❷ 彭信威：《中国货币史》，上海：上海人民出版社，1965 年，第 83 页。
❸ 白寿彝：《中国通史》（第二卷），上海：上海人民出版，1994 年，第 52 页。

渐占据重要地位。正如李衍垣所说，这标志着取之于自然的经济在向着不断创造新财富的农业生产发展。[1]

大约在距今三四千年，相当于商、周时期，贵州逐渐向铜石并用和青铜时代过渡。在普安铜鼓山、毕节青场等遗址中，出土了灶、坩埚、石模、石范，并发现了铜碴、铜条、铜鱼钩、铜刀、铜叉和铜手镯等。在赫章可乐的战国墓中，出土了一件鼓形铜釜和一件鼓改装的铜釜，皆为青铜铸造，这说明贵州已步入青铜时代。

在春秋战国时期，少数民族的先民们，迫于战祸，向湘、桂、黔边区迁移，扶老携幼，逃入人烟稀少的武陵山区，进入了黔中、且兰、夜郎等小国地界，即今之黔东南、西、中部一带，得到一个暂时休养生息的稳定发展时期。春秋战国至西汉，在今贵州境内出现了许多“部落方国”，如牂牁、夜郎、且兰、毋敛等。《史记·西南夷列传》记载：“西南夷君长以什数，夜郎最大。”说明夜郎在当时的西南少数民族地区拥有较大实力。根据今天考古资料，可以看出当时夜郎地区处于“耕田，有邑聚”的发展状况。从赫章可乐汉墓中不仅出土了“干栏”建筑模型，还出土了陶井，此外清镇玡珑坝汉墓出土了陶碓，清镇芦荻哨汉墓出土了轱辘吊桶陶井，都表明当时夜郎已经过着定居的生活。有部分地区已进入了“耕田、有邑聚”的农业社会。

二、秦汉时期金属货币的传入

在秦王朝统一六国之后，全国分为36郡，“始皇二十七年（公元前220年），分天下为三十六郡，销后患人，徙富豪于咸阳，始置黔中郡”[2]。此时“秦通五尺道置夜郎吏”[3]，由于交通的便利，促进了贵州与外地的交流，使当地的经济生活起了巨大的变化。由于重视交通，修筑道路，也密切了南（南越）北（巴、蜀）的经济联系，古夜郎、且兰一带成为南北地区商品交流的中转站。贵州与外地的交流古已有之。据《贵州通志·前事志》记载，

[1] 李衍垣：《贵州的新石器与飞虎山洞穴遗址》，《贵州社会科学》，1982年第4期。
[2] 贵州省文史研究馆校勘：《贵州通志·前事志一》，贵阳：贵州人民出版社，1985年，第27页。
[3] 贵州省文史研究馆校勘：《贵州通志·前事志一》，贵阳：贵州人民出版社，1985年，第27页。

早在殷“高宗三十二祀，伐鬼方，次于荆”。“三十四祀，王师克鬼方，氐、羌来宾。”❶ 从中可以看出，当时有道路与贵州相通。到公元前277年，“秦武安君定巫、黔中，始置黔中郡”❷。“楚将庄蹻克夜郎、滇池，欲归报，会秦夺楚巫、黔中，道塞，遂王滇。”❸ 庄蹻由楚国经且兰、夜郎入滇，其路线可能是沿长江而入乌江，也可能是溯沅江而入贵州，但经水路进入贵州然后到达云南则是可信的。《史记·西南夷列传》记载：“使番阳令唐蒙风指晓南越，南越食蒙蜀枸酱。蒙问所从来，曰：‘道西北牂牁。’牂牁江广数里，出番禺（今广州）城下。蒙归至长安，问蜀贾人，贾人曰：‘独蜀出枸酱，多持窃出市夜郎。’夜郎者，临牂牁江，江广百余步，足以行船。南越以财物役属夜郎，西至桐师，然亦不能臣使也。”牂牁江（今北盘江、红水河）是巴蜀、夜郎通往南越的重要通道，蜀产枸酱通过夜郎而达番禺，南越又“以财物役属夜郎”。在夜郎的市场上，除僰童、筰马、牦牛之外，也有枸酱、茶、蜜、雌黄、丹砂等商品，商业已比较发达，商品交换已不再是物物交换，说明这一带地区已有金属货币流通。

秦朝灭亡后，汉朝建立。汉高祖五年（公元前202年），“改黔中郡为武陵郡”❹。汉初忙于治内，无力顾及西南边疆，“十余岁，秦灭汉兴，弃诸国而关蜀故徼。阳关，符关、汾关以南盖无中国之迹，诸县悉废。惟巴蜀民或出商贾，取其筰马、僰童、牦牛，以致殷富云”❺。在这一时期，民间经济往来仍然不断，秦汉时期的金属货币已流入贵州。汉武帝建元六年（公元前135年），为出兵南粤，唐蒙上奏曰：“南粤王黄屋左，地东西万余里，名为外臣，实一州主。今以长沙，豫章往，水道多绝，难行。窃闻夜郎所有精兵可行十万，浮船牂牁，出不意，此制粤一奇也。”❻ 武帝准奏，封唐蒙为中郎将，

---

❶ 贵州省文史研究馆校勘：《贵州通志·前事志一》，贵阳：贵州人民出版社，1985年，第5页。
❷ 贵州省文史研究馆校勘：《贵州通志·前事志一》，贵阳：贵州人民出版社，1985年，第17页。
❸ 贵州省文史研究馆校勘：《贵州通志·前事志一》，贵阳：贵州人民出版社，1985年，第18页。
❹ 贵州省文史研究馆校勘：《贵州通志·前事志一》，贵阳：贵州人民出版社，1985年，第37页。
❺ 贵州省文史研究馆校勘：《贵州通志·前事志一》，贵阳：贵州人民出版社，1985年，第29页。
❻ 贵州省文史研究馆校勘：《贵州通志·前事志一》，贵阳：贵州人民出版社，1985年，第39～40页。

“从巴、筰关入，遂见夜郎侯多同。厚赐，谕以德威，约为置吏，使其子为令”❶。这说明在上层统治者中间已有货币的赠受。与此同时，武帝“又通西南夷道，随者数万人，千里负担馈饷，率十余钟致一石。散币于邛、僰以辑之。数岁而道不通。蛮夷因以数攻，吏发兵诛之。悉巴、蜀赋不足以更之，乃募豪民田南夷，入粟县官，而纳受钱于都内”❷。

两汉制度，官吏月俸以谷粟为标准。西汉是以部分或全部支付铜钱，东汉则固定为半谷半钱。当时派驻贵州的官吏军队俸饷，当然也是照此标准搭付，因此，人人有钱，人人用钱，铜钱的使用范围日益扩大。其后，西南夷数次造反，为平复叛乱，汉朝出兵，军饷的发放使铜钱的使用范围进一步扩大。

东汉时期，贵州实物货币和金属货币同时使用。官府收租仍采用的是实物，“顺帝永和元年（136 年），武陵太守上书，以蛮夷率服，可比汉人增其租赋。议者皆以为可。尚书令虞诩独奏曰：‘自古圣王不臣异俗，非德不能及，威不能加，知其兽心贪婪，难率以礼，是故羁縻而绥抚之，附则受而不逆，叛则弃而不追。先王典礼，贡税多少，所由来久矣。今猥增之，必有怨叛，计其所得不偿所费，必有后悔。’帝不从。其冬，澧中、溇中蛮果争贡布非旧约，遂杀乡吏，举种反叛。”❸ 如遇灾年，亦会有支援，“和帝永元十二年（100 年）六月，舞阳大水，赐被水灾尤贫者谷，人三斛”❹。与此同时，《贵州通志·食货志》记载显示，贵州商品计价已采用钱的单位，表明此时商品交换已普遍开始使用铜钱。灵帝熹平三年（174 年），“牂牁饥，斗粟千钱”❺。五年（176 年），西南诸夷反，朝廷两次派兵征讨，“承丧乱后民夷困饿，米一斗千钱，皆离散。毅至安集，后米一斗八钱”❻。

东汉开始，贵州开始到中央朝贡。“光武帝建武元年（25 年），牂牁郡功

---

❶ 贵州省文史研究馆校勘：《贵州通志·前事志一》，贵阳：贵州人民出版社，1985 年，第 40 页。
❷ 贵州省文史研究馆校勘：《贵州通志·前事志一》，贵阳：贵州人民出版社，1985 年，第 42 页。
❸ 贵州省文史研究馆校勘：《贵州通志·前事志一》，贵阳：贵州人民出版社，1985 年，第 94 页。
❹ 贵州省文史研究馆校勘：《贵州通志·前事志一》，贵阳：贵州人民出版社，1985 年，第 93 页。
❺ 贵州省文史研究馆校勘：《贵州通志·前事志一》，贵阳：贵州人民出版社，1985 年，第 97 页。
❻ 贵州省文史研究馆校勘：《贵州通志·前事志一》，贵阳：贵州人民出版社，1985 年，第 97 ~ 98 页。

曹谢暹与郡大姓龙、傅、尹、董氏遣使从番禺江奉贡。”❶ 到东晋年间，贵州与中央的联系日益紧密，《贵州通志·前事志》记载，“太元二年（377 年）春，西南夷遣使入贡于秦”❷。“七年（382 年），益州西南夷皆遣使贡于秦。”❸ 说明此时贵州与外界的联系进一步加强，经济进一步发展。魏晋时，虽南中战乱频繁，但谢氏统治下的牂牁地区，较为安定，经济得到持续发展。蜀汉承相南征四郡时，强迫南中各族人民“出其金银、丹漆、耕牛、战马给军国之用”❹。这一情况，反映了贵州当时的社会经济、商品交换已有了显著的发展与提高。

❶ 贵州省文史研究馆校勘：《贵州通志·前事志一》，贵阳：贵州人民出版社，1985 年，第 84 页。
❷ 贵州省文史研究馆校勘：《贵州通志·前事志一》，贵阳：贵州人民出版社，1985 年，第 166 页。
❸ 贵州省文史研究馆校勘：《贵州通志·前事志一》，贵阳：贵州人民出版社，1985 年，第 166 页。
❹ 贵州省文史研究馆校勘：《贵州通志·前事志一》，贵阳：贵州人民出版社，1985 年，第 187 页。

第二章　唐宋时期贵州少数民族地区的信用票据发展

第一节　唐朝经济繁荣与信用票据发展

一、唐朝高度繁荣的经济

中国自东汉末年（220年）到唐代初年（618年），其间经过三国、两晋、南北朝、隋朝将近四百年的战乱，唐代统一中国，建都长安（今西安）。唐朝建立后吸取隋朝灭亡的教训，经数十年的休养生息，且采取对社会政治、经济、文化比较有利的政策，促使唐代国家统一、安定，农业、手工业发展，交通运输业发达，唐初经济得到快速的恢复和发展，出现了自西汉以来第二次封建经济繁荣的景象。唐朝时期，中国国力富强、文化发达，对世界文明和中华货币文化的发展做出卓越的贡献。

唐代经济繁荣，贸易发达，丝绸、瓷器、工艺品等货物远销亚、欧、非等地。唐代的天文学、医药学、火药、造纸、雕版印刷等技术也传到亚洲、欧洲各地。国内以长安为中心的交通四处畅达，建有陆驿、水驿、水陆兼办驿馆共达1639处。长安、扬州、广州、成都等地，成为国际交通往来和商业交流城市。大量史籍和出土文物（如外国人像、外币等）证明，唐代的国内国际贸易是相当繁荣的。正因为商业的兴旺发达对货币的需求量就很大。

唐高祖武德四年（621年）铸“开元通宝”，每文重一钱，十钱即重一两，中国币制中的一两十钱制即由此起源，并成为后世王朝的铸钱标准。因每十钱重一两，后世称“一个钱”“一文钱”。从此，中国方孔圆钱改称通宝、元宝等，自此消除了钱名重量与钱的实际重量不符导致的麻烦。开元通宝钱发行后，因其形制轻重大小适中，制作精美，市场乐用。贞观之世，开元通宝钱币值稳定，购买力比较高。唐初贸易支付中大量采用绢帛，但金属铸币的重要性日益上升，经济交换各方面多使用铜钱。因此需要大量铜钱，唐代铜矿（当时叫铜坑）虽有 280 余处，但手工业开采比较落后，跟不上形势需要，没有足够的铜可以铸钱，出现了“帛多钱少”周转不灵的极大矛盾。

二、唐朝“飞钱”的出现

由于经济的发展，唐朝虽大量铸造金属铸币，但金属铸币常常不能满足需求，铜钱供需之间的矛盾极大，私铸和恶钱盛行。政府虽明令禁止私铸，但由于官钱数不敷使用，只能允许私钱的流通使用，私钱的存在客观上也缓解了通货不足的矛盾。此外，由于金属铸币的不足，绢帛很长一段时间内都担当着货币的职责。广大农村和边远地区自然经济占绝对优势，民间交易广泛使用绢帛，甚至物物交换。绢帛成为国家法定的支持手段。进入中唐以后，由于社会经济和商业的进一步发展，钱币流通不断扩大，绢帛的货币作用逐渐衰退。

唐中叶以来，商业日益发达，中国封建经济进入了全盛时期。由于地区间贸易往来增加，买卖交易数额也越来越大，对货币的需要量也越来越大，因此经常发生铜钱紧缺的情况，亦称钱荒。唐代政府为增加流通领域的现钱，采取了多项政策。如禁止毁钱铸器、实行除陌制、禁止铜钱外流等。在铸币严重短缺下，唐德宗贞元年间（785 ~ 805 年）陆续采取一系列措施，治理物轻钱重的矛盾：第一，“采连州白铜铸大钱，一当十，以权轻重”。第二，贞元十年（794 年）“诏天下铸铜器，每器一斤，其值不得过百六十，销钱者以盗铸论”。第三，禁钱出境。先是“贞元初，骆谷、散关禁行人以一钱出者”，接着各“州县禁钱不出境”，结果“民间钱益少，缯帛价轻”，“商贾皆绝”。于是浙西观察使李若初请通钱往来，以疏通商品流通。当允许钱往来后，又出现京城商贾携钱四方贸易，钱出境者不可胜计。为此，德宗再次诏禁钱出境。第四，贞元二十年（804 年），德宗又“命市井贸易，以缯、罗、绢、布、杂货与钱兼用”，倒退到物物交换。这样造成大量的铜钱运输起来异常困难，也使钱荒现象更为严重。经济发展客观上需要既能解决长途运输困难，又能解决缺乏问题的新型货币，“飞钱”应运而生。

“飞钱”的创始始于民间，其存取办法是，饱受铜钱缺乏及运输之苦的商人们到长安后，把经商所得的钱币存放在各道节度使、观察使驻京办事机构——诸道进奏院或者富裕的文武官僚家中，然后取出一种牒券，这种牒券分为两半，一半由寄钱的商人收存，一半由收取钱币的进奏院或私家寄往本道或外地相关机构或人家，商人便可以轻装上路，到了取款地点，合券核对无误，即可如数取回自己的钱款。“飞钱”自产生之后，就因其安全与方便深受商人、旅客所喜爱，故又被唐人称为“便换”。“飞钱”既可以省去运钱的劳累，也避免发生旅途运钱遭遇抢劫、偷盗、丢失等问题，适应了日趋繁荣的商业需要。吴筹中先生总结了“飞钱”出现的几大原因：

> 第一，晚唐战乱频繁，社会秩序混乱，商人长途带钱有遇到抢劫的危险，飞钱则稳妥而便利。第二，战后恢复生产，京都和地方都有铜钱少的困难，长途汇兑的飞钱，可以减少储藏，所以能得到地方政府的支持和合作。第三，因钱少，各地禁止带钱出境，这就促使商人以汇兑的办法来解决商业上的周转。第四，各地收税的场所很多，都要将税款集中移送京都，飞钱可省去运钱劳累。第五，商业发达后，商人长途大量运钱，非常不便，飞钱能适合繁荣商业的需要。❶

“飞钱”实质上是两地划拨款项的信用票据。各地商人在外办货时采用“飞钱”作为支付手段，在异地之间流通转让，发挥信用票据的交易功能。“实际上信用的发展往往正是由于货币的缺乏，一些信用工具是作为货币的代

❶ 吴筹中：《中国纸币研究》，上海：上海古籍出版社，1998 年，第 1 页。

替品而产生的，所以有人称为信用货币。”❶ “飞钱”这种汇兑业务产生后，曾一度遭到禁止。按照彭信威先生的研究，“当时的汇兑似乎是平价汇兑，不收汇费，政府方面自然要增加些开支。大概因为这个缘故，故不大明了汇兑的好处，竟于元和六年（811 年）加以禁止”❷。但是，政府的禁止不符合经济发展的需要，带来了诸多弊病，物价大跌。元和七年（812 年），政府又不得不恢复“飞钱”业务。因为政府汇兑机构要求商人汇兑款项时要交纳一定的汇费，商人接受不了。此时私商办理的“飞钱”不收汇款，平价汇兑，受到商人的欢迎，致使大批商人趋之若鹜。事实上由于古代道路交通不畅，边远地区路途遥远，等商人合券付款往往是一两个月以后，此时私商已获得了丰厚的利息收益。鉴于此，政府也只得取消了手续费。

“飞钱”在运作过程中出现过信用危机。有的州县长期占有商人款项，不给支兑，致使商人屡讨无果。政府对此情况明令禁止，以保证“飞钱”的正常运行。《唐会要》中记载：“咸通八年十月户部判度支崔彦昭奏，当司应收管江淮诸道州府今年已前两税、榷酒诸色属省钱，准旧例，逐年商人投状便换。自南蛮用兵以来，置供军使，当司在诸州府场院钱，犹有商人便换，赍省司便换文牒，至本州府请领，皆被诸州府称准供军使指挥占留，以此商人疑惑，乃致当司支用不充。乞下诸道州府场盐院，依限送纳，及给还商人，不得托称占留，从之。”但由于唐朝的货币体系仍以铜钱和实物货币为主，“飞钱”使用范围相当局限，仅充当弥补货币不足时的一种替代性工具，因此“飞钱”的失信并未对社会产生整体的影响。“飞钱”这项由民间产生的新生事物能够得到朝廷的认可和接受，成为官方参与社会经济活动的一种手段，标志着货币流通价值和货币实体价值分离进程的开始，货币开始由实物制向本位制的价值符号转变。“飞钱”虽然还不能被称作纸币，但已具备纸币的雏形，更为重要的作用是使信用关系的发展达到了一个新阶段。

---

❶ 彭信威：《中国货币史》，上海：上海人民出版社，1965 年，第 280 页。
❷ 彭信威：《中国货币史》，上海：上海人民出版社，1965 年，第 290 ~ 291 页。

第二节　宋代的信用票据发展

一、宋代“交子”的出现

当人们谈论起拥有五千年文明史的中国对世界文明最大的贡献时，最被人们津津乐道的莫过于四大发明了。早在1550年，意大利数学家杰罗姆·卡丹第一个指出中国对世界产生影响的“三大发明”：司南（指南针）、印刷术和火药，并认为它们是“整个古代没有能与之相匹敌的发明”。1620年，英国哲学家培根也曾在《新工具》一书中提到：“印刷术、火药、指南针这三种发明已经在世界范围内把事物的全部面貌和情况都改变了。”在1861～1863年，马克思和恩格斯更是将这些发明的意义推到了一个高峰，马克思在《机械、自然力和科学的运用》中写道：“火药、指南针、印刷术——这是预告资产阶级社会到来的三大发明。火药把骑士阶层炸得粉碎，指南针打开了世界市场并建立了殖民地，而印刷术则变成了新教的工具，总的来说变成了科学复兴的手段，变成对精神发展创造必要前提的最强大的杠杆。”恩格斯则在《德国农民战争》中明确指出：“一系列的发明都各有或多或少的重要意义，其中具有光辉的历史意义的就是火药。现在已经毫无疑义地证实了，火药是从中国经过印度传给阿拉伯人，又由阿拉伯人和火药武器一道经过西班牙传入欧洲。”英国汉学家麦都思指出：“中国人的发明天才，很早就表现在多方面。中国人的三大发明（航海罗盘（司南）、印刷术、火药），对欧洲文明的发展，提供异乎寻常的推动力。”来华传教士、汉学家艾约瑟最先在上述三大发明中加入造纸术，他在比较日本和中国时指出：“我们必须永远记住，他们（指日本）没有如同印刷术、造纸、指南针和火药那种卓越的发明。”这个发明清单被后来的著名英国生化学家、历史学家和汉学家李约瑟发扬光大。

事实上，宋朝还有一项发明，它对人类文明的影响绝不亚于四大发明，这就是纸币。北宋是中国封建经济发展的繁荣时期，纸币在其中起到重要作用，当时被称为“交子”。“交子”这个名称是当时的俗语方言，还有后来的“会子”“关子”，“交”“会”“关”都有会合、对照的意思，可以看出它们与汇票之间的渊源关系。“交子”的产生有两个前提条件和三个直接原因。先看两个前提条件：第一，商业信用关系的普遍发展。“自唐朝以来，‘飞钱’便换的广泛使用和普及，使信用关系的发展达到了一个新阶段。同时，政府对百姓的赈贷活动和民间贸易中赊买赊卖规模的扩大，也使票据的使用更加频繁，发挥着日益重要的作用。这些票据作为金属货币的代替品大大简化了交易过程，日益受到普通民众的欢迎。”[1] 这是“交子”产生的首要前提。第二，物质技术条件的巨大进步。四川地区在北宋时期有着发达的造纸技术和印刷技术。宋代是中国古代科学技术发展的鼎盛时期，四川自唐、五代以来是全国印刷业的中心。纸币的使用和流通，需要复杂的技术保障，如纸币上暗记、水印等，对纸张的质量要求很高。四川广都的楮纸是印制纸币的上佳原料，且四川的雕版印刷业发达，是全国三大雕版印刷中心之一，素有“宋时蜀刻甲天下”之说。北宋初年，成都雕刻的《大藏经》成为雕版印刷中的佼佼者。因此四川地区具备了纸币印制的物质技术条件。北宋是雕版印刷业蓬勃发展、印刷技术突飞猛进的时代。四川地区雄厚的印刷技术，正是产生纸币的客观条件。

三个直接原因是什么？第一，纸币产生是当时封建商品货币经济发展的结果。唐朝中叶以来，商业日益发达，地区贸易往来增加了，买卖交易数额越来越大，客观上需要一种轻便易带的货币。为了解决长途运输铜钱的困难，唐代创制了“飞钱”，这种汇票的进一步发展就形成了纸币。纸币的产生，其根本原因是商业信用和信贷关系得到普遍发展。第二，它与铁钱的发行和使用有着直接的关系。北宋时四川诸路，生产、贸易都相当发达，但是这个地区由于铜矿缺乏，交换的手段和媒介却相当落后，使用贱金属货币铁钱。按政府的规定，铜铁钱比价 1∶10，一贯铜钱（五六斤）的购买力，相当于重 65 斤的小铁钱，携带和支付相当困难。“川界用铁钱，小钱每十贯重六十五斤，

---

[1] 戴建兵：《中国货币文化史》，济南：山东画报出版社，2011 年，第 86 页。

折大钱一贯重十二斤，街市买卖，至三五贯文，即难于以携持。”❶ 当时蜀地老百姓购买一贯铜钱的商品，需用小铁钱39千克左右；购买十贯铜钱的商品，需用小铁钱390千克，也就是780斤重。这就意味着蜀地老百姓上街购买一贯铜钱的日用品，需要携带78斤重的铁钱，这对于一个身强体壮的男子来说也是不小的负担，对于一个体质娇小的女子来说更是重负在身，更不用说老人小孩了。这些只是日常生活方面的不便，对于商人来说更是举步维艰，大宗买卖需要用钱，必须车载马驮才能完成。人民的创造力是巨大的，经过长期的摸索，一种轻便、易于携带、便于流通的货币，在真宗景德二年（1005年）至大中祥符七年（1014年）间被创造出来，这就是四川“交子”。“蜀民以铁钱重，私为券，谓之‘交子’，以便贸易。”因为铁钱在较大数额的交易中很不方便，交子就在这一矛盾下应运而生。这是纸币产生的直接原因。第三，交子的产生与四川地区的地理环境有关。川蜀诸路多山，峡谷纵横，河道交错，交通极为不便，人称“蜀道难，难于上青天”，交通的困难更增加了人们携带钱的麻烦，这也是促成轻便货币交子产生的外因。

当然，纸币出现的根本原因是商品经济发展对货币的需求。自唐开始，铜钱供应一直不能适应经济发展的需要，实物货币在唐朝的流通领域还扮演着货币角色。在唐太宗贞观年间，据记载：“贞观之初，天下饥歉，斗米直匹绢，而百姓不怨者，知陛下忧念不忘故也。今比年丰穰，匹绢得粟十余斛，而百姓怨咨者，知陛下不复念之，多营不急之务故也。”❷ 由此可知，布帛在当时作为价值尺度。迫于钱荒现象的严重，唐后期实行“短陌”，规定92文钱当100文钱使用，后又减为85文钱当100文钱使用。到了北宋沿袭了五代后唐制度，用77文钱当100文钱使用，也就是延续了唐后期的“短陌”制度。但在实际交易中往往更少于77文钱。社会对轻便货币的需求越来越急迫。人民群众才是历史的创造者，纸币出现在缺钱最为严重的四川民间，并由少数私商发行并逐步推广开来。具体说来，四川地区交子的形成大致经历了三个阶段：

---

❶（宋）李焘：《续资治通鉴长编》卷101，北京：中华书局，1995年。
❷（宋）司马光：《资治通鉴》卷195，北京：中华书局，1976年。

第一阶段是私商自由发展阶段。北宋太宗时，铜钱在四川停铸，以铁钱代之，铜钱与铁钱的比价为1:10，因铁钱笨重造成商业交易十分不便。为适应经济发展的需要，最初一些铺户接受外来商人寄存的铁钱，并开出作为取钱凭证的票据。早期交子是一种楮券，在券上有金额和编号，券的正、背面还盖有店号和发行人的印章，且有暗记和花押，即所谓“朱墨间错”也。每家铺户开出的交子并没有统一的标准。交子铺准备空白楮券，铺户收到多少现钱，就开出多少交子，然后盖上各类印章等，交给付款人收执后，可投入市场流通，并可随时兑现。于是交子同唐朝的“飞钱”一样，可以在异地兑现。但与“飞钱”不同的是，商民用交子可以在集市上购物，可以进行大额交易的支付。这样，交子具有了货币的职能。由于交子是民间创设的，铺户可以随意印造，铺户为了从中渔利，挪用拖兑时有发生，以至发生挤兑事件，甚至导致后来富户挪用储户的钱。“始，益州豪民十余万（按：“万”字衍）户连保作交子，每年与官中出夏、秋仓盘量人夫及出修縻枣堰、丁夫物料。诸豪以时聚首，同用一色纸印造。印文用屋木人物，铺户押字，各自隐密题号，朱墨间错，以为私记。书填贯不限多少。收入人户见钱便给交子，无远近行用，动及万百贯。街市交易，如将交子要取见钱，每贯割落30文为利。每岁丝蚕米麦将熟时，又印交子一两番，捷如铸钱，收买蓄积，广置邸店屋宇园田宝货。亦有作伪者，兴行词讼不少。或人户众来要钱，聚头取索印，关闭门户不出，以至聚众争闹。官为差官拦约，每一贯多只得七八百，侵欺贫民。”❶

为此，官府不得不出面干涉。天禧年间，益州知府寇瑊下令关闭交子铺，“臣到任，诱劝交子户王昌懿等，令收闭交子铺，封印卓，更不书放，直至今年春，方始支还人上钱了当。其余外县有交子户，并皆诉纳，将印卓毁弃讫。乞下益州，今后民间更不得似日前置交子铺”❷。当时交子在民间已经行用了20多年，一经取消，人们深感不便，不久寇瑊去职，接替他的薛田向朝廷建议：“自来交子之法，久为民便。令街市并元交子行用，合是交子之法，归于

❶（宋）李攸：《宋朝事实》卷15《财用》，北京：中华书局，1955年。
❷（宋）李攸：《宋朝事实》卷15《财用》，北京：中华书局，1955年。

官中。……其交子一依自来百姓出给者阔狭大小，仍使本州铜印印讫。若民间伪造，许人陈告，支小钱五百贯，犯人决讫配铜钱界。”[1] 朝廷批准了他的建议：“自住交子后，来市肆经营买卖寥索。今若废私交子，官中置造，甚为稳便。仍乞铸益州交子务铜印一面，降下益州，付本务行使，仍使益州观察使印记，仍起置簿历，逐道交子，上书出钱数，自一贯至十贯文，合用印过上簿，封押。逐旋纳监官处收掌，候有人户将到见钱，不拘大小铁钱，依例准折交纳，置库收锁，据合同字号给付人户，取便行使。每小铁钱一贯文，依例克下三十文入官。其回纳交子，逐旋毁抹合同簿历。”[2]

第二阶段是16户联合发行阶段。私商发行的交子作为兑现凭证尚可，但要发挥支付手段的职能，其缺点很多。如私人发行式样不统一，印制技术不过硬，容易被伪造等。因收到假票子被商铺拒付的情况越来越多，引起官司不断。为加强交子的信誉，保证商业贸易的正常进行，政府委派成都16家富商联合成立“交子户（交子铺）”，专门负责交子发行，而禁止其他商户经营此项业务。这样，交子的印制有了统一的样式，技术水平也提高了。如交子所用纸张有统一模式，用铜版印刷统一的图案花纹——人物、花鸟和建筑等；保留过去的密码和花押等防伪做法。但票面上的钱数还是临时填写，且收取现金数额不限，收多少便写多少，并随时可到四川各地“交子铺”分号兑现。兑换或以旧换新时，每贯收30文手续费。从私商发行到16户联合发行，加固了交子的信誉，交子被普遍用于各种交易之中，最多时数额可达到几百万贯。这样交子在四川一度成为广泛流通的货币。如商人收购粮食、百姓卖粮和交税、购买日用品等。后来，“交子铺”的富商把收到的现钱移作他用，或投机而亏空，或经营不善而赔本，致使交子不能兑现，甚至挤兑。于是联合发行也出现了危机，最后不得不将所发行的交子全部收回销毁。

第三阶段是官府控制发行阶段。交子停废引起了四川地区商业的萧条，政府遂决定改交子为官办。这样在宋仁宗天圣元年（1023年）十一月，朝廷批准了置益州交子备，至此，民间交子变为官营交子。官方接替交子务后，

---

[1] （宋）李攸：《宋朝事实》卷15《财用》，北京：中华书局，1955年。

[2] （宋）李攸：《宋朝事实》卷15《财用》，北京：中华书局，1955年。

建立了一套完整的印制、书放制度。交子票面上盖“益州交子务”和“益州观察使”两颗官印，并书有字号，持有人纳入铁钱，便给交子，将交子字号登记入簿，每铁钱一贯收手续费30文，兑现时将登记字号销账。为防止伪造，规定赏格，告发伪造者赏小钱500贯，伪造者发配出益州不得返回。于是北宋的纸币发展进入新的阶段，即国家发行纸币由此开始。

北宋对官交子的发行与流通管理形成一套完整的办法和制度，具体为以下几个方面：第一，交子以两年为一界，兑现时或期满后拿旧交子换新交子时，每贯要交工本费30文。第二，交子有发行限额。每一界的交子发行最高限额为1 256 340缗（贯）。第三，发行交子还备有本钱（现金准备），并以铁钱作为发行纸币的准备金。每界36万贯，准备率约为28.71%。第四，对纸币面额的规定。私人发行时交子面额不固定，官办时规定有一定的等级。开始分为一贯到十贯共10种，到仁宗宝元二年（1039年）改为十贯和五贯两种。神宗熙宁元年（1068年），又改为一贯和五百文两种。交子统一用铜版印刷，图案精美，用红、蓝、黑三色套印。交子在宋神宗以前流通相当稳定，对其管理也较为成功。

宋徽宗大观元年政府把交子改名为钱引，把交子务改名为钱引务，除四川、福建、浙江、湖广等地仍沿用交子外，其他各路均改用钱引。钱引一词来源于茶引和盐引等词，茶引意思是领茶或卖茶的证书，因此钱引就是领钱的证书了，即兑换券的意思。当时“入中”（今河北一带）民众为军队运粮草后不给现钱，给一种证书式的凭条，持凭条者可到当地或京师去领一定数量的实物，如盐、茶等。

二、宋代信用票据的失信

宋室南渡后，金兵不断南下骚扰挑起事端，边境战事不断。日益激增的军费开支使朝廷头疼不已，屡屡增印钱引补给财用，供给军需，以至钱引发行界分拖沓延展，发行数额急剧升腾。“建炎初，靳博文为益漕，以军食不继，始以便增印钱引63万缗。其后张忠献、卢立之、席大光相继为帅，率增印矣。绍兴七年夏，诏四川不得泛印钱引。然边备空虚，泛印卒如故。十年春，用楼仲辉议，诏印钱引者徒二年，不以赦免。未数月，以赡军钱阙，又命印500万缗。十二年，郑亨仲复奏增400万缗。”❶ 绍兴七年（1137年）钱引三界并行，发行额达到了3780多万缗，绍兴三十一年（1161年），钱引发行了4100多万缗。❷ 孝宗乾道四年至宁宗庆元年间，是钱引发行相对稳定时期。乾道四年两界通行钱引共4500余万贯。之后十多年中，钱引发行量没有增加。

在宁宗开禧年间（1205～1207年），政府动用了大量的财力和人力进行北伐，最后仍以失败而告终。为了弥补财政空阙，政府发行钱引的数量急剧增加，由二界并为三界行使。“先是，四川钱引以二年为界，每界书放之数止于一百二十五万……建炎初，张魏公浚出使复以便宜增印。自后因仍不已，至嘉泰末，两界书放凡五千三百余万缗，同三界所书放视天圣祖额至六十四倍。嘉定初，每缗只直铁钱四百已下。议者患之。”❸ 嘉定元年（1208年），朝中就钱引贬值议论纷纷，政府想用金银收兑半界第九十界钱引，随后又拟收兑第九十一界钱引。

政府收回了第九十至九十二界钱引后，相对控制了钱引贬值。但宋、金在嘉定八年（1215年）后又开战，钱引的发行量失去平衡。嘉定十一年，“命四川增印钱引五百万以给军费”❹。到了端平元年（1234年），钱引发行量已达1.7亿贯，远远超出了市场承受能力。宝祐四年（1256年）朝廷命官李曾伯上奏陈述对四川交子的看法：“楮之所以贱者，以多故。楮之所以多者，以自造故。蜀自比年以来，造楮之权尽付制司，虽据其言曰，某年某界印造若干，多寡在手，得而问？竭西山之楮，易陆海之珍，往往多以虚取实而去。”❺ 他建议朝廷收回纸币发行权。朝廷采纳了他的建议，将四川纸币发行权收回朝廷，停止在川地发行钱引、银会，并由朝廷发行新的四川“会子”。这样，行用了一百多年的钱引退出了历史舞台，被四川“会子”所替代。

---

❶ （宋）李心传：《建炎以来朝野杂记》甲集卷16《四川钱引》，北京：中华书局，2000年。

❷ （元）马端临：《文献通考》卷9《钱币考》，北京：中华书局，2006年。

❸ （宋）李心传：《建炎以来朝野杂记》乙集卷16《四川收兑九十界钱引本末》，北京：中华书局，2000年。

❹ （元）脱脱等：《宋史》卷40《宁宗记》，北京：中华书局，1997年。

❺ （宋）李曾伯：《可斋续稿》后集卷3《救蜀楮密奏》，文渊阁四库全书影印本。

"会子"面额分为一贯、五百文、三百文、二百文四种，孝宗乾道四年（1168年）规定三年为一界，每界发行限额为1000万贯。界满以新换旧，收换时每贯收靡费钱20文，几百文的减半。绍兴年间还发行过银会子，面额为一钱银，每年换发一次。面额较小是为了便于流通。南宋除了中央政府发行会子、关子，在东南沿海地区通行外，还有许多种地方独立发行的纸币。"会子"与"交子"的意义相同，实质上没有什么区别，只是流通范围会子比交子广，会子通行于两浙、淮河、湖北、京西等地，纳税和大额商品交易都可使用，由于纳税、上供以及民间买卖田宅、马牛和其他日用支付都可以使用会子，所以它成为南宋统治区的法币。

南宋沿袭北宋的做法进一步把货币流通区分为几大块。四川地区流通川引，同时又流通铁钱；在宋金交界的两淮、湖北荆门一带，禁止行用铜钱，改用铁钱，使铁钱流通范围从四川扩大到了江北地区，而把铜钱流通限制在江南一带。同样纸币流通也被分割成了四块：江南流通行在会子，淮南流通淮交，湖北等地流通湖会，四川流通川引。东南诸路在北宋时期就已形成了贸易联系十分密切的区域市场，而南宋政府却人为地在流通铜钱的江南和金朝统治区之间划分出一条隔离线，严重影响了商品的贸易买卖。纸币最大的优点就是轻便致远，携带方便，商旅携带纸币做生意，一来可以免征货币税，二来可以节省运输钱币的费用，很适应各类地域之间的长途贸易，为此也深受商人的欢迎。但是现在被政府强行限制在几个小小的区域里流通，抹杀了它的长处。四川的川引流通时间最长，与它地理环境的封闭性相关。而东南诸路流通各种会子，徒然地为商业活动设置了种种障碍。南宋人杨王休评价："赀泉取其流通，今自裂而三之，东南则用行在会子，两淮则用铁钱会子，湖北会子则又异于两者，是使商旅不通，嗟怨相闻。"[1] 纸币流通的诸多不便，也给政府财政带来极大的损失。

由于金兵南下，军费大增，南宋政府依靠发行纸币来抵补财政上的缺额，逐步走上了北宋滥发纸币的老路。孝宗淳熙初年（1174年），会子流通额增加到2200多万贯。淳熙三年（1176年）确定第三四两界会子各展期3年，以

[1] （宋）楼钥：《攻媿集》卷91《文华阁待制杨公行状》，上海：上海商务印书馆，1936年。

后第八九两界也展期，相当于流通额增加一倍。孝宗乾道四年（1168 年），一贯纸币折合 770 文铜钱，到了淳熙四年（1177 年）只值 67 文，有些地区跌到了 50 文。由于滥发纸币造成“市井视之，粪土不如，朝廷宝货，自轻太甚”。随着蒙古骑兵的步步压境，南宋到了生死存亡的关键时刻。处于风雨飘摇中的南宋政府疯狂地印造纸币妄图挽回败局。宁宗庆元元年（1195 年）规定每界发行额增至 3000 万贯。到嘉定二年（1209 年）会子发行量已达 11 560 多万贯。纸币急剧贬值，一贯会子只值 300～400 文。理宗绍定五年（1232 年），两界会子增加到 32 900 多万贯。淳祐六年又增加到 65 000 多万贯。淳祐七年规定第十七界、第十八界会子永久通行。会子的通货膨胀程度相当严重，淳祐年间以后的会子 200 贯还买不到一双草鞋。具体可见南宋纸币发行量表。❶

南宋纸币发行量表

年代	纸币发行量	增长指数
高宗绍兴三十一年	1000 万贯	100
孝宗乾道、淳熙年间	2000 万贯	200
孝宗淳熙年间	2400 万贯	240
宁宗开禧年间	1.4 亿贯	1400
宁宗嘉定年间	2.3 亿贯	2300
理宗绍定五年	2.29 亿贯	2290
理宗绍定六年	3.2 亿贯	3200
理宗嘉熙四年	5 亿贯	5000
理宗淳祐六年	6.5 亿贯	6500
理宗景定四年	日增印 15 万贯	

毫无疑问，中国宋代的纸币在古代世界是首屈一指的，比起西方国家最早的纸币——英格兰银行券要早六七百年，成为中华文明的见证之一，也是世界文明的一大创举。发行和使用纸币是宋朝经济的重要创举，它适应了商品经济的发展和商业信贷关系的兴旺发达，给商业交易和商品贸易带来了极

❶ 漆侠：《宋代经济史》，北京：经济时报出版社，1999 年，第 1082～1083 页。

大的便利。在金属货币极度短缺的情况下，纸币成为商业运转中极为重要的润滑剂。这一发明和普及对中国封建社会经济的发展，特别是商业的繁荣，起了积极的促进作用，为统一的封建国家的形成和稳定打下了经济基础。但纸币是信用货币，信用是纸币的关键，纸币本身并无价值，也不具备贮藏价值。因此，纸币的流通量不能自行调节，它需要国家信用的支持。

宋朝纸币经历了从可兑换纸币到国家强制性流通的不可兑换纸币的发展过程。北宋发行的交子，是一种可兑换纸币，它是以铜钱和铁钱为本位兑换的；南宋的会子、淮交、湖会、川引都属于不可兑换的纸币。由于这些是不可兑换的纸币，政府就不用担心由兑换而引起的纷争，为政府增印滥发大开方便之门。宋朝造纸业和印刷业空前兴盛，大量发行纸币成了宋朝政府解决财政问题最有效便捷的办法。正如南宋人胡交修所言："以今交子校之大钱，无铜碳之费，无鼓铸之劳。一夫挟纸，日作十数万。真赝莫辨，售之不疑，一触宪网，破家坏产，以赏告捕，祸及无辜。岁月之后，公私之钱尽归藏镪之家，商贾不行，市井萧条，比及悔悟，恐无及矣。"❶ 事实上，发行纸币成了政府一种变相的税收，一种向百姓转嫁财政危机的手段。由于宋朝推行不负责任的货币政策，导致纸币价值大幅度下跌，从根本上损害了民众的利益，也动摇了宋朝政府的统治基础，使中国历史上第一次广泛使用信用票据的尝试以失败而告终。

三、金代的交钞发行

宋朝先后与辽、西夏和金等较强的少数民族长期对峙，在这个又和又战三百多年的历史时期里，汉民族比较先进的文化意识、生产方式传播到了其他民族那里，并且各个民族、各种文化之间也相互交流和影响。所以金代的交钞效仿宋朝的发行制度，又创造出票据不分界的货币制度，特在此章节中进行简略介绍。

1113 年，也就是北宋徽宗政和三年，完颜阿骨打（1068～1123 年）被推

❶（元）脱脱等：《宋史》卷 378《胡交修传》，北京：中华书局，1997 年。

选为女真部联盟酋长，接着统一女真各部落。北宋政和五年（1115 年），金太祖完颜阿骨打称帝，建国号大金，设都城上京会宁府（今黑龙江阿城区白城），建立一个少数民族政权。在金代 120 多年历史中，前后使用过四种货币：铜钱、铁钱、纸币、银币。铁钱和银币的使用范围不大，时间也短，铜钱和纸币则是主要的流通货币。到了金代后期，铜钱被废除，纸币交钞成为商品流通领域唯一使用的货币，使得金代成为我国历史上第一个普遍使用纸币的朝代。

历代封建政府都是先铸钱再发行纸币，但金代却是先印钞后铸钱。这是中国古代货币史上的一个特例。金地处北方，铜矿缺乏，缺乏铸钱原料。因不断发动南侵战争，货币需求量大，金就先发行钞票以解决困难。海陵王贞元二年（1154 年）设立“交钞库”，第一次印发纸币交钞，面额分大小二等。大钞有一贯、二贯、三贯、五贯、十贯五等，小钞有一百、二百、三百、五百、七百五等。金发行交钞规定以 7 年为一界，期满后，以旧钞换新钞。最初发行的交钞以铜钱为本位，与辽宋钱并用，两者兑换比价 1∶1。因行用方便，政府控制发行量，使交钞的币值稳定，信誉很高，商民乐用交钞。

金代纸币发行大致分为三个阶段：从海陵王贞元二年开始发行交钞到世宗大定二十九年（1189 年）为第一阶段，是币值处于稳定时期；从大定二十九年章宗即位至宣宗贞祐元年（1213 年）为第二阶段，是交钞开始膨胀时期。从宣宗贞祐二年（1214 年）到哀宗天兴三年（1234 年）金朝灭亡为第三阶段，是纸币通货膨胀走向崩溃时期。

金交钞发行于贞元二年，交钞形制大致上仿宋交子、钱引，印有花纹图案、发行机构、发钞官员押字、编号等。在金初贞元、大定年间，由于国力强大、社会安定，经济发展迅速，百姓安居乐业。交钞发行初始只流通于黄河以南，目的是为了吸收宋朝的铜钱，过了黄河，就使用铜钱不用交钞了。随着商品经济的发展，纸币“便于持行”“利于致远”的优越性日益为人们所认识，加上金世宗对纸币发行始终小心谨慎，因此交钞的社会信誉很好，商人们乐于携带，一些客商“乐于以钱买钞”。交钞的流通地域越来越广，后来越过黄河，流通到东北的上京、咸平等地。

交钞发行初始，政府规定“七年为限，纳旧易新”，即七年为一界，到期以旧换新。分界制虽有利于国家控制纸币流通量，但不利于纸币的稳定和信誉。在此法实行了30多年后，大定二十九年（1189年），金朝政府制定换钞法，取消厘革之限，使其永久流通，并且停止铸造铜钱。直到60年后，南宋才有会子实行无限期流通的规定，这种不分界的货币制度是金朝政府的一个重要举措，它起到了取信于商人和促进货币流通的积极作用，使纸币制度更加趋于完善，也给通货膨胀埋下了隐患。纸币从此滥发无度，使交钞走上了贬值直至严重通货膨胀的不归路。

自章宗在位至绍王大安二年（1210年）21年间，交钞逐渐贬值，流通困难。章宗即位初期，财政还不太拮据，库府有积粟可供官兵五年之食，积米可备四年之用，积钱虽少，也可支二年以上。交钞发行量政府还可加以控制，大致与流通铜钱数量相当，因而币值大体上保持稳定。章宗泰和六年（1206年），户部造小钞五等，小钞虽可于官府易钱，但每路仅二处，实际上很难兑现。但朝廷尽力维持，贬值尚可控制在有限的范围内。大安三年（1211年）蒙金战争起，军费开支急剧上升，把国家财政拖入泥潭。金政府大搞通货膨胀，交钞越印越多，币值越来越大。宣宗贞祐年间发行了从20贯到100贯的大钞，后又发行从200贯到1000贯的特大钞，致使物价大涨，1万贯才买1个饼。

由于金政府滥发交钞，致使交钞严重销滞，导致通货膨胀。但是金朝政府仍然一意孤行，继续加大发钞数量，此时交钞在民间信誉一落千丈，人们纷纷向外抛掷交钞，藏匿铜钱，导致了铜钱危机进一步加深。章宗明昌五年（1194年）强行推行“限钱法”。“令官民之家以品从物力限见钱，多不过二百贯，猛安谋克则以牛具为差，不得过万贯，凡有所余，尽令易诸物收贮之。有能告数外留钱者，奴婢免为良，佣者出离，出十之一为赏，余者没入。”❶泰和七年（1207年）颁发“钞法条约”，严格限制使用和携带铜钱数量，“民间之交易、典质，一贯以上并用交钞，毋得用钱，须立契者三分之一用诸物”“商旅赍见钱不得过十贯”“十贯以上不得出京”等。限钱法的推行严重地损害了官吏豪门的既得利益，遭到了强烈抵制，他们纷纷把大量铜钱埋入地下

❶（元）脱脱等：《金史》卷48《食货三》，北京：中华书局，1975年。

储藏起来，以免财产遭受损失。这样一来市场上流通铜钱越来越少，而交钞的应用价值也越来越低，出现了“得券急用之，唯恐破裂至于废”“万贯唯易一饼”的现象。

金代后期纸币换了六次名称。老百姓不愿用，就换个名称重印。贞祐三年（1215年）换发新钞“贞祐宝券”。仅至1216年八月，宝券又跌至一贯只值数钱。贞祐五年（1217年）发行“贞祐通宝”，一贯当“宝券”千贯，与旧券参用。至兴定五年（1221年）十二月，钞价跌落，次年发行“兴定宝泉”，与贞祐通宝并行，每贯作贞祐通宝400贯。不久，钞价又落，元光二年(1223年)，造“元光重宝”，每贯当通宝20贯，接着又以绫印制“元光珍货”，与“重宝”同价。元光两种纸币发行后，政府曾限制民间用银，如3两以下不得用银；以上则2/3用纸币，1/3用银。不久，银价日贵，宝货更贱。“是令既下，市肆昼闭，商旅不行”，朝廷限制不住，经济到了崩溃的边缘，政府只得放开禁令。从此，民间只用银交易。哀宗天兴二年（1233年）十月，又印“天兴宝货”，但只流通几个月便与金朝一起灭亡。在金代纸币发行的短短80年时间里，竟流通了十几种纸币。从以上几种纸币的兑换率推算，金代在短短的二十余年中，物价上涨了200亿倍以上。综观金代票据的行用极为发达，但仍以通货膨胀而告结束，并给后人留下了极其深刻的印象。

第三节　唐宋时期贵州少数民族地区信用票据

一、唐时期贵州少数民族地区货币流通领域的扩大

唐朝初期的统治者清醒地认识到必须尊重少数民族的社会经济特点，对于归附和被征服的少数民族，一般实行“以夷治夷”的政策，让他们自己管理自己本民族的事物。唐朝羁縻府州制度的推行，有利于少数民族地区与中

央在政治、经济上的联系，促进地区的经济发展。具体来说，羁縻府州制度首先通过“朝贡”的形式促进了物资的交流，如唐朝规定各羁縻州县每三年应向中央王朝朝贡一次，以示臣服。朝贡之物为当地的土特产，如丹砂、石英、芙蓉、犀角、水银、毡、药物、蜜蜡、名酒、枸酱、香炉、铜鼓、名马等，而王朝则以赏赐的名义，回赠一些少数民族地区需要的东西，如丝绸、文锦、布匹、食盐、银币、袍带等，有时为了笼络，赏赐之物也常超过贡值，以示“恩宠”。这种朝贡方式，为了表示崇敬，规模越来越大，次数也越来越多。根据《贵州通志·前事志一》记载，贵州自唐朝建立以后，向中央王朝朝贡的次数越来越多，如武德三年（620 年），“牂牁首领谢龙羽遣使来朝，以其地为牂州，拜龙羽刺史，封夜郎郡公”❶。“八月丁酉，南宁西爨蛮遣使入贡，以爨弘达为昆州刺史。”❷“三年（629 年）闰十二月丁未，东谢酋长谢元深来朝，以其地为应州；南谢酋长谢强来朝，以其地为庄州。”❸“贞元元年（785 年）充州蛮来朝。”❹

其次是移民屯兵，迁入人口大增。如贞元十三年（797 年）黔中经略招讨观察使王础在奏文中就说：“牂牁地区户口殷盛，人力大增。”❺同时，一些商贩不断将少数民族地区缺乏的食盐、铁器等用品大量输入，换取土特产品，既解决了生产生活上的需要，又促进了当地的经济发展。此外，交通的便利促使商品经济呈现兴旺景象，加速了货币的流通。《贵州通志·前事志一》记载：“自广西融州创开道路达诚州，增设寻江等堡。”❻此外，贵州马市发达，与外界经济往来日益加强，“按《广西通志·有事》三：牂牁蛮、东谢蛮、西赵蛮皆在今贵州遵义及平越、都匀、大定诸府境。所开路，即由贵州入广西路也。罗甸，今贵州安顺府。横山寨，在今宣化县，宋置买马市于

❶ 贵州省文史研究馆校勘：《贵州通志·前事志一》，贵阳：贵州人民出版社，1985 年，第 234 页。

❷ 贵州省文史研究馆校勘：《贵州通志·前事志一》，贵阳：贵州人民出版社，1985 年，第 235 页。

❸ 贵州省文史研究馆校勘：《贵州通志·前事志一》，贵阳：贵州人民出版社，1985 年，第 244 页。

❹ 贵州省文史研究馆校勘：《贵州通志·前事志一》，贵阳：贵州人民出版社，1985 年，第 268 页。

❺ 转引自周春元、何长凤、张祥光主编：《贵州古代史》，贵阳：贵州人民出版社，1987 年，第 134 页。

❻ 贵州省文史研究馆校勘：《贵州通志·前事志一》，贵阳：贵州人民出版社，1985 年，第 244 页。

此。邕州，今南宁府。”[1]

虽然贵州经济有所发展，但与整个中原相比仍属蛮荒之地，在当时流放到贵州是一种无异于死刑的惩罚。如“十七年（643 年）九月癸未，徙太子承乾于黔州”[2]。“四年（659 年）四月戊辰，流长孙无忌于黔州。”[3] 由此可见贵州仍是相当落后的。唐代的“飞钱”是否进入贵州无文献可考，但少数民族采取特有的信用票据形式，即“俗无文字，刻木为契”已见于史册。

> 东谢蛮，其地在黔州之西数百里，南接守宫僚，西接夷子，北至蛮。土宜五谷，不以牛耕，但为畲田，每岁易。俗无文字，刻木为契。散在山洞间，依树为层巢而居，汲流以饮。皆自营生业，无赋税之事。谒见贵人，皆执鞭而拜。有功劳者，以牛马铜鼓赏之。有犯罪，小事杖罚之，大事杀之。盗物倍还其赃。婚姻之礼，以牛酒为聘。女归夫家，皆母自送之。女夫惭，逃避经旬乃出。宴聚则击铜鼓，吹大角，歌舞以为乐。[4]

这说明，唐代贵州仍然处于实物经济时期，牛酒等实物充当货币，但随着经济的发展，贵州少数民族地区已发展出特有的信用票据形式，即刻木为契。它是由借贷双方在一块木板（或竹片）上，刻上若干代表借贷数字的符号，然后从中劈分为二，借贷双方各执一半以为凭据。这是一种在无文字条件下最古老的契约形式。

二、宋代贵州少数民族地区信用票据的出现

宋代的朝贡制度使贵州与中央的联系进一步加强。史书中关于贵州朝贡的记载比比皆是，如开宝八年（975 年）“南宁州遣使贡马及方物”[5]。太宗三

---

[1] 贵州省文史研究馆校勘：《贵州通志·前事志一》，贵阳：贵州人民出版社，1985 年，第 244 页。

[2] 贵州省文史研究馆校勘：《贵州通志·前事志一》，贵阳：贵州人民出版社，1985 年，第 246 页。

[3] 贵州省文史研究馆校勘：《贵州通志·前事志一》，贵阳：贵州人民出版社，1985 年，第 249 页。

[4] 贵州省文史研究馆校勘：《贵州通志·前事志一》，贵阳：贵州人民出版社，1985 年，第 238 ~ 239 页。

[5] 贵州省文史研究馆校勘：《贵州通志·前事志一》，贵阳：贵州人民出版社，1985 年，第 311 页。

年（978 年）“夷州蛮任朗政等来贡”❶。贵州少数民族朝贡之物多为当地特产，如名马、丹砂、银装等物。为显天威，宋朝的回赐其中就有当时中原流通的货币。真宗五年（1002 年），“高州刺史田彦伊子承宝等来朝，赐巾服、金币”❷。宋代在贵州少数民族地区流通的货币，除少量的金银之外，最多的还是缗钱。当然，锦、绝以及食盐等实物，仍在一些地区作为交换的媒介，但人民在日常生活中已有普遍使用缗钱的习惯。官府对人民的奖励、征收赋税开始以钱计，说明钱的作用已大大提高，甚至发展到可以买官、鬻爵、赎罪。因此，铜钱大量输入贵州少数民族地区。据《黎平府志》记载，同治末年黎平的三寨屯和 1976 年黎平的洪州都出土了不少唐宋古钱。特别值得一提的是 1985 年 12 月 26 日，玉屏侗族自治县长岭乡庆岩村出土古钱币 51 公斤，计 1085 枚。除少量汉唐钱外，多为宋钱。查两宋前后共 16 个皇帝，曾铸过 45 种年号钱和 6 种非年号钱，而这次出土的古钱中，就有 12 个皇帝铸的 33 种年号钱和 5 种非年号钱，占历代皇帝所铸年号钱的 3/4，非年号钱的 5/6。❸黎平、玉屏都是宋时由湖广进入贵州的交通要道，当时这一地区的经济已是相当繁盛。出土的古钱进一步说明，宋代时期贵州少数民族地区货币使用范围进一步扩大。

宋代是中国封建社会经济发展的高峰时期，为适应经济发展的需要，出现信用票据市场，有盐钞、茶引、交子等票据形式。根据当时经济与商品流通的情况，宋代三百多年的统治时间内，其发行的钱引，不可能不流入贵州，但因纸质关系，不易保存，至今未见实物。贵州的马自古很有名气，水西马全国有名，不仅是朝贡的贡品，也是人民用以向外换取食盐、钱币和丝绸的重要商品。为满足战事等方面的需要，宋史记载朝廷专门开设马市，以方便交易。南宋绍兴三年（1133 年）在邕州置提举买马司，专办向罗甸、自杞（今兴义）、大理（云南）各地买马事务。宋绍兴七年（1137 年），“市马于

---

❶ 贵州省文史研究馆校勘：《贵州通志 · 前事志一》，贵阳：贵州人民出版社，1985 年，第 311 页。

❷ 贵州省文史研究馆校勘：《贵州通志 · 前事志一》，贵阳：贵州人民出版社，1985 年，第 319 页。

❸ 《贵州钱币资料》编写组：《贵州钱币资料》（第二辑），贵阳：贵州人民出版社，1984 年，第 88 页。

罗殿"[1]，并先后在播州（今遵义）、罗甸（今惠水）设市马场，以利交易。仅在绍兴七年就市马约3000匹，马的经济价值十分巨大。"宋代在贵州买马，年可收入食盐数百万斤，就当时的交通条件而论，不论是官府或商人，都不可能设想事先运来如此多的食盐，每次交易时，想必就是以这种盐引支付。"[2]信用票据的流通对财政的创收、经济的发展等方面都有积极作用，可如果发放数量过大会导致"楮贱如粪土"现象的出现。盐钞法自发行以来，不断遭到败坏，使社会上流通的盐钞价值总量高于盐总量，此外，政府采用大发盐钞的办法满足军需，致使虚钞数不断增加。贵州少数民族地区主要依靠农业与畜牧业的收入换取生活必需品，维持正常生活，各类票据的贬值必会使人民遭受经济方面的损失。

两宋时期信用机构并不发达，特别在南宋战乱频繁和通货膨胀的情况下，人民对钱财更加小心。因此，"金银钱物多取窖藏的方式来存储。当时购买房宅，如果没有发掘过的，除房价之外，还要去'掘钱'"[3]。可见此风之甚。黎平、玉屏出土的古钱币，就其数量、品类分析，窖藏的钱币似乎不是留作观赏，而是窖藏当时尚可在市场上流通的货币，目的则在于保存财富。民国初年在黎平汪兴屯也出土过窖藏的宋代标准库银38块，每块重50两，为四方形的升子银，均足以说明当时的这一习俗。以上所说，也只限于经济比较发达地区，一些偏僻山区情况则不一样。"不以牛耕，但为畬田，每岁一易"的情况还是存在。自唐朝开始，史册中记载的"刻木为契"的借贷方式仍然在贵州少数民族地区存在。

---

[1] 贵州省文史研究馆校勘：《贵州通志·前事志一》，贵阳：贵州人民出版社，1985年，第372页。

[2] 贵州金融学会：《贵州金融货币史论丛》，贵阳：人行贵州金融所《银行与经济》编辑部，1989年，第293页。

[3] 彭信威：《中国货币史》，上海：上海人民出版社，1965年，第536页。

第三章　元代贵州少数民族地区的信用票据发展

第一节　元代的信用票据发展

中国古代纸币自北宋产生到明中期结束，形成一个完整的变化发展过程，元朝正是纸币发展的顶峰。元代纸币是在宋、金的基础上发展起来的，并且逐渐演进和完善。元代的纸币发展可以分为四个阶段。

第一个阶段是世祖以前，由地方发行纸币。蒙古人因受宋金的影响，特别是受金人的影响，于1227年在博州印置会子，以丝为本位。据《元史·何实传》记载："太祖二十二年（1227年）博州（今山东聊城）在兵火之后，元帅左监军何实以丝数印置会子，权行一方。"太宗八年（1236年）曾发行交钞。此时以金代通货膨胀为鉴，发行量不过万锭。太宗十二年（1240年）刘肃在邢州行楮币。据《元史·刘肃传》记载："太宗十二年刘肃为邢州安抚使，肃兴铁治及印发交钞，公私称便。"这一时期，元代纸币的特点是：仿宋、金旧制；以丝、银取代铜作为准备金；纸币仍没有统一，各地之间互不通用。

第二阶段是元世祖忽必烈中统元年（1260年）以后，正式由中央统一发行中统元宝交钞。1271年，当时的蒙古统治者忽必烈定都北京，取意《易经》中"大哉乾元"之意，改国号为元，忽必烈即为元世祖。至此，一个拥有空前广阔疆域、空前人口规模和经济实力的大元帝国建立起来了。元统一中国后，统治者虽然重武轻文，但元代在经济、文学、艺术等方面，仍有其独到之处。其中货币制度的改革非常引人瞩目。横跨欧亚大陆的蒙古帝国的成立，使通商的交换手段发生必要的革新。在军事力量的支持下，纸币显然不仅是优越的而且是可行的手段了，流通纸币更成为社会经济发展的迫切需要。

元代纸钞已经基本具备了近代金本位时期货币的特征，不仅成为一种流通货币，而且国家的货币政策比以前更显著地影响到国民经济的发展。元代纸币发行权完全属于朝廷，发行初始称为交钞、宝钞、元宝等，后来统称为中统钞。中统钞面额分十文、二十文、三十文、五十文、一百文、二百文、三百文、五百文、一贯文、二贯文共10种。以前发行的纸币都以中统元宝交钞收回，又禁止金银和铜钱流通，中统元宝交钞为当时全国统一的合法货币。

在中统钞发行初期，政府严格规定了发钞措施。中统元年（1260年）政府规定："诸路领钞，以金银为本，本至乃降新钞。"[1] 中统五年（1264年）在各路设立平准库，中书省交钞提举司每年发给诸路本金1.2万锭，为维护交钞币值，稳定物价，兑换昏钞所用。诸路平准库用完此钞再领新钞时，须交纳金银才行。平准库为兑换机关，规定发行新钞时相应数目的钞本银，严格控制发行量，取得了很好的效果。由于纸币发行有充足的金银做贮备，而且银钞可以互换，因此纸币得到广大民众的信任，人们乐于用钞，市场流通顺畅，民间出现"视钞重于金银"的现象，争相用金银兑换宝钞。

马可·波罗在游记里这样描述这一时期交钞流通情况：

> 这种纸币的制造，无论它的规格和认可手续，都和真正的纯金币或纯银币那样郑重可信。因为，有许多特别任命的官员，不仅在每一张纸币上具名，而且还要盖章。当他们全体依次办完这几道手续后，再由一个皇帝陛下任命的总官，把他所保管的御印，在银朱中一蘸，盖在纸币上。于是，印的形态，因银朱而留在纸上，永不褪色。纸币经过这样处理后，取得了通用货币的充分权威和信用。凡伪造纸币的行为，被看成

[1] （清）张廷钧：《续文献通考》卷9《钱币三》，北京：商务印书馆，1936年。

是弥天大罪，要受到严厉的惩办。

这种纸币大量制造后，便流通于大汗所属领域的各个地方。没有人敢冒生命的危险，拒绝支付使用。他的所有臣民，都毫不犹豫地接受采用这种纸币，因为他们无论到任何地方营业，都可用它购买他们所需的商品，如珍珠、宝石、金银等。总之，用这种纸币，可以买卖任何物品。

无论谁，收到的纸币因使用久了出现破损，可以拿到造币厂，只需支付百分之三的费用，就可换出新币，如果有谁想弄点金银来铸造酒杯、腰带或其他诸如此类的物品，也同样可以持纸币到造币厂换取金银条。

皇帝陛下的所有军队，都用这种纸币发饷。这对他们来说，就像金银一样有价值。根据这些情况，可以确凿断言，大汗对财富的支配权，比世界上任何君主都要来得广泛。❶

第三阶段，从“至元通行宝钞”到“至大银钞”。元世祖至元二十四年（1287 年）实行了一次重要的币制改革。主要是发行“至元通行宝钞”以整顿纸币的流通。至元通行宝钞分为 11 等，从五文到二贯。因为中统钞贬值，政府规定至元钞与中统钞比率为 1∶5。至元钞发行 60 余年，是元代最重要的货币。元政府还采纳大臣叶李的钞币主张，制定了《至元宝钞通行条划》14 款，主要内容有：（1）交钞、宝钞为法偿货币，严禁金、银、铜钱的流通和使用。（2）设立发行准备金。（3）中统钞、至元钞均分为不同面额，两种钞票并用。（4）百姓随时可以用旧钞换新钞，用破钞换好钞，并收取一定手续费；有阻碍和刁难者，定罪。此外还有关于流通方面的规定：（1）交钞、宝钞不限年月，通行流转。（2）各地设立平准行用库，负责买卖金银，平准钞法，维持钞值。（3）严禁私自买卖金银，违者治罪，告发者赏。（4）严禁伪造交钞宝钞，伪造者死，告发者重赏。这是世界上最早的、最完备的不兑换纸币制度条例，由于制定得相当周密详尽，大致上到元代末年还有效。

至元宝钞通行二十余年后，钞值下跌，物价飞涨，纸币的通货膨胀现象开始显露。至元钞发行后，并没有减轻政府的财政压力，这与军费开支过大

❶ 陈开俊等译：《马可·波罗游记》，福州：福建科学技术出版社，1981 年，第 87 页。

有关。元朝自开国之日起便东征西讨，大肆征伐。至元二十四年大举南征，仅两个月时间就支出军费50万锭。至元二十九年（1292年）再南征爪哇国，支出军费363.8万锭。此外，朝廷每年因各种赏赐活动造成财政上巨大亏空。武宗至大元年（1308年）中书省报告："陛下登极以来，赐赏诸王，恤军力，赈百姓，及殊恩泛赐，帑藏空竭……两都军粮，诸所营缮，及一切供亿，合用钞八百二十余万锭。往者或遇匮急，奏支钞本。……今乞权支钞本七百一十余万锭，以周急用，不急之费姑后之。"[1] 从中可以看出，政府那年动用钞本700余万锭。

国库中的钞本已快用尽，政府便对币制进行改革，也就是用新钞代替旧钞。武宗至大二年（1309年）发行至大银钞，面值从二两到二厘分为13等。鉴于当时物重钞轻，银钞与至元钞发生联系，规定以银钞为"母"，至元钞为"子"，民间流通的中统钞于百日内兑换收回作废。至大三年（1310年）发行至大银钞1 450 368锭，由于现行银钞25倍于中统钞，所以相当于中统钞36 259 200锭，引起市场物价波动，民间行使不便。至大银钞通行了仅一年后，并未使钞法好转，政府的财政状况更加恶化了。至大四年（1311年）正月，武帝死，仁宗登基。不久废除至大银钞，恢复中统钞和至元钞。至大钞被废除后，财政亏空状况并没有扭转。同年，朝廷日常开销用了600多万锭，赏赐用了300多万锭，军费用了700多万锭，而国库此时只剩下11万锭，可谓杯水车薪。这种入不敷出的巨大财政赤字状况一直延续。政府除了不断加印纸钞外，便是改发新钞，变本加厉地实行通货膨胀政策。大量印制纸钞，导致备用金更加捉襟见肘，从而引起物价大涨，纸币贬值，恶性循环导致最后的"钞法大坏"。仁宗延祐六年（1319年）纸币发行量从延祐五年（1318年）50万锭猛增至150万锭。元顺帝即位（1333年）后，关东地区颗粒无收，全国灾荒频发，百姓生活在水深火热中。"钞法"问题愈来愈严重。朝廷内外一片改革钞法的呼声。至正十年（1350年）十一月，元顺帝改革币制。

第四阶段，至正钞及元朝纸币的衰亡。元顺帝至正十年（1350年）改革币制，在诸路设宝泉都提举司，发行至正交钞，与旧钞至元钞并行，至正钞1

---

[1] （明）宋濂：《元史》卷22《武宗纪一》，北京：中华书局，1976年。

贯合至元钞2贯。至正钞发行不久，物价改以至正钞计算，使物价下降90%。实际上至正钞是用原中统钞的旧版印刷，只是背面加盖“至正印造元宝交钞”八字。当时阿合马当朝，禁止全国流通铜钱，擅自将各地平准库金银悉数运赴大都，以至“所行皆无本之钞”。钞本被挪作别用，严重破坏了纸币流通规则，使流通纸币变成无本之纸。此外，由于政府财政支出无度，用滥发纸钞这种违反市场规律的手段填补财政漏洞，最终导致钞法大坏，纸币发行量达到前所未有的程度。

从至正十一年（1351年）开始，在全国各地，大江南北，农民起义军烽火遍至。元朝政府为了镇压农民起义，军费开支愈加庞大，政府财政雪上加霜。于是大量印制纸币便成为政府救急的一种手段。政府依靠印钞来支付军费，使交钞的数量急剧增长，新钞在百姓心目中完全失去信用。到后来，“军储供给赏赐犒劳，每日印造不可计数。舟车装运，轴轳相接，交料之散满人间者，无处无之。昏软者不复行用”❶。至正十二年（1352年）、十三年（1353年）的年发行额折合至正钞各为195万锭，合中统钞为1950万锭。至正十六年（1356年）的发行额为600万锭，相当于中统钞6000万锭，比至大银钞的年发行额还多2000万锭。

此时米价如脱缰之马，疯狂暴涨，民间交易，纸币往往需要车载。物价上涨越来越高，纸币名目愈发愈繁多，老百姓称之为“观音钞”“画钞”“折腰钞”“波钞”“熬不烂”等。纸币几乎一钱不值，在交易中人们往往拒用纸币，于是人们又回到了用银、钱或实物来贸易买卖。元末流传这样的歌谣：“堂堂大元，奸佞专权，开河变钞祸根源，惹红巾万千。官法滥，刑法重，黎民怨。人吃人，钞买钞，何曾见？贼做官，官做贼。混愚贤，哀哉可怜。”❷政府滥发交钞加速了社会的动荡，促使社会矛盾更加激化，各地农民起义风起云涌。钞法的失败也表明了元朝政府财政制度的崩溃，与元朝的灭亡有着千丝万缕的联系。

元代是中国古代纸币发展的极盛时期，元钞法在世界货币史上有着特殊

❶ （明）宋濂：《元史》卷97《食货志五·钞法》，北京：中华书局，1976年。

❷ （元）陶宗仪：《辍耕录》卷23《醉太平小令》，上海：上海古籍出版社，1991年。

的地位，它不仅始终发行纸币，而且形成了世界上最早的纯纸币制度。它确定了以银为本位的纸币法偿性质；规定了政府税收、俸饷，民间市易、借贷均以宝钞为制；规定宝钞票面单位、种类，至元钞和中统钞的比价，宝钞发行和换易方法；政府设立发行准备金、买卖金银具体制度和方法；政府对于私易金银、伪造宝钞的惩处等，周密而详尽地体现出纸币制度在当时已发展相当完善了，使元朝纸币成为中国古代货币史上一个巅峰时期。元代纸币不分界，不分期限，可以永久通用；不限地区，可以全国通行，这比宋代钞法先进。用途广泛，交纳钱粮赋税、贸易买卖、借贷典押皆可用，政府对它的用途有各种规定作保障。随着国家领土的扩大，纸币发行额有时突破百万锭，但币值一直保持稳定，使纸币的优越性得以充分发挥，纸币流通到境内外，促进了农业、手工业和国内外贸易的发展，为元朝帝国政治统一、经济繁荣、社会安定立下了汗马功劳。但元代后期大规模地实行了通货膨胀政策，造成经济秩序的混乱，进而引起社会的动乱。

第二节　元代贵州少数民族地区经济发展与信用票据流通

在宋代畜牧业发展已有相当水平的水西地区，马不仅是贡品而且已成为对外交换物资的重要商品之一。到了元代，畜牧业在人民经济生活中更占有重要的地位。因蒙古族对战马的需要更多，全国设立 14 道牧地，贵州彝族苗族较多的亦溪（今黔西北地区）就是其中的一道。当时贵州的贡品中经常有马匹，如至元二十八年（1291 年），“丁亥，洞蛮烂土立定云府，改陈蒙洞为陈蒙州，合江为合江州。中书省臣言：‘洞蛮请岁进马五十匹、雨毡五十被、刀五十握，丹砂、雌雄黄等物，率二岁一上。’有诏从其所为”[1]。至元二十九年（1292 年），“甲子朔，金竹酋长骚驴贡马、毡各二十有七，从其所请减

[1] 贵州省文史研究馆校勘：《贵州通志·前事志一》，贵阳：贵州人民出版社，1985 年，第 429 页。

所部贡马，降诏招谕之”[1]。由于农、牧业的同步增长，农村集市贸易也相当繁盛，采矿业有新的发展，至元二十年（1283 年）“拨常德、辰、沅、澧、靖民万户淘金乌撒，并采朱砂、水银于思州”[2]。在元代流通中的货币，除有少量的黄金白银外，更多的是使用秦汉以至两宋历朝通用的旧钱。元朝所铸的通宝钱，在贵州流通的不多，宝钞应是多数。缯、绳、食盐在一些地区还继续流通，作为交易的媒介。

随着对外贸易的发展，贵州经济进一步繁荣，货币的使用更加频繁。早在北宋年间，贵州民间已开始使用白银，到元代，使用范围更广。随着白银的广泛使用，兑换业必然应运而生。从文献中看到，元代经营这一行业的是当时的银铺或银匠铺，它们不仅以打造银饰银器为本业，兑换也是它们的一项重要业务，不仅兑换金银，也兑换铜钱。外来信用证性质的盐茶引，早在贵州少数民族地区流通使用。元贞七年（1303 年）七月，御史台请以“盐引”助出驿马户口，“规定每马一匹，在贵州以北给盐十七引，以南二十引。近立榷盐提举司，官增价五之三，原给二十引者，宜以钞十七锭，十七引者十五锭”[3]。可见当时继续推行“盐引”这一类信用票据，除盐引之外，锡引也成为流通使用的票据之一。据《元史・食货志》记载，政府在辰、沅、靖等地设转运司，还“印制锡引”，每引收钱 300 文、发给商人贩锡，每引准许售锡 100 斤。无引者以私运论处，杖六十，其锡没官。这是贵州省在少数民族地区自己印制发行的商业信用证性质的有价证券。可知当时锡的生产已成为大宗重要商品。

此外，由于中央的赐钞，元朝统一发行的“中统元宝交钞”“至元通行宝钞”在贵州少数民族地区有流通的记载。如至元十六年（1279 年），“赐思州田景贤所部军服，钞有差”[4]。元贞七年（1303 年），“七年春，擒斩蛇节、宋隆济、阿女等，西南夷悉平。诏领其将士入见，张宴享之，赏赐甚厚。进光

[1] 贵州省文史研究馆校勘：《贵州通志・前事志一》，贵阳：贵州人民出版社，1985 年，第 433 页。
[2] 贵州省文史研究馆校勘：《贵州通志・前事志一》，贵阳：贵州人民出版社，1985 年，第 423 页。
[3] 贵州省文史研究馆校勘：《贵州通志・前事志一》，贵阳：贵州人民出版社，1985 年，第 456 页。
[4] 贵州省文史研究馆校勘：《贵州通志・前事志一》，贵阳：贵州人民出版社，1985 年，第 408 页。

禄大夫，偿其赏士金一千九百两，钞万五千锭，将士迁官有差”❶。中央对官员丧事赐钞，如至正二年（1342 年）诏：“云南、广海、八番及甘肃、四川边远官死而不能归葬者，有司给粮食、舟车护送还乡；去乡远者，加钞二十锭；无亲属者，官为瘗之。”❷ 至正三年（1343 年），八番、顺元等地闹饥，顺帝诏令拨赠济款钞二万二千锭。❸ 贵州少数民族地区流通使用的信用票据为数不少，但因纸质关系，迄今未见实物，可能是纸质不易保存。元初期之后钞法逐渐大乱，宝钞急剧贬值，如同废纸。贵州少数民族地区由于地处边远，信息闭塞，所受的危害应更甚于中原地区。

❶ 贵州省文史研究馆校勘：《贵州通志 · 前事志一》，贵阳：贵州人民出版社，1985 年，第457 页。

❷ 贵州省文史研究馆校勘：《贵州通志 · 前事志一》，贵阳：贵州人民出版社，1985 年，第480 页。

❸ 贵州省文史研究馆校勘：《贵州通志 · 前事志一》，贵阳：贵州人民出版社，1985 年，第480 页。

第四章　明代贵州少数民族地区的信用票据发展

第一节　大明宝钞的发行

一、大明宝钞的发行阶段

明朝开国之初，由于元代纸币制度的瓦解，全国各地都恢复流通铜钱。明代货币总体以银为本位，兼行钱、钞。明朝政府在洪武元年（1368 年）颁布了洪武通宝钱制，开铸“洪武通宝”铜钱。“洪武通宝”流通后不久，在洪武七年（1374 年）政府议行钞法。洪武八年（1375 年），明太祖朱元璋下诏由中书省印制“大明通行宝钞”，后废中书省由户部印制。明朝政府恢复纸币制度与当时社会局面动荡，元末残余势力猖獗，各地反明活动频繁，政府财力不足等因素有着密切联系。

明初由于铜源奇缺，流通市场铜钱供应不足，官府责令百姓以私铸钱作废铜输官，从而引起民间骚动不安，百姓纷纷私藏金银铜钱，市场上一度铜钱匿迹，出现以物易物的交换形式。这种原始的交换形式在当时迅速发展起来的商品经济势态面前显得不堪一击。在日常商务往来中，铜钱不便携带赍运，不适合做长距离买卖的劣势也逐渐显现出来，这给大明宝钞的诞生提供了前提，大明宝钞应运而生。《明太祖实录》卷 98 记载：“诏造大明宝钞。是中书省及在外各行省皆置局以鼓铸铜钱，有司责民出铜，民间皆毁器物以输官，鼓铸甚劳，而奸民复多盗铸者。又商贾转易，钱重道远，不能多致，颇不便。上以宋有交会法，而元时亦尝造交钞及中统、至正宝钞，其法省便，易于流传，可以去鼓铸之害，遂诏中书省造之。”❶

大明通行宝钞有两类，一是中书省奏准的大明通行宝钞，分一百文、二百文、三百文、四百文、五百文、一贯文共六种，票上印有“中书省奏准”等字样。此钞流通时间较短，发行量较少，存世实物极少；二是户部奏准的大明通行宝钞。洪武十三年（1380 年），明朝廷废中书省升六部，发行钞票属户部，印制“户部奏准印造”的大明通行宝钞。洪武二十二年（1389 年）增发小钞十文、二十文、三十文、四十文和五十文。当时使用铜、铅所铸的方孔制钱，称为“通宝”。朱元璋即位颁发“洪武通宝”，以后，成祖铸“永乐通宝”，宣宗铸“宣德通宝”，孝宗铸“弘治通宝”，世宗铸“嘉靖通宝”，神宗铸“万历通宝”，崇祯年间铸钱更是五花八门，皆由宝源局鼓铸，各省宝泉局依式铸造通行。然因铜源有限，货币不足，且不便于大宗交易和路途携带，遂沿元代之旧，发行纸币。洪武七年（1374 年）九月设立宝钞提举司，次年三月发行大明通行宝钞，以桑穰为料，横额上有“大明通行宝钞”字样，两旁有“大明宝钞，通行天下”八字，分一百文、二百文、三百文、四百文、五百文、一贯文共六种。

大明宝钞沿袭元钞形制，纸质采用上等桑皮纸为钞料，花纹简洁，刻印精致。大明通行宝钞一贯是古钞中票幅最大的钞票，长约 31.7 厘米，宽约 19 厘米。❷ 大明宝钞流通大致可分四个时期：第一是钱钞兼用时期，自洪武八年（1375 年）至洪武二十七年（1394 年）。政府规定宝钞与铜钱同时流通，规定百文以上钱钞兼收，百文以下只用铜钱；商税兼收钱钞，钱三钞七。在实际交易中，往往钱重钞轻，币值大打折扣。第二是政府强行用钞时期，自洪武二十七年（1394 年）至宣德十年（1435 年）。此时江浙闽广一带百姓弃用宝钞，致使钞价跌落，宝钞滞阻不行。政府下令各地官府强行收取民间铜钱，并制定了严厉的惩罚措施。但政府的禁铜令时紧时弛，经常反复，致使禁铜

---

❶ （明）胡广等：《明太祖实录》卷 98，台湾“中央研究院”历史语言研究所校印本，1984 年。
❷ 叶世昌：《平准学刊》第 4 辑（下）《论大明宝钞》，北京：光明日报出版社，1989 年。

令明禁暗行，民间仍以银钱交易。第三个时期，自宣德十年（1435 年）至成化二十三年（1487 年），英宗即位不久即批准钱钞兼行，接着又允许以银纳租税，昭示出贵金属在流通领域里的地位。成化元年（1465 年），下诏规定对商税课程实行钱钞中半兼收，促使了宝钞币值进一步跌落，宝钞逐渐退出流通领域。第四个时期，自正德元年（1506 年）以后，民间商税课程及公私收支皆用银来进行，政府在应征税赋、盐引船料等方面，皆用银来征收。宝钞只是在朝廷赏赐官吏，封官励行，支付官俸军禄等杂项上用到。此时宝钞已彻底退出流通领域。

二、大明宝钞失信于民

大明宝钞自正德元年（1506 年）后退出流通是其失信于民造成的后果，这源于大明宝钞区别于宋、元纸币制度的鲜明特征。

第一，大明宝钞不设立钞本，政府不备有兑现准备金，是一种不兑换纸币。可以说，宝钞发放的依据不是经济上的，而是政权的力量和信用促使的。由于宝钞不受准备金限制，所以政府印制宝钞没有一个明确的限额，影响宝钞数量的只有印制时间和工匠人数。政府考虑的是宝钞数量是否满足了财政需求，并不考虑宝钞数量的限制。以至宝钞年年增造，最后壅塞不通。同时政府禁止民间金银交易，只允许百姓持金银向政府换易宝钞，但不允许百姓用宝钞向国家兑换金银。这就意味着金银只是单方面由民间流向政府财政机构，而不存在由政府财政机构流向民间，国家对金银是只进不出，照单全收。这样国家收银越积越多，民间存银越积越少，国家是变相的用宝钞搜刮民间百姓手中的金银贵金属。对于这种在信用制度不健全情况下推行的宝钞制度，其结果不难预料。时人顾炎武曾一针见血地指出："废坚刚可久之货，而行软熟易败之物，宜其弗顺于人情，而卒至于滞搁。"[1]

第二，大明宝钞不立界，决定了宝钞印制发行的高度统一，体现出明朝政府的高度集权，这一点有别于宋、元纸币。由于大明宝钞是纯粹财政性纸

[1] （清）顾炎武：《日知录集释》卷 11《钞法》，北京：世界书局出版社，1936 年。

币，宝钞的印造和发行取决于政府的财政状况。明朝政府不断地征战用兵，财政开支巨大，军费年年攀升，每年财政需要支付数字巨大的官俸军饷，国家急需要钱来摆脱困境，这个漏洞只有靠发行宝钞来填补。大明宝钞年年增发，毫无节制地投放市场，变成一种点金术，使它失去了印放和回笼两者间应有的平衡，最后，市场已无法容纳这种纸币。即便政府实施行钞的严刑，也禁不住民间金银买卖，百姓们心里有杆秤，他们知道宝钞只是一张薄薄的纸片，什么时候说不定就是废纸一张，只有金银铜钱才是货真价实的。宣德以后宝钞印造有所减少，但数量已远远超过流通所需的极限，造成了无可挽回的通货膨胀。

第三，大明宝钞没有旧币回笼制度，政府只发不收。在洪武九年（1376年）就旧钞问题政府制定了“倒钞法”。“倒钞法”规定每昏烂钞一贯，收工墨费30文，500文以下递减，在昏烂钞面上墨印“昏烂”二字，收纳入库，按季送部。虽然政府制定了“倒钞法”，但真正实行的时候不多。从洪武二十七年（1394年）后再也没有发换旧钞的记录，以至宝钞越积越多。政府用宝钞支付官俸、发放军饷、大兴土木、赏赐臣民、采购物品等，使宝钞大量流入市场，流通领域的负荷不断增大，达到无以复加的饱和程度。另外，政府只通过税收，回收其中一小部分钞币，同时规定上缴国库必须解缴银两。这样，国家税收收银则下损民财，而收钞则上亏国用。由于种种限制，大部分宝钞滞留地方，得不到货币回流，致使地方上宝钞越积越多，最终导致金融市场瘫痪。

第四，宝钞制度执行信誉差。商人交易时故意折抑旧钞，加倍收受新钞从中牟利，长而往之形成新旧宝钞间的差价。一般旧钞价仅是新钞的三分之一，而官府默许旧钞折价使用。这样，不仅新旧钞价格相异，官定钞价与民间市价也大相径庭。人们在使用宝钞时只愿收新钞，不愿收旧钞，交易则唯用新钞，稍有昏软则不用。这样在交易中矛盾便难以避免，从收受方来讲不愿收旧钞，从支出方来讲用旧钞更为合算，出于各自的利益，在交易中就会出现一方愿意用旧钞，一方不愿收旧钞的矛盾。

宝钞从发行初始的二十多年里币值基本上稳定，洪武二十七年（1394年）后开始贬值，而且越来越严重，仅仅流通了二十几年就壅滞不行，其贬值过程超过了前朝。明钞初行时，米价一贯一石，到永乐二年（1404年）米一石价升至三十贯。永乐时宝钞贬值的原因有三：一是军费浩大。永乐年间（1403～1424年）连年征战，每次都要用兵数十万至近百万；二是巨大的营造。永乐四年（1406年）开始营造北京城，动员民工一百万，历时十五年，那时每年的收入仅二百万两，入不敷出；三是庞大的船队出使外洋，耗费甚巨，外国国王来朝的赏赐，一次赏赐大明通行宝钞几十万。宣德初年米价涨到每石五十贯，正统九年（1444年）米价涨到每石一百贯。到了弘治（1488～1505年）、正德（1506～1521年）年间，宝钞已基本上不流通了。国家征税时也很少用钞，但皇帝仍然将宝钞赏赐给大臣和前来朝贡的外国人，使得大明宝钞在退出流通领域后，仍无法彻底绝迹。由于朝廷继续用钞，使明朝中后期出现了一种“囤钞之家”，即囤积、经营宝钞的商家。他们利用国家突然规定某项税收必须用钞交纳的机会，促使百姓用铜钱向他们买钞，当国家需要用钞而国库无钞时，他们便可以高价向国家出售宝钞。明朝中后期宝钞流通对于经济的发展没有什么积极作用，然而对于那些贪赃枉法的官吏和善于投机钻营的商人来说，只要宝钞仍在流通，就有利可图，从中大发横财。

大明通行宝钞停用后，明朝财政困难，给事中惠世扬建议再用纸币，未得获准。明朝末年，政府面对日益严重的财政危机，朝廷又有人提出重行钞法。崇祯八年（1635年）给事中何楷又请用钞，亦未获准。崇祯十六年（1643年），农民起义，兵临城下，外有清兵叩关，情势危急，明朝廷摇摇欲坠，秀才蒋臣又议复行钞法，当时户部倪元璐和侍郎王鳌永竭力支持，并提升蒋臣为户部司务，十月户部用蒋臣提议的《议行钞法条上八事》，得崇祯帝同意，其主要内容是每贯准银一两，商民以白银来兑换宝钞，只需银九钱七分，完粮纳税可当一两用。朝廷认为有此三分之利，商民必将趋之若鹜，从而可收进大量白银，以此来挽救明王朝的财政危机。为此命令设立内宝钞局，日夜印制崇祯版宝钞，募商发买，但结果无人去买。不久，李闯王攻入京城，明亡。

纵观明代，大明宝钞的流通完全依赖国家强制性推行。宝钞在没有准备金的前提下，实施不兑换的流通制度，给宝钞的滥发创造了条件，使宝钞的发行成为政府获取财政收入的一种手段，即一种把财政危机转嫁给民众的卑劣伎俩。实行宝钞制度结果证明：纸币作为一种符合经济发展的新币种必然会出现在流通领域，因为它有金属货币不可替代的优点；但纸币进入流通领域要符合自身的规律，如果违反或破坏了这些规律，必然会走向消亡。宋、金、元流通纸币的结果印证了这一点，明代宝钞也没有逃出这个劫数。明代宝钞从它诞生的那天起，就埋下了先天的隐患，最后不可避免地走向消亡。

第二节　明代贵州少数民族地区信用票据的流通

一、贵州少数民族地区信用票据的使用

元代末年，由于统治者不断对西南各族人民采取所谓“招讨”的措施，连年用兵，烧杀掳掠，社会经济极端凋残，特别是西南地区，到处出现土旷人稀，一片荒凉景象，原来已略有起色的经济，又衰败下去。明朝初建，为了安定社会，巩固其统治，采取了恢复和发展生产的政策，鼓励垦荒，兴修水利，移民新区。随着卫所屯田制的建立，设官增多，汉族人民大量迁入，带来了先进的技术与生产方式，促进了生产的发展。因此，在生产上有很大的提高，大多已使用上了耕牛。畜牧业在元代发展的基础上也有发展。但总体来说，贵州经济仍处于比较落后的状态。

自明代开始，随着驿道的开通，使贵州与外界沟通的交通状况大有改善，打破了之前相对封闭的状态。明代初期，贵州分属湖广、四川、云南三行省管辖，永乐十一年（1413 年）始设布政使司，成为省的建制，但省会贵阳直至隆庆二年（1568 年）才建立“府”一级的行政组织。制钱在贵州较为通行，但在弘治以前未见铸币。永历王朝曾在肇庆铸“永历通宝”，背面有“壹分”或“五厘”字样，版式不一，移驻贵州后曾一度发行使用。弘治年代，贵州开始铸造方孔铜钱。弘治三年（1490 年），贵州设宝泉局铸钱，延至十

六年（1503 年）三月开铸“弘治通宝”，面值一文，规定每年铸钱 580 余万文，但实际所铸不过十分之一，为时不久。

明朝建立后在全国统一推行钱法、钞法，贵州当然也不例外。贵州通行的货币，与全国的钱法、钞法密切相关，但因经济落后，施行起来又有不同。民间喜用白银，钱法渐兴而钞法阻滞。贵州的货币主要是通过官俸、军饷、赏赐、采办等渠道把货币投入市场，并通过赋税、课程、商税、门摊税等征收钱、钞促使通行。官俸和军饷是贵州财政支出的最大项目，也是钱、钞的最大来源。正统八年（1443 年）令贵州都司并所属卫所，官俸三分本色，七分折钞，借以推行钱法、钞法。

贵州当时有一大特产——马。贵州马非常有名，从太祖年间开始，贵州贡马的记载比比皆是：如吴元年七月乙酉（十一），“思南道宣慰使司都元帅田仁智，遣五寨副长官戴允中进表，贡马及方物”❶。吴元年十月戊午（十五），“思州宣慰使田仁厚，遣其镇抚田谨晋贡马及方物”❷。洪武三年二月乙酉（二十六），“思南宣慰使田仁智遣都事李懋进表，贡马”❸。洪武五年正月庚申（十二），“播南故元参政余仲方来朝，贡马”❹。与之相应，民间马市交易繁荣，卖马收入十分可观，据《太祖洪武实录》记载“凡马一匹给布三十匹或茶一百斤，盐如之”❺。“赍白金二万二千六百五两往乌撒等处市马，得马七百五十五匹。”❻ 这些记录说明一匹马的价值是非常高的，而贵州养马甚多，洪武十八年就记载：“贵州、乌撒、宁川、毕节等卫市马六千七百二十九匹。”❼ 洪武十七年七月丁巳（二十一）记载：“诏户部以绵布往贵州，命宣慰霭翠易马，得马一千三百匹。”❽ 永乐二年正月丙寅记载：“命镇守贵州镇远侯顾成以官所市马二千匹，悉给诸卫军士。”❾ 洪武初年仅威宁、毕节一带

❶ 贵州民族研究所：《明实录贵州资料辑录》，贵阳：贵州人民出版社，1983 年，第 2 页。
❷ 贵州民族研究所：《明实录贵州资料辑录》，贵阳：贵州人民出版社，1983 年，第 2 页。
❸ 贵州民族研究所：《明实录贵州资料辑录》，贵阳：贵州人民出版社，1983 年，第 4 页。
❹ 贵州民族研究所：《明实录贵州资料辑录》，贵阳：贵州人民出版社，1983 年，第 5 页。
❺ 贵州民族研究所：《明实录贵州资料辑录》，贵阳：贵州人民出版社，1983 年，第 43 页。
❻ 贵州民族研究所：《明实录贵州资料辑录》，贵阳：贵州人民出版社，1983 年，第 50 页。
❼ 贵州民族研究所：《明实录贵州资料辑录》，贵阳：贵州人民出版社，1983 年，第 50 页。
❽ 贵州民族研究所：《明实录贵州资料辑录》，贵阳：贵州人民出版社，1983 年，第 45 页。
❾ 贵州民族研究所：《明实录贵州资料辑录》，贵阳：贵州人民出版社，1983 年，第 121 页。

卖马收入，岁可白银20万两。养马之多毫无疑问会带来货币流通领域的扩大，货币流通量也相应增多。

此外，贵州的木头出名。明代设有很多木材交易市场。木市主要设在乌江、清水江、都柳江、赤水河、北盘江沿岸木材采伐点，以便贸易成交后顺流运输。对此，史册中多有记载，如嘉靖四年（1525年）八月戊子，“升工部虞衡等司署员外郎范总、李煌、牟泰俱署营膳司郎中事，总，湖广常德、辰州等处；煌，四川马湖、叙州等处；泰，贵州石阡、镇远等处，各买办大木”❶。木材的价格也是十分可观的，如万历二年（1574年）九月壬午，工部上言：“神木厂收贮楠杉大木，出自湖广川贵，每根价银数千，采运劳苦，若任风雨浸淫，坐视朽烂，甚为可惜。乞委官搭棚若盖，以图经久。”❷农牧业的发展，也带来农村集市贸易的兴盛，平越、清平、偏桥、镇远四卫场集，每日都可进行交易，“市如云集，朝至暮归”。

明代宝钞还通过赏赐方式进入贵州少数民族地区。首先有通过献方物的赏赐，如洪武二年六月丁卯记载“思州土官田弘正遣万户张思温贡马及方物。弘正，仁厚子也，是时仁厚卒，正来告哀，且请袭职。诏俟其服阕然后授之。赐思温绮、帛、锭钞”❸。洪武五年十一月辛酉“思州土官田弘正率其所部蛮夷长官来朝，贡方物。上命弘正藉父职为宣尉使，赐白金、文钞、锭（银）锭”❹。洪武二十一年九月辛卯（二十）“贵州水西土官霭晖等进马。诏赐钞三百四十锭”❺。洪武二十三年二月乙未，“都匀安抚副史（使）刘武遣人贡马。诏赐钞锭”❻。永乐九年五月戊辰“贵州宣慰使宋斌遣把事苟应宗等贡马。赐之钞币”❼。成化十九年四月乙丑“贵州宣慰使司，湖广峒安抚司各遣头目把事等来朝，贡马。赐彩段、绢、钞有差”❽。有明一代，这样的赏赐甚

❶ 贵州民族研究所：《明实录贵州资料辑录》，贵阳：贵州人民出版社，1983年，第709页。
❷ 贵州民族研究所：《明实录贵州资料辑录》，贵阳：贵州人民出版社，1983年，第867页。
❸ 贵州民族研究所：《明实录贵州资料辑录》，贵阳：贵州人民出版社，1983年，第3页。
❹ 贵州民族研究所：《明实录贵州资料辑录》，贵阳：贵州人民出版社，1983年，第7页。
❺ 贵州民族研究所：《明实录贵州资料辑录》，贵阳：贵州人民出版社，1983年，第60页。
❻ 贵州民族研究所：《明实录贵州资料辑录》，贵阳：贵州人民出版社，1983年，第68页。
❼ 贵州民族研究所：《明实录贵州资料辑录》，贵阳：贵州人民出版社，1983年，第138页。
❽ 贵州民族研究所：《明实录贵州资料辑录》，贵阳：贵州人民出版社，1983年，第511页。

多，大明宝钞也随之进入贵州地区。此外，通过军饷或军功赏赐等方式进入贵州少数民族地区。洪武十九年（1386 年）四月己酉，“赐乌撒等卫军士二万五千八百余人钞各六锭”❶。洪武二十一年（1388 年）八月乙巳，“命户部运钞七十五万七千四百绽往四川永宁宣抚司，赐普定侯陈桓等所统征南军士十二万九千三百九十七人及乌撒卫军士五千三百余人”❷。洪武二十三年（1390 年），正月己酉“赏延安侯唐胜宗钞一千锭，以平苗蛮之功，仍命同凤翔侯张龙往黄平、平越、镇远、贵州诸处练军士，提督屯田，相机征剿余蛮”❸。洪武二十三年四月癸丑“赐贵州都司属卫军士二万八千六百余人钞各贰锭”❹。天顺二年（1458 年）四月乙酉（二十八）“命发南京官库钞一百七十六万三千一百贯、绢六千七十九匹、绵布四千六百二十五匹给贵州杀贼有功官军”❺。还有一种情况是通过官俸的发放，大明宝钞进入贵州。景泰二年（1451 年）四月壬午（十四）户部奏：“贵州各卫官员俸钞不敷，请于江西湖口、湖广金沙州二处设关量舡每一百料收钞十五贯，类解湖广布政司及贵州、辰沅、常德等府官库收贮，以备支用。”❻

有明一代，随着经济发展，贵州少数民族地区的马、木材等农副产品成为大宗贸易商品，加之来自朝廷发行官员的俸禄、军饷；朝廷对土官朝贡、军功皆赏赐银两、钱、钞。对外，中央征收赋税要求以钱、钞交纳，如商税、课程、徭役、马馆银等，又规定食盐、食米皆必须纳钞，以此促使人们以货物换取宝钞。这无形中刺激了票据在贵州少数民族地区的流通范围。

二、票据流通不畅

相比之下，有明一代，贵州少数民族地区的经济有了快速发展，信用票据的流通范围也进一步扩大，然而在贵州钞法始终不畅，所谓“物重钞轻”，

❶ 贵州民族研究所：《明实录贵州资料辑录》，贵阳：贵州人民出版社，1983 年，第 51 页。
❷ 贵州民族研究所：《明实录贵州资料辑录》，贵阳：贵州人民出版社，1983 年，第 59 页。
❸ 贵州民族研究所：《明实录贵州资料辑录》，贵阳：贵州人民出版社，1983 年，第 67 页。
❹ 贵州民族研究所：《明实录贵州资料辑录》，贵阳：贵州人民出版社，1983 年，第 69 页。
❺ 贵州民族研究所：《明实录贵州资料辑录》，贵阳：贵州人民出版社，1983 年，第 408 页。
❻ 贵州民族研究所：《明实录贵州资料辑录》，贵阳：贵州人民出版社，1983 年，第 349 页。

实际上是因为贵州出产无多，商品流通量小，人们宁可多握有实物或银、钱等硬通货，不愿使用纸币。宣德五年（1430 年），户部为了在贵州推行钞法，令贵州布政使将诸色课程所征宝钞存留本处，凡内外文武各官薪俸，均酌量所收多寡分派，就地放支。但实施不到两年，各地叫苦不迭，到了宣德九年（1434 年），朝廷不得不下令贵州三司："府州县见收税课及为钞法，增收诸色课钞减十之四，逃民所欠及见征粮草皆停征，招抚复业。"❶

票据流通不畅的情况，当时就已有记载。宣德元年（1426 年）"五开卫使龙渊言'钞法阻滞，乞禁止民间勿以布、帛、米、麦交易，则钞可通用'。上曰：'布、帛、粟、菽民所服食，不可一日无者，互相贸易以厚其生，岂可禁绝，俗吏之言可听乎？'"❷ 宣德五年（1430 年）"行在户部……又奏：'各处诸色课程钞，除云南、四川、贵州存留在本处，其直隶府、州、两广、福建俱赴解京。京师，钞所从出，而天下所收者又归于京，物重钞轻，阻滞不行。况两广、福建距京万里，起运甚艰。今后惟附京师御史所收者，送纳内府，其余所以官司收贮。凡内外文武官折俸钞及买办物料价值，约量所收多寡分派，就彼放支。庶钞法通，官民两便。'上皆从之。"❸ 宣德七年（1432 年）"思南府奏：'所属水德江长官司，其地山溪陡峻，无田耕种，止办户丁折银粮三十八石有奇。近岁疫死者六十余户，粮额未除，皆见存之民代纳。又以钞法不通，市镇铺店亦如例征钞，岩洞深阻，商旅不至，市无交易，皆受庸外境办钞输官。夷民艰难，乞蠲免前项米、钞。'"❹ 巡抚贵州右副御史李浩奏三事："……贵州及四川边夷之处俱无庸调之劳，而管粮官往□（往）称为被灾以希赦免，故容稽缓，以致军储不足，请定为程限，凡应纳贵州仓粮者年终完足，否则如律究治，则贵州所属，每岁折纳夏税布，岁办官细茶芽俱于本布政司上纳，用折官俸粮，但所收者多不堪用，请自今应输者俱收钞贯。"❺

❶ 贵州民族研究所：《明实录贵州资料辑录》，贵阳：贵州人民出版社，1983 年，第 210 页。
❷ 贵州民族研究所：《明实录贵州资料辑录》，贵阳：贵州人民出版社，1983 年，第 178 页。
❸ 贵州民族研究所：《明实录贵州资料辑录》，贵阳：贵州人民出版社，1983 年，第 211 页。
❹ 贵州民族研究所：《明实录贵州资料辑录》，贵阳：贵州人民出版社，1983 年，第 218 ~ 219 页。
❺ 贵州民族研究所：《明实录贵州资料辑录》，贵阳：贵州人民出版社，1983 年，第 453 页。

究其原因，因贵州少数民族地区的人民受元朝票据贬值的危害甚深，民间交易仍愿用银用钱。为维持财政，在孝宗弘治年间，命令全国 13 个布政司均设立铸局，恢复鼓励铜钱，规定钱钞并用，但还以钞为主，钱三钞七。宝钞在贵州更加贬值，弘治十五年（1502 年）“礼部以四川灾异言五事：‘……一议功赏。谓云南、贵州赏功事例除彩、段、布外，又有钞贯，俱差人一员，从南京户部开支，转送会镇巡等官给散。水路万里，艰难险阻，且今云、贵功赏共该钞十六余万贯，所用夫役甚多，加以连年兵荒转运之难尤倍，曩昔而云、贵钞价甚廉，计其所得费逾百倍。乞依近日折银例，每钞百贯折银三钱，移文彼处布政司支给。’”[1] 这不仅说明贵州用钞甚少，钞价甚低，也说明在当时钞的价值极不稳定，时有变动。

[1] 贵州民族研究所：《明实录贵州资料辑录》，贵阳：贵州人民出版社，1983 年，第 598 页。

第五章　清代贵州少数民族地区的信用票据发展

第一节　大清官票、宝钞的发行

一、大清官票、宝钞的发行背景

清朝是我国封建社会历史上最后一个王朝，它经历了一个由封建社会走向半殖民地、半封建社会的过渡。清朝在统治中国二百多年间采用的是银钱并用制度。在实际生活中人民使用的只有铜钱，纹银不过是国家财政、大宗交易以及富贵人家的储藏手段，制钱是流通的主要货币。

由于清以前各朝发行纸币都曾出现过通货膨胀现象，清政府认为纸币只能作为权宜之计，不能作为国家正式货币制度。鉴于前朝行钞危害太大，清政府对行钞主张始终讳莫如深，对纸币态度是极为谨慎的。顺治八年（1651年），由于南明诸王及各地民众的反抗，清军正在进行入关后的统一战争，军费开支浩大，政府虽然增拨了内库银两作为俸饷，仍感到财政支绌。于是清政府仿照明旧制，发行纸币，称为顺治钞贯。钞贯仿明钞形制，面额自10文至1贯，与钱兼行。第一年发行额是128 172贯470文，并以此为今后的年发行额度。到顺治十八年（1661年），南明永历帝投降，战争平息，国内军事形势略定，经济状况有所好转，政府下令停止钞贯发行，至时总发行了120万贯左右。顺治钞贯前后流通不过10年，发行既少，上上下下仍主要流通铜钱。由于顺治钞贯史书记载很少，且纸币发行量有限，使用时间短，实物与印钞铜板至今尚未发现，就连大概的图样也没看见过。此后，从顺治十八年（1661 年）到咸丰二年（1852 年）的 191 年时间里，政府不仅没有再发行过纸币，而且不允许提出行钞之议。这是清政府在太平天国运动前唯一发行过的纸钞，对清政府实施币制影响不大。

虽然清朝刚建立时，统治者吸取了前几代王朝货币政策失败的经验教训，对制定货币政策，特别是发行纸币始终抱有谨慎小心态度，甚至到了谈虎色变的境地。但是一旦政府财政出现危机或需要大量用钱时，便也顾不得这么多了，采取前朝统治者惯用手段：印发纸币进入流通市场，转嫁政府财政危机。清王朝从乾隆晚期就走下坡路，经过乾隆时期对外用兵，对内镇压各族民众反抗，加上宫廷奢侈靡费，政府财政、军费开支巨大，全国各地连年灾荒，政府税收大为减少，财政负担巨大，国库几近枯竭。嘉庆、道光继续走下坡路。“当乾隆之季，天下承平，庶务充阜，部库帑项积至七千余万。嘉庆中，川楚用兵，黄河泛滥，大役频兴，费用不赀，而逋负日增月积，仓库所储亦渐耗矣。”❶

嘉庆十九年（1814 年）侍讲学士蔡之定奏请朝廷行用纸币以解财政之需，被朝廷严厉处分。复行纸币的建议被统治者否决了，清政府唯有加紧剥削解决财政困难。在国家无意外灾难时，封建的专制力量可以镇压人民自谋解救之路。道光十七年（1837 年），王鎏在《钞币刍言》中提出发行纸币，朝廷不予理会。但不幸的是道光二十年（1840 年）爆发了鸦片战争，清政府财政状况急剧恶化，道光三十年（1850 年）接着发生了太平天国战争，更是对清政府以沉重打击，而铸币铜源又迟迟运送不到，使清政府焦头烂额。清政府对外承担巨额赔款，对内镇压人民起义开支巨大，内外交困中采用纸币又被提上议程。发行纸币成为解决财政危机的一剂良药，但结局与政府初衷背道而驰。

咸丰初年，太平天国以迅雷不及掩耳之势占领了长江中下游一带的重要都市，政府财政下滑已无法遏止。滇铜不能照常运到北京，清廷考虑铸造大

❶ 赵尔巽主编：《清史稿》（第 35 册），北京：中华书局，2003 年，第 8 页。

钱、铁钱、铅钱以节省铜。咸丰三年（1853 年）清廷开始铸大钱，户部奏铸当十、当五十两种大钱，随即推广到当百、当五百、当千几种，随后私铸盛行，大钱行使后物价腾贵，当千、当五百的大钱不得不立刻停止铸发而且要急切地收回，当五十的也无声无息地不再推行了。到咸丰九年（1859 年），当十大钱每一枚只能值制钱二文左右。大钱滥发使人民受害极深。

大钱无法推行、日益加深的财政危机等因素，成为大清发行官票、宝钞的背景。咸丰元年（1851 年）陕西道监察御史王茂荫向朝廷上《条议钞法折》，即钞法十条，建议有限制地发行可以兑现的宝钞，来缓和财政危机，得到了清政府的重视。他具体提出了“推钞之法”“拟钞之值”“酌钞之数”“精钞之制”“行钞之法”“筹钞之通”“广钞之利”“换钞之法”“严钞之防”“行钞之人”十条钞法❶，作为发行纸币的保障。但由于他反对通货膨胀，主张限制发行数量，不能满足清政府的要求，没有被采纳。咸丰二年（1852 年），福建巡抚王懿德奏请发行不兑现纸币。同年，左都御史花沙纳也奏请主张无限制行钞方案，均遭户部议驳。咸丰三年（1853 年）太平军占领南京，建立了太平天国政权，与清政府南北对峙。朝廷围剿太平军使军费支出直线上升，这年又值黄河水决堤，汹涌的河水冲毁了黄河堤岸，使黄河多处决口，政府不得不组织大量人工物力起工造堤，防止更大面积的河堤坍塌。这使朝廷财政筹划更加艰难。迫于全国形势越来越严重，不得已朝廷在咸丰三年下诏：“原以济国用之不足，既非废银用钞，亦非责商征银，部库出入通行。……俾天下咸知钞为国宝，与银钱并重，部库收发一律。”❷ 自此结束了清朝 200 年不行纸钞的禁令，命户部商议后迅速印制发行，民间原有银钱及各种票钞，仍准照旧行用。清政府此时行用钞票，正反映出当时财政的艰窘。清政府对纸币行用深感忧虑，如果没有战争形势的发展，应当是不会发行纸币的。但是，当清政府一旦采纳发行纸币的建议后，票据发行被视为解决战时财政的有效手段，大量发行致使其迅速失信于民。

咸丰三年（1853 年）五月户部发行户部官票，官票以银两为单位，又叫

❶（清）王茂荫：《王侍郎奏议》卷 1《条议钞法折》，清道光刻本。

❷（清）潘颐福：《咸丰东华录》，北京：学苑出版社，2000 年。

官银票，分 1 两、3 两、5 两、10 两、50 两五种形制。官票比大明宝钞略小，用高丽笞笺纸印制，靓蓝色印制，票形大小依票面金额各不相同。正面四周环以龙水纹花边，花边内上部正中有满汉“户部官票”直书字样，币名下正中是“正某两平足色银某两”字样，银数用大字墨戳，右边为官票发行字号，左边为发行日期，具体日期用墨色加盖或填写。下部文字为“户部奏行官票，凡原将官票兑换银钱者与银一律，并准按部定章程搭交官项，伪造者依律治罪不贷”。

咸丰三年（1853 年）十一月颁发钱钞章程，十二月开始印发宝钞，即“大清宝钞”。宝钞长 24.5 厘米，阔 13.8 厘米，宝钞以制钱为单位，又叫钱票、钱钞。宝钞面额有 250 文、500 文、1000 文、1500 文、2000 文五种。宝钞正面以龙水纹环绕一周，上端印“大清宝钞”四字，中间印制钱文数，旁印有“天下通行，均平出入”“此钞即代制钱行用，并按准成交交纳地丁钱粮，一切税课捐项，京外各库，一概收解”字样。官票和宝钞流入市场后，人们在进行大宗买卖时，一般用官票交易，而日常生活支出，因宝钞面额小，找零方便，则用宝钞来支付，人们出行或做买卖时都带有官票和宝钞，渐渐地这两种钞被人们合称为钞票，至今未改。

二、大清官票、宝钞的流通情况

官票和宝钞同时发行，清政府本意是挽救国家财政危机，让纸币带动银钱相辅流通。户部在咸丰三年五月发行户部官票时立下钞制：“官票即是实银，钱钞即是制钱。”规定京城各官署俸饷经费领到银票，到官银钱号兑换白银，或按当日市价付给钱文或钱票；规定公私出纳皆以五成搭收搭发。凡民间地丁杂粮及一切课税款项的应纳捐税者，到官银钱号购买银票上缴，以钱钞两千，抵银一两。这样既可以省却白银的倾销费，还没有白银平色增减。并且清政府规定出纳皆以五成为限，民间完缴正项钱粮与盐关课税及一切交官等款，皆须钞票与银钱相辅而行。因此应该通行无阻。但事实是官票在发行后 7 个月，宝钞发行后 10 天，纸币在京城就壅塞不通，民间则叫苦连天。当顺天府尹翁心存把钞票窒碍情形向皇帝陈述，并上报先由地方试行有效后再于军营搭放的建议，却受到咸丰帝的申斥。然而事实并未因皇帝的震怒发生改变。最先发生阻碍的是官票，因为官票的面额较大，政府不能兑现，所以流通立见阻碍。咸丰四年（1854 年），宝钞 1000 文兑换制钱 400 ~ 500 文。咸丰六年（1856 年），官票 1 两换到制钱 800 ~ 900 文，而此时银价每两可以兑换制钱 2700 ~ 3000 文。咸丰九年（1859 年），官票每两仅值京钱 400 ~ 500 文，合制钱 200 ~ 300 文，而银价此时每两值京钱 1.2 万文，20 两银票才抵白银一两。咸丰十一年（1861 年），民间宝钞贬值惊人，每贯仅值当十大钱百余文，后来每贯只值制钱十余文，人们拒绝使用宝钞。在发行官票、宝钞之初，清政府在各省设立官银钱号用来推行票钞流通，在官票发行一年多以后，经户部一再催促下，只有福建、山西、陕西三省照办，天津则由商人承包执行，其他省份一概没有实施。

由于清政府印发纸币是国家财政行为，官票和宝钞是不兑现纸币，政府在印发之初就没有制定回兑制度，也没有考虑市场的承受能力，以至发行过度，加上官吏营私舞弊自坏币信，遂使钞价大跌，物价上涨，形成恶性通货膨胀。更重要的原因是，清政府把发行纸币当成支付军费的手段。在这种背景下，政府发行票钞漫无节制，于是钞币价值急速跌落，到了咸丰末年遂至不可收拾。时人李慈铭的《越缦堂日记》描述了当时票钞价值跌落的情形：

> （咸丰十一年六月）十二日：日来市上交易，银价至三十吊以外，票钱一吊仅得铜制钱五十二文。以户部先揭示尽废钞票不用，近复议废钱票，民间惴惴，故银价日增，制钱日少。京师久乏铜钱，而铁钱又不能行，惟恃虚票以通有无，倘此议果行，乱必作矣。
>
> ……
>
> 二十日：是日银价稍平，一两换制钱二十七千，千换铜制钱五十八文。
>
> ……
>
> 二十四日：昨日银价已减至二十六千，每千换钱六十，今早忽增银价至六十千。乾益、乾亨、乾元、乾豫四家官号钱票，皆屏不用。以户部议钱票太多，度支无银可抵，奏请以四乾官号票搭三成用，俟票尽收

后，令各钱铺另出新票，不出者斩决。昨已得旨准。❶

由于发行数量太大，币值愈益跌落，废票钞的传言不绝于耳，民间对票钞无从获得信用保障。待咸丰十一年（1861 年）清政府清理票钞时，官票早已绝迹，宝钞跌到每贯值 26 文，最多时值 52 文，几乎成为废纸。户部官票和大清宝钞在流通 10 年后寿终正寝。

第二节　近代国家银行纸币

一、外商银行及钞票的非法发行

帝国主义列强为了维护其在华经济利益，为适应本国对华贸易日益发展的需要，自 19 世纪 40 年代开始纷纷来华设立银行。自 1845 年丽如银行在香港设立分行开始，到 1894 年中日甲午战争为止，英、法、德、日四国在香港和上海设立银行的共有 14 家，分别如下表所示。

1845～1894 年英、法、德、日四国在香港和上海设立的银行

银行名	所属国家	设立时间、地点	改组、歇业、倒闭时间
丽如银行	英	1845 年在香港设立分行 1848 年在上海设立分行	1884 年歇业
有利银行	英	1854 年在上海设立分行	1892 年改组
麦加利银行	英	1858 年在上海设立分行	
汇隆银行	英	1851 年在广州设立分行 1854 年在上海设立分行	1866 年倒闭
阿加剌银行	英	1854 年在广州设立分行	1866 年倒闭

❶ 李慈铭：《越缦堂日记》辛集上。

续表

银行名	所属国家	设立时间、地点	改组、歇业、倒闭时间
汇川银行	英		1866 年倒闭
法兰西银行	法	1863 年在上海设立分行	1889 年歇业
汇丰银行	英	1864 年在香港设立总行 1865 年在上海设立分行	
德意志银行	德	1872 年在上海设立分行	1875 年倒闭
德华银行	德	1889 年在上海设立总行	
惠通银行	英	1890 年在上海设立分行	1902 年倒闭
中华汇理银行	英	1892 年在上海设立分行	1911 年歇业
横滨正金银行	日	1893 年在上海设立分行	
东方汇理银行	法	1894 年在香港设立分行 1899 年在上海设立分行	

这些外商银行的开设并没有得到中国政府的许可，完全都是非法的。由于各国擅发纸币，一时间，中国的金融权操纵在外国人手中，利权外溢，国库如洗。1895 年以后，外商银行不仅非法发行钞票，对中国进行巨额的铁路矿山和工业投资，以此争夺中国势力范围。“中日战争以后，各国在华纷纷设立银行。这些外国银行用尽一切办法以争夺铁路和矿山的投资，自己不方便出面的，则暗中组织别种公司，或与别种公司联合组织投资机关，例如中英公司，就是由汇丰和怡和合资组成，而由前者指挥的。”❶

二、近代银行的出现

光绪二十三年（1897 年），盛宣怀取得总理衙门的许可，在上海开设中国通商银行总行，其年，在汉口、广州、汕头、烟台、镇江等处设立分行。从光绪二十三年到宣统三年（1897～1911 年），继中国通商银行之后，清朝官商两方面开始设立银行。光绪三十一年（1905 年），中国第一家国家银行

❶ 许涤新：《中国经济的道路》，香港：新中国书局，1949 年，第 13～14 页。

户部银行正式成立。户部银行钞票逐渐在民间流通开来，开中国纸币发行史上由中央银行发行兑换券的先例，从此中国纸币的发行机关由国家职能机关过渡到近代国家银行。户部银行发行的纸币信用日坚，发行额逐年增加，至1907年年底，银两票发行总额为2 883 160两有零，银元票发行总额为113 850元有零。到1908年户部银行正式更名为大清银行。

清政府设立大清银行的主要目的是统一币制。因此，其纸币发行权自设立之初便已确立。《现行详细章程》第33条规定："本行有代国家发行纸币之特权，俟币制划一，再行遵守兑换则例另订细章，呈准度支部施行。现暂行使用一百两、五十两、十两、五两、一两五种银票。其通行之银元票亦如之。此外，因便商民起见，并可出市面通用平色及百两以上银两等票以及各种票据。"在此后的七年时间内，中国另成立了十几家银行。到民国初年，存在的12家银行分别如下表所示。

民国初年存在的清代银行

银行名	设立时间
中国通商银行	光绪二十三年设立
大清银行	光绪三十年开设户部银行，三十四年改称大清银行
浚川源银行	光绪三十一年设立
浙江兴业银行	光绪三十三年四月设立
交通银行	光绪三十三年十一月设立
四明银行	光绪三十四年设立
浙江银行	宣统元年由官银号改组
北洋保商银行	宣统二年设立
广西省银行	宣统二年由官银钱号改组
直隶省银行	宣统二年九月由天津银号改组
殖边银行	宣统三年三月设立
福建省银行	宣统三年八月由官钱局改组

由于清政府对银行发行钞票也和之前私营银钱行号发行兑换券一样，采取放任政策，各省、各银行自行发行货币。加上外商银行在中国肆意发行，清末是中国货币史上空前混乱的时期之一，各种货币纷纷出笼，处于历史重

大变革前的一种暂时晕眩状态。事实上，清政府曾试图对紊乱的币制发行予以限制。宣统二年（1910 年）五月十六日，度支部奏厘定兑换纸币则例折："（1）现拟将此项纸币一切兑换发行之事，统归大清银行管理。无论何项官商行号，概不准擅自发行，必使纸票于纷纷发出之时，而收中央集权之效。（2）在平时，自应以准备数目为发行数目，一遇银根吃紧，需要较多，即由银行体察市情，酌量增发，必使银行任接济市面之责，而仍不准有任意滥发之弊。（3）现拟于现款准备之外，概以有价证券作为担保，必使银行于孳生利息之中，而仍不失保全信用之道。（4）请于纸币发行之次年起，视银行所得余利，按年征收若干，并以税率分作三年递进，必使银行于税额增长之时，而仍不觉义务负担之重。"❶ 但毫无疑问，腐败无能的清政府没有能力理清当时的币制发行权。

据马士《中朝制度考》中的记载，他在各通商口岸及其附近地区所搜集的各种钞票有 170 种之多。❷ 这种混乱的情况在《币制汇编》中有所反映："各省官银钱号……发行银元、银两、铜元或制钱钞票，未经中央法令明定，其本位单位纷杂不一，视各省之需要而异，极鱼龙曼衍之观。准备之有无，以及成数之若干，亦得各自为制，故票之兑现与否，亦不一致。信用之良否，市价之高下，亦复互异。"❸ 纵观整个清朝，初期的票据发行因准备金充足，民间能够接受，促进了社会经济的发展。到中后期，外国列强的入侵，本国民众的暴动，使封建帝国的大厦摇摇欲坠，清政府用发行纸币来维持财政已是饮鸩止渴，没能逃出王朝覆没的劫数。所以，清朝后期实施的货币政策与前朝有着惊人的相似之处，不同的是，清王朝是一个走向末路的封建王朝，它制定的货币政策动摇了长期封建社会形成的货币制度，演变成为半殖民地、半封建化的货币经济，这与其他朝代有过之而无不及。历史的潮流无人能抗拒，一个旧时代结束意味着孕育出一个新时代，清王朝的覆没揭开了近代中国革命、中国货币制度革命的新篇章。

---

❶ （民国）财政部钱币司编：《币制汇编》（第二册），1919 年，第 135 ~ 136 页。

❷ ［英］马士《中朝制度考》，1913 年，第 155 页。

❸ （民国）财政部钱币司编：《币制汇编》（第一册），1919 年，第 70 页。

第三节　清代贵州少数民族地区的信用票据

一、清代贵州少数民族地区的经济发展

从清初到鸦片战争的二百多年间，清政府为了缓和阶级矛盾和民族矛盾，专心对付南明诸王及各族人民的反抗，实行所谓“化诲苗民”、轻徭薄赋政策；土地税不超过10%，人口税每丁征白银一钱，并规定“盛世滋生人丁永不加赋”；发布禁止流官额外苛扰的命令；并鼓励开荒。这客观上适应了当时政治经济发展的需要，符合广大少数民族人民的要求，生产积极性提高，贵州少数民族地区经济有所发展。

当时，因农民、手工业者、商人有了较大的人身自由，对生产经营有了更多的积极性，而汉族人民又有更多的机会进入少数民族地区经商或居住，密切了内外的经济联系，因此生产与经营技术有了很大的提高。农业生产单位面积亦提高很大，平坝地区水稻每亩可产300斤以上。手工业方面，有少数人从农业中分离出来，形成一支独立的手工业队伍，如烂土、三脚屯及荔波县等地，出现了经营纺织、印染、打铁等行业的小型作坊。由于生产的专业化，生产技术、产品质量都有很大提高。

乾隆初年疏浚黔南都江，修通赤水河，沿岸乡镇集市贸易从此兴起。咸、同年代，贵州木材、水银及其他土特产和食盐、棉纱大宗商品进出口数量增多，与川、滇、湘、桂等省毗邻地区的商业往来均有所发展。随着各业生产的进一步发展，交通便利，商业也逐步发展起来，农贸市场增多，商旅往来络绎不绝，促进了与外界的经济联系。乾隆初年，清水江两岸杉木集中锦屏销售，江淮一带木商，陆续进入茅坪、王寨、桂治采买。清代后期贵州商业的发展，主要表现在市场商品种类增多和商业流通量扩大上。过去贵州城乡

市场销售的商品多为食盐、纺织品、农副土特产品、小百货等人民生活必需品，上市量少。1840年鸦片战争以后，英法帝国主义势力侵入我国西南内陆，掠夺矿产资源，倾销舶来商品，垄断土物产品外销。光绪年代，贵州鸦片以利润丰厚与矿产品、木材等成为贵州外销的主要商品，促进了省内外的商品交流，贵阳逐渐成为贵州政治、经济、金融中心。19世纪70年代后，由于外国资本主义以纱、布为主的商品输入及对矿产品、农副产品的掠夺与日俱增，农村自然经济的逐步解体和农副产品商品化程度的不断提高，特别是鸦片种植和贸易的急剧扩大，贵州半殖民地性的商业有较大的发展。

至20世纪初期，全省输出的主要商品是鸦片、木材、矿产品（水银、锑、硝、磺）和农副土特产品（桐油、五倍子、艾粉、皮革、猪鬃、山货、药材、蚕丝、茶叶）。贵阳的商户扩大到300多家，资本额共300多万两银子。其中，百货业有40多家，资本额为10万两左右；绸缎业有60多家，资本额为30多万两；纱布业有30多家，资本额为90多万两；盐业有20多家，资本额为100多万两。此四业资本额共计240多万两，占贵阳商业总资本额的85%左右。至20世纪初期，全省每年输入和输出总额，各为银1000万两左右，输入与输出额大体平衡。清代后期，贵州全省输入的主要商品有食盐（以川盐为主）、纱布（以洋纱为主）、棉花、绸缎和日用杂货等，其中尤以食盐最为重要。

二、信用票据的发行

清初为了巩固政权，维持财政收支，也曾仿明制，发行钞贯（纸币），但鉴于前朝行钞流弊之大，一向持慎重态度。顺治十八年（1661年）即行停止。发行数量不多，而地区又只限于京城，且流通时间不长，估计没有流入贵州。清代币制，主要还是银钱并用，自顺治开始，历朝每改一次年号，都新铸一种年号钱。当大西军转战黔滇两省期间，也曾鼓励民间开矿，废旧币，先后铸行“大顺通宝”“兴朝通宝”铜钱，以促进工农业的发展。康熙四年（1665年）吴三桂平定安坤之乱后，“自以功高”，所作所为“僭拟逾制”，不服中央节制，恢复了明后期的苛捐杂税，强迫人民开矿，专利入己，开炉铸钱。康熙十二年（1673 年）在省城大铸“利用通宝”钱，以充军饷。这些钱成为当时流通中的主要钱币。雍正元年（1723 年）七月初五，贵州巡抚金世扬疏称：“黔省地僻荒陬，铜斤原无出聚，间有一二矿厂，久经封闭。若令开采鼓铸，无论工员浩大，一时难以获效；且贵州汉、苗杂处，每逢场市贸易，少则易盐，多则卖银，令使钱文，汉、苗商贾俱非情愿。”❶ 事实上，人民在日常生活中最多的还是使用银两和制钱，大数用银，小数用钱。银锭形制不一，计分四种：“元宝”作马蹄形者，重约 10 两；“锞子”亦称“小锭”“颗子”或“小锞”，重一二两或三四两不等，一般作馒头形；“福珠”又称“滴珠”或“粒银”，重量不等，多在一两以下。自顺治以来，历代皇帝皆铸制钱，亦称“通宝”，如“顺治通宝”“康熙通宝”“雍正通宝”“乾隆通宝”等，光绪间改为“重宝”，皆在贵州通行。从现在多次出土的古钱币看，也说明了这一点，其他隆武、弘光、兴朝等钱，相对数量不多。

雍正九年（1731 年），因客观需要，命贵州开局鼓铸，设局于毕节县城，每年额铸 36 卯，计钱 44.886 串。乾隆九年（1744 年）加铸 10 卯；乾隆十二年（1747 年），毕节局铸 46 卯之外，又加铸 23 卯，共 69 卯，计得钱 70 万串。嘉庆、道光年间也在贵州省铸了不少制钱。此后，由于铜价日昂，私铸私销钱币，质轻而小，恶钱盛行。政府曾多次明令禁止，终无实效，皆因局员、炉头，加铸底火钱，公开将官钱减小，额外多铸，希图盈余分润。分量既轻，形质脆薄，致使奸民更将小钱改铸各式之钱，乘机牟利。因此钱价大跌，每千钱只值银三钱余（规定千钱值银一两）。道光二年（1822 年）开始，因铜铝供应和银价关系，铸钱不能正常，咸丰九年（1859 年）后，贵阳大定两局铸钱更是几停几开。之所以会出现这样的情况，大概有两种原因：

一是由于商品流通的需要发生变化。当流通中需要的钱币增多，“钱用日广，钱价昂贵”时，就开局增炉加铸。相反，凡钱币铸造的数量超过商品流通的需要，“钱价过贱，官钱壅滞，存局钱多”时，就减炉减铸。这充分说明货币的铸造决定于货币的流通，而货币的流通又决定于商品的流通。

---

❶ 中国科学院贵州分院民族研究所：《清实录贵州资料辑录》，贵阳：贵州人民出版社，1964 年，第 135 页。

二是由于造币材料的来源和价格变化。铸造钱币的主要材料是铜、锌、铅和锡，其中最主要的是铜，清代铸币时掺入40% ~50%，甚至60%。早年主要是购用滇铜，到乾隆时每年购进40万斤。当滇铜采运困难或价格上涨时，贵州就停炉减铸。如道光二年（1822年），滇铜采运不到时，曾经停铸，至五年复铸。当然，钱币的铸造，也曾经促进了贵州铜、铅、锌的开采，而这些造币材料的增加又有助于贵州货币的铸造。

为适应社会经济发展的需要，乾隆二十四年（1759年）封闭毕节宝黔局，移至省城，改为贵阳宝黔局，置炉20座，岁铸钱36卯，有正额、带铸、外耗等项，岁用铜31万余斤、白铅24万斤、黑铅2万余斤，得钱67 329串。乾隆三十五年（1770年），由贵阳宝黔局分炉五座于大定，开设大定宝黔局，正额、带铸、外耗三项每岁共铸钱2243串。从现有资料来看，贵州自雍正以来，除同治年间未铸钱外，其余各朝皆行鼓铸。雍正八年至十一年（1730~1733年），毕节宝黔局岁铸“雍正通宝”44 886串。乾隆元年至六十年（1736~1795年），贵阳宝黔局岁铸“乾隆通宝”67 330~89 773串，乾隆三十五年至六十年（1770~1795年）大定宝黔局岁铸“乾隆通宝”22 443串。嘉庆年间，贵阳、大定宝黔局共铸“嘉庆通宝”89 773串。道光年间，上述二宝黔局每岁共铸“道光通宝”89 773~94 860串，“咸丰通宝”89 773串。咸同起义期间铸钱中断，至光绪初年始废宝黔局，但贵州官炉铸有“黔宝银饼”，重七钱二分，并仿照银元，在贵阳、大定铸造“光绪重宝”。此外，光绪年间，黎平官钱局铸有馒头形银锭及“课”字扁形银锭，贵阳尚节堂铸有滴珠。

自咸同起义以来，铸钱中辍，制钱不兴，市面交易大都使用生银，有宝银、票银、锄头银、牌坊银、槟榔银、滴水珠、火宰银、纹银、市银数种，名目繁多。宝银有船形、方形、圆形三种，重约5两。票银为船形，重约10两或5两。清代钱制，历朝仅在形状上保持制钱的式样，其大小轻重，币材成色，随铜价及铸利之高低而变化，官府自坏成法，以至私铸私销无法禁止。咸丰更铸大钱、铁钱，引起通货膨胀，私钱充斥市场，几达流通量的一半，钱法更坏。

随着经济社会的发展，信用机构也相应发展起来，如清初黎平已有官银匠铺，不仅代客熔铸银锭，还经营银钱兑换业务。官银匠家又开钱庄，在贵阳及附近州县设有分局，兼办汇兑。此外，典当业在贵州颇为发达，典当业的兴起，是金融活跃的一种表现。贵州典当业大致始于康熙年间，据《大清会典事例、牙帖商行及铺税》所载，康熙三年（1664 年）全国征当铺税 11 万两，以山西最多，贵州约 8000 两。乾隆九年（1744 年）十月，大学士鄂尔泰奏章中称当铺最多的是直隶、山西、广东，其次是福建、甘肃、贵州、陕西。咸同以后，典当更甚，贵阳有“元盛当”“光裕当”等 12 家，毕节有“恒茂当”等两家，铜仁有“仁兴恒当铺”，黎平有“官押当”，安顺有“中和当”“予源当”“义胜当”“天顺当”“遇成当”。据《大清会典事例》卷 245 记载，每年贵州应纳当铺税白银 8001 两，居全国第六位（山西、广东、直隶、福建、甘肃），说明在康熙年间贵州全省当铺不少，少数民族地区当然也有不少，但目前尚无统计资料可考，有待进一步研究。

清代中叶以后，安顺、遵义、兴义、毕节、铜仁、镇远等地因木材交易兴盛，很多商品发行银、钱票（又称“商钞”），但记载不详。到光绪十五年（1889 年），铜仁有张恒记、刘义太、吴文茂、正兴东、福昌恒、王义发等十余家商号，先后发行“商钞”，最多时达 10 余万串，一度成为当地的主要货币，在市流通。不过，这些只是在经济比较发达、交通比较便利的平坝地区，一般山区仍较落后，生产上还是“畲山为田”“寡畜牲、又无蚕桑”，交换仍以“海贝位”为货币，甚至还是以物易物，实物经济成分还比较浓厚。清初，在普安州一带仍有以缯帛和贝为货币的，当时贝币“一枚曰庄，四庄曰手，四手曰苗，五苗曰索。每百索换银子一两”。（《普安州志·风俗》卷 22）在古乌撒（今威宁）地区也曾以贝为货币，一些乡村场集，还是以物易物为主，用粮食、家禽换取食盐或布匹。

1840 年鸦片战争失败之后，帝国主义列强的侵略势力，逐步深入，中国历史近入近代史时期，随着“洋货”的倾销，严重地破坏了贵州少数民族地区自给自足的自然经济，特别是鸦片烟的输入，导致了经济的畸形发展。货币流通方面，也出现了历代以来最为复杂的局面，因不在本书研究范围，当另文论述。

第二编　民国时期贵州少数民族地区信用票据

辛亥革命爆发，中国推翻了清朝的封建统治，结束了统治中国达两千多年的君主专制统治，建立了中华民国。然而，辛亥革命又是一次失败的革命，被袁世凯窃取了革命的胜利成果，建立了北洋军阀集团统治。北洋军阀统治时期的货币制度是清末币制的延续，加之政治上的分裂和连年的混乱使省银行成为各地军阀军费的源泉，货币的地方色彩很浓，这也是中国人民受纸币之苦最惨烈的时期之一。从货币种类上来说，银两、银元、铜元、制钱、各种纸币造成货币流通领域的极端混乱。各地方银行在军阀威胁下大发纸币，不但贬值严重，而且因发行太滥，终日处于整理之中，样式更是经常变换。总之，北洋政权制造恶性通货膨胀手段十分卑劣，滥发钞票、兑换券及流通券，无所不用，且信誓旦旦，出尔反尔，蒙骗人民。北洋政权制造恶性通货膨胀，发端于袁世凯，全国大小军阀效之。

从票据设计艺术本身来看，民国以后，中国出现了新的有思想影响的票据图案。首先是票据上绘有大量具有近代气息的图案，比如，反映革命的铁血十八星的旗帜，国民党的旗帜，象征中国人醒来的狮子图案，反映中国人对工业追求的近代样式高大的建筑、飞驰的火车等。图案也尽量简化，原来钱票中存在的大量的中国古代诗文逐渐消失了。后期的钱票图案开始仿当时流通的大银行钞票上的图案，如交通银行、中央银行、中国银行钞票的图案，尽管没有水印，但是也出现了一些近代钞票上才有的连线。还仿一些近代钞票上的图案，如孙中山头像、房屋、近代的交通工具。此外，这一时期的中国钱票朝着越来越小的方向发展，竖版大型钱票已经看不到了，代之以横版小钞票，而且时间越晚，横版的就越多，以至于竖版钞票基本上消亡。且多是单色印刷，在图案上还有一个十分明显的特征，即地域性标记越来越多地出现在各地的钱票上，使人们一看就知道这是一些流通范围很小的钱票，而且流通范围内的使用者更是一看便知其票面上的图案。如果是政府部门或商会发行的话，都有一个条例类的东西印在钱票背面。

国民政府于1935年进行币制改革，发行了法币。此次币制改革是中国近现代货币史上一次重大改革，它统一了货币，结束了中国货币的混乱状态，对现代货币政策产生了不可估量的影响。尤其是在抗日战争时期，统一的币制，也起到了对抗日伪货币的作用。但国民政府的货币政策存在一个致命的弱点，就是国家垄断纸币的发行量，纸币发行始终与政府财政纠结在一起。纸币根据信用可分为两种，一种是可兑换纸币，一种是不可兑换纸币。前者的发行量决定金属货币的准备金，它的流通量决定于实际需要量；后者由国家发行，不受金属准备金的限制，它只是单纯的货币符号，它的实际购买力决定于发行量与流通量的比例。法币是国家强制流通的，为其后的恶性通货膨胀埋下了隐患。

民国成立后，贵州首先进入了军阀割据、混战的时期，各个执政者都以发行纸币作为其扩军备战的手段，外省军队的不断侵入，黔军转战川、湘、鄂等省，再加上清政府遗留下来混乱的货币制度，使得贵州的货币与货币流通极为混乱与复杂。国民党统治以后，货币制度虽逐渐统一，但由于币值不稳，后期又出现恶性的通货膨胀，使得久已废止的各种硬币又开始流通，成为贵州货币与货币流通的一个特点。我们从中可以看到，信用票据顺应时代更替，可以为经济发展和国家强盛立下汗马功劳。假如票据失信则会兴风作浪，摧残经济，甚至会拖垮政府。

第一章　军阀统治时期（1911～1935年）贵州信用票据

第一节　北洋军阀时期的币制改革

一、辛亥革命爆发后的币制

1911年，辛亥革命爆发，推翻了清朝的封建统治，结束了统治中国达两千多年的君主专制统治，建立了中华民国。因此，辛亥革命是我国近代史上一次全国性的伟大革命运动，它打倒了皇帝，推翻了清政府，结束了二千多年来的所谓“国不可一日无君”的君主专制制度，第一次在我国建立了共和政府，极大地解放了革命人民的思想，鼓舞了人民的斗志，推动了历史的发展，为国家的独立、民族的解放事业开辟了前进的道路，在我国历史上是有划时代意义的。然而，辛亥革命又是一次失败的革命，被袁世凯窃取了革命的胜利成果，建立了北洋军阀集团统治。

辛亥革命后中国货币并没有起本质的变化，银两制度也和其他封建残余势力一同被保留下来，其纷乱情形也和以前没有两样，例如，银两虽然在日常生活上已为银元所替代，甚至完粮纳税都已改用银元，可是在通商贸易上却仍旧用银两支付。落后的银两制度对于社会经济的影响是很大的，币制的紊乱更甚。1912年，财政部特设币制委员会，讨论币制改革。1913年，币制委员会改组，增设专任人员，详加讨论。同年秋天币制委员会裁撤，移交国务会议讨论，最后决定采用纯银本位制。1914年颁布《国币条例》。《国币条例》有13条，关于国币的单位、种类、重量、成色、铸发权及流通办法，均有明确规定：规定银币四种，镍币一种，铜币五种，均以十进计算，而以一元银币为主币，其余为辅币。

二、北洋军阀滥发信用票据

北洋军阀政府时代的国家银行有中国银行和交通银行，中国银行只是把大清银行换个名称，交通银行也是由清朝时代继续下来的。1912年，财政部鉴于“自去秋以来，金融机关一切停滞，公私出纳皆以现金，遂至周转无方，商民交困，非有大宗钞币流行国内，不足以救经济恐慌。”呈准中国银行发行兑换券，凡“甲、完纳各省地丁钱粮厘金关税，乙、购买中国铁路轮船邮政等票，及交纳电报费，丙、发放官俸军饷，丁、一切官款出纳及商民交易”，一律通用此项兑换券，不得拒不收受及折扣贴水。并按券内地名，由中国银行随时兑现。❶

1913年，财政部为解决财政问题，希望全国纸币统一由中国银行发行，各省官银行不得再发行纸币，从前各省银行发行的纸币统一收回。此时，各省官银号、官钱局等发行纸币数目，由于滥发纸币，造成纸币泛滥成灾，纸币在各省的流通情况都不受欢迎。“军兴以后，各省全恃纸币为收入之一种，滥发甚盛。民间以其无储藏金也，不大信用，因之价格异常低落。如四川则不兑现，湖南则纯发不兑换纸币，广东则假币充斥，为害尤烈。贵州则每元仅作三钱余用；此外，安徽、江西诸省，情形大率相类。”❷ 同年11月7日，袁世凯发布大总统令，令财政部速派监理官分驻各省官银钱行号，并禁止各省增发纸币，全文如下：

---

❶ 财政部《呈大总统酌拟中国银行兑换券暂行章程文（附章程并申令）》，见财政部钱币司编：《币制汇编》（第四编），1919年，第146～147页。

❷ 中国人民银行总行参事室编：《中华民国货币史资料》第一辑（1912～1927），上海：上海人民出版社，1986年，第129页。

本大总统受国民之付托，惠泽未敷，藐躬时疚，更何忍坐视此不良之纸币祸国殃民耶！各省民政长、财政司有体国爱民之责，均应体斯意，严饬所属官银钱行号，恪守财政部所订监理官章程，各种纸币不得再行增发。除饬财政部速行派员分驻各省官银钱行号监督一切，并将监理官章程饬登公报外，特此通令，其各凛遵。毋忽。此令。❶

但是中国银行兑换券未能如期迅速推广，到1915年年底，其流通总额不过3800余万元。据北洋政府财政部的判断，认为未能迅速推广的原因有以下三点："一曰各省纸币太滥，供过于求也。考钞票之流通，有天然限度，必待市面需要，方能逐渐推行。自辛亥以来，各省官银钱号滥发纸币，数累巨万，虽迭奉明令，严禁增发，并由本部分别省份，设法收回，然财力不足，全数收回者仅广东、浙江两省，其余如吉林、黑龙江、江西，仅收一小部分。如四川、贵州，正在开始收换，湖南、广西，尚未着手。统计各省官票，尚有13 000余万元。其他私立银行及外国银行所发纸币，为数亦复不少。恶币既充塞市，良币即无从发展，此中国银行兑换券未能迅速推广之原因一也。一曰国库未能统一，无法操纵也。窃查外国国家经费，均用中央银行纸币，而中央银行代理金库，复能于收款时吸取现金，出款时支付钞票。现在我国金库，已归中央银行接管者，计唯中央与直、鲁、浙、闽、皖、宁、晋、吉等省，其他省份，或以地方交通不便，金库骤能遍设，或以滥票整理未完，金库碍难接收。其最困难者，则以各省预算收支不能适合，若银行接收金库，不得不垫支款项，而垫款过多，必致竭蹶。所以各该金库，或仍由本省银号兼管，或暂归其他机关代理，事权不一，牵掣尤多，欲求如外国银行借金库之支付，广钞票之用途者，其势有所不能。此中国银行兑换券未能迅速推广之原因二也。一曰币制未能划一，阻碍横生也。钞票以银元为代表，必须全国通用银元，始能乘势推行钞票。现在各省货币，复杂异常，未能划一。福建习用日洋、站人，东三省通行羌帖、老头票、正金钞票，西北各省行使银

❶ 中国人民银行总行参事室编：《中华民国货币史资料》第一辑（1912～1927），上海：上海人民出版社，1986年，第132～133页。

两之习惯未除，偏僻地方习惯用制钱之风气未改，银元本位，既未成立，银元钞票自难于通行。即专论银元一项，国币外币，种类不同，南洋北洋，价格互异，甚至沪宁密迩，彼此无可通融，川鄂毗连，汇兑均需贴水。银币既不统一，钞票自难流通，此中国银行兑换券不能迅速推广之原因三也。”[1]

为统一货币，收回各省滥发的纸币，1915年10月20日，北洋政府公布《取缔纸币条例》：

第一条 凡官商银钱行号，发行纸币，除中国银行外，均须依照本条例办理。凡印刷或缮写之纸票，数目成整，不载支取人名及支付时期，凭票兑换银两、银元、铜元、制钱者，本条例概认为纸币。

第二条 本条例施行后，凡新设之银钱行号，或现已设立向未发行纸币者，皆不得发行。

第三条 本条例施行以前，业经设立之银钱行号，有特别条例之规定，准其发行纸币者，营业年限内，仍准发行，限满应即全数收回。

无特别条例规定者，自本条例施行之日起，以最近三个月平均数目为限，不得增发；并由财政部酌定期限，分饬陆续收回。

第四条 各银钱行号遵照本条例第三条发行之纸币，至少须有五成现款，准备兑现；其余五成，准以公债票及确实之商业证券，作为保证准备。其有特别情形，暂时未能依照前项规定者，须禀请财政部核办。

第五条 发行纸币之银钱行号，应每月制成发行数目报告表、现款及保证准备报告表，详报财政部，或禀由该管官厅转报财政部。

第六条 发行纸币之银钱行号，由财政部随时派员或委托其他机关，检查其发行之数目、准备之现款及担保品，以及有关系之各种账册、单据。

第七条 各银钱行号，违反第二条至第四条之规定者，应科以五百元以上、五千元以下之罚金；其有发行权者，并取消其发行权。

---

[1] 财政部《呈大总统酌拟中国银行兑换券暂行章程文（附章程并申令）》，见财政部钱币司编：《币制汇编》（第四编），1919年，第149~150页。

第八条　发行纸币之银钱行号，违反第五条之规定，并不遵照报告或报告不实者，应科以五十元以上、五百元以下之罚金；违反第六条之规定，拒绝检查者，应科以一百元以上、一千元以下之罚金。

第九条　本条例自公布之日施行。

不过，此等办法并未收到很大效果，仅少数商业银行暂时停止或紧缩发行，如浙江兴业银行即与中国银行订立契约，收回以前本行所发行的纸币，领用中国银行兑换券代为发行。后来中孚及浙江实业两银行也订有同样的契约。又如四明商业银行，自取缔纸币条例公布后，该行纸币亦渐收缩。至于各省官银钱行号，却根本未遵照办理。由于中国银行和交通银行两行发行量不大，流通情况良好。但这种情况到1916年袁世凯实行专制独裁发生了根本改变。

1916年，袁世凯拟进行洪宪帝制，实行专制独裁。洪宪帝制仅筹备登基大典预算即为2000万元，而收买各省要员拥护帝制的费用更多，国库被挪用得很空虚。袁政府本来就是帝国主义所豢养，其财政主要依靠外国政府的贷款，当时的财政收入不足，财政“困乏之状已达极点”。自从讨袁战争从云南爆发后，新借款已经绝望，盐税余额亦不能提取。各省军阀也心存观望，托词防务，截留军饷。袁世凯既失去南方诸省的财源，又须支出一笔很大的镇压革命的军事费用，国库更陷于窘境。

袁世凯在财政上依靠的是总统府秘书长、交通银行总理梁士诒。梁虽绰号财神，但并无点金之术，梁依靠的只有交通银行，帝政中一切筹备及对付滇、黔义军等费用，大半出自交通银行。交通银行股本为750万元，发行兑换券4160余万元。而其时，财政部及各省欠款总数已达4600余万元。中国银行的情况较交通银行略佳。中国银行原有现金不过600万元，储户存款已达4000余万元，所发兑换券为3914万元，为政府垫款总数达3000万元。在这种情况下，袁政府不但不要求两行收束，反而为镇压反对帝制的护国军，要求两行各自再发行兑换券2500万元。从1916年4月开始，交通银行北京、上海、天津等行即有许多商民提取存款、兑换银元，连日挤兑，使各行实有朝不保夕之势，交通银行恳请财政部迅速拨还垫款，以解倒悬之急。然而，袁世凯不但不另筹办法，反而于1916年5月12日悍然命令中、交两行停止兑现，“溯自欧战发生，金融停滞，商业凋敝，近因国内多故，民生益蹙，言念及此，实堪隐忧。查各国当金融紧迫之时，国家银行纸币有暂行停止兑现及禁止提取银行现款之法，以资维持，俾现款可以保存，各业咸资周转，法良利溥，亟宜仿照办理。应由财政、交通两部转饬中国、交通两银行，自奉令之日起，所有该两行已发行之纸币及应付款项，暂时一律不准兑现、付现，一俟大局定后，即行颁布院令定期兑付。所存之准备现款，应责成该两行一律封存”❶。

有人以为命令停兑是由于交行出现挤兑，以致仓促间出此下策，此实为不了解袁政府的实质及其本意。袁政府同时命令两行停兑，主要目的是攫取银元和白银，为打内战做准备。1916年5月12日，在发布停兑令的同时，又电令两银行各分行将库存的银块、现洋运送北京。5月16日，日本驻上海总领事有吉明致外务大臣石井菊次郎的密电中，解释了北洋政府发布中、交停兑令的动机，“据本月十四日唐绍仪与我面谈，此番袁世凯实行帝制，在筹备大典方面以及收买各省方面，使用了巨额费用，以后又以南方独立，更要大量军费，而各省对中央之解款日渐减少，财政枯竭，发行内债，当然不易，向外国借款，更多障碍，不能实行。因而滥发中国银行纸币，特别是交通银行纸币发得更多。因此，如一旦出现挤兑情况，即非常危险。上月底以来，梁士诒等主张发行不兑换纸币，但政府内部有人反对，未能实行。由于时局发展，形势更对政府不利，加之虽未独立的各省，表面上没有什么，但实际亦不可靠，财政困难，因而不顾各省的混乱，乃暗中准备将带有国家银行性质的中、交两行各地分行所有之库存准备现金约一千余万元，集中北京”❷。

袁世凯停兑的命令遭到拒绝，上海中国银行1916年5月12日决定照常营业，兑付票款。此后，各地中、交两行也纷纷效法，继续兑现。中、交的继续兑现给了袁政府很大的打击。首先，袁政府席卷全国存银的阴谋完全破产，

---

❶ 中国人民银行总行参事室编：《中华民国货币史资料》第一辑（1912～1927），上海：上海人民出版社，1986年，第200页。

❷ 中国人民银行总行参事室编：《中华民国货币史资料》第一辑（1912～1927），上海：上海人民出版社，1986年，第204～205页。

财政困难达于极点，从而使政府失去信用。其次，袁政府政令不行，威信日益下降，向帝国主义列强出卖两行主权，换取借款的企图再次失败，帝国主义国家在华银行不仅拒绝贷款给袁政府，反而贷款支持上海中行继续兑现。1916年5月15日，上海外商银行决定提供接济上海中国银行兑换纸币资金："会议认为，如遵守此次所发布之停兑命令，势必引起一般金融界之混乱，因此一致决定接济该行为兑换纸币所必要的资金（约200万元）。否则，中国的钱庄势必破产，从而中国的棉织业商人与外国商人，以及一切从事进出口贸易的商人，均不免破产，这也必然要影响到外商银行。各银行认为，只要日后能有收回接济资金之保证，此时应立即提供援助。并且由于事态紧急，已无犹豫时间与中国政府进行协商云。"[1] 最后，地方军阀与袁政府的矛盾进一步激化。冯国璋等纷纷表示支持中、交两行继续兑现，并要求袁政府将前令立时取消。

在北京的中、交两行因为在袁政府的直接控制之下，执行了京钞停兑令，给人民带来了巨大的灾难。停兑令发布之后，现银立刻绝迹，不仅关税盐税等各项租税及铁道运费，均完全用纸币支付，批发商、零售商等也不愿把商品换成不值钱的纸币，顿时造成了市面混乱。此外，造成了恶性通货膨胀，京师物价飞涨，对以两行纸币购物的人，商家均抬价二三成。在纸币停止兑付后的第六天，纸币无异于废纸。所以中交纸币停兑后，首先受到打击的是劳动人民及一般小市民。当月18日上海《时报》通过两则案例对当时纸币贬值的情形进行了真实的描述：

> 军人痛哭：日昨记者偶过交通银行门首，见一军人持十元纸币，哀求该行兑换，并谓离家数千里，家中老幼，持此生活，而纸币之行使不能出都门一步，若将此票寄回，实无异废纸，望格外变通，兑给现款……该行挥之，不肯去。后经弹压官长欲扭解惩办，该军人始痛哭而去。

[1] 中国人民银行总行参事室编：《中华民国货币史资料》第一辑（1912～1927），上海：上海人民出版社，1986年，第243页。

送喝汽水：又在某街见一人在汽水摊饮汽水一瓶，饮毕，掏出纸币一元，令卖汽水者找给钢元。卖汽水者蹙额良久曰："我实在没有钱找，这瓶汽水就算送给先生喝了吧。"呜呼，小本营生既无力收此废纸，又迫于政府……不敢公然拒绝。亦可怜矣！❶

袁政府由于各方不断诉诸武力，军费无法控制，债务费又须按期还本付息，对岁出亦很难有效地掌握。国家财政，几乎完全依赖纸币发行。以交通银行为例，借款给政府的数字如下表❷。

交通银行借给政府的款项（单位：元）

机关和地方	数额	机关和地方	数额
财政部	28 410 000	安徽	500 000
交通部	6 640 000	黑龙江	300 000
海军部	85 000	四川	500 000
内务部	210 000	湖北	400 000
参谋部	166 000	江苏	800 000
教育部	183 000	热河	300 000
全国煤油督办	320 000	察哈尔	100 000
陆军各师	94 000	河南	500 000
禁卫军	4000	陕西	500 000
毅军	12 000	吉林	300 000
讲武堂	26 000	绥远	200 000
盐务署	600 000	广东	900 000
奉天	1 000 000	其他	800 000
湖南	800 000		

袁世凯滥发钞票和公债，遭到社会各方面的揭露和反对。1916 年 2 月，云南护国军都督府发布布告，宣称对袁世凯滥发的纸币、公债及各项存款概

❶ 中国人民银行总行参事室编：《中华民国货币史资料》第一辑（1912～1927），上海：上海人民出版社，1986 年，第 209 页。

❷ 中国人民银行总行参事室编：《中华民国货币史资料》第一辑（1912～1927），上海：上海人民出版社，1986 年，第 196 页。

不承认：

> 袁世凯背叛民国，弃总统而称皇帝，既失元首之资格，即不应运用国家之机关，业经本政府代表中华民国声罪致讨。将来共和统一政府成立，所有中国、交通两银行原有纸币，自应担负责任。唯该银行于本政府起义以后发出之纸币，并一切公债及各项存款，于本政府起义以后未经取去者，均认为袁世凯个人之交涉行为，本政府概不承认。当此权奸窃国，罔民之术无所不至，恐我父老兄弟稍有不慎，误投资财，受其欺蒙，贻累至巨，用特先行切实声明，免贻后患。除照会各国公使外，特此布告，咸与闻知。❶

在这种恶性通货膨胀的形势下，袁世凯政府竟然还令北京中、交两行继续分垫饷需政费，且须搭付二成现款。因所发皆系北京之票，致使北京地区的通货膨胀更趋严重。面对如此滥发钞票的局势，连交通银行总管理处也感叹："内无以对同人，外无以对社会。"

1916年6月袁世凯死后，控制中央政府的各系军阀，都出自这一军事集团。他们是半殖民地半封建社会的产物，不仅代表着最反动的大地主阶级，同时还代表着最反动的大买办阶级，因此他们都有、也都需要帝国主义者做靠山。同时，袁死后帝国主义者为了争夺独占中国的权利，便竭力在中国培植自己的代理人：英美支持以冯国璋、曹锟、吴佩孚为首的所谓直系，日本则支持以段祺瑞为首的所谓皖系和东北军阀张作霖为首的奉系。其余西北、东南、西南的许多大小军阀，如山西的晋系军阀，云南的滇系军阀，广西的桂系军阀，广东的粤系军阀等，又各自在其地区内拥兵称雄，有时互相响应，配合动作。就这样，封建军阀们利用自己的实力地位和其所控制或支持的中央政府，结欢列强，以求自圃。而帝国主义各国则对军阀们"资以大借款，充其军费，使中国内乱纠纷不已，以攫取利权，各占势力范围"。由于他们这

❶ 中国人民银行总行参事室编：《中华民国货币史资料》第一辑（1912～1927），上海：上海人民出版社，1986年，第190页。

样的勾结，便造成中国自建成民国以来，特别在1916年袁世凯死后，至1927年为止一段时期内战不绝、一片混乱局面。各地军阀乱发票据，不顾人民大众的死活，造成更加混乱的局面。

第二节　贵州军阀统治时期信用票据的发行与使用

一、贵州辛亥革命后的币制

贵州省自建制以来直到清末，在全国18个行省中，算是最偏远、交通最不方便的省份，文化、经济各个方面都是比较落后的。从1911年辛亥革命爆发到1935年国民党统治贵州，这24年地方军阀争权夺利，连年混战，是贵州历史上多灾多难的一个时期，也是贵州各族人民饱受票据失信痛苦的一个时期。

1911年10月10日，武昌起义爆发后，各省纷纷响应。不久辛亥革命席卷全国。贵州自治学社在张百麟等人的领导下，加紧准备发动起义。贵州巡抚沈瑜庆在宪政党人任可澄的策划下，急电兴义刘显世率领团勇兼夜赶来贵阳镇压起义。11月3日，贵州起义成功，迫使贵州巡抚沈瑜庆退位，交政于民。11月4日成立贵州军政府，推翻了清王朝在贵州的统治政权，接管了清政府各官署。随即发布贵州光复并晓谕全省文，全文如下：

贵州全省业已光复，公举杨柏舟、赵德全为正副都督云云。当日杨柏舟为贵州新军教练官、赵德全为新军队长。全省光复，清抚沈瑜庆逃，遂改谘议局为军政府，并组枢密切部，举郭子华、郭衡武、任志清、张石麒、雷少峰、乐采臣、杨伯钊、周澍元（素园）、平少黄（璜）、陈桂臣十人公同办事，并出示晓谕贵州全省。文曰：为晓谕事，照得中国各省，近月以来，人民奋兴，已次第宣告独立，义师所至，秋毫无犯，保护公安，绅民欢迎，本省处西南之中心，自当应时而起，以增我汉族之光荣，合将宗旨禁令宣告如下。

宗旨：本省与各省人民同意组成大汉联邦民国，以达共和立宪之希望。

禁令：（甲）保护官绅，不许伤害。（乙）保护教堂、教士及游历旅居外国人等，以慎重邦交。（丙）保护人民，不分党派。（丁）保护衙署、局所、学堂、庙宇，及一切公地。（戊）不准奸淫赌博，烧杀抢掳，及强买强卖。（己）不准擅入民家。凡违犯以上各条禁令者斩。

黎都督特将以上两省光复电文布告武汉地方，并传知各部队，一面转告各省同志，又迭电南京、安徽迅即响应，出兵北伐，以挽狂澜云云。[1]

同时，发布维护财政的示谕：

从前官钱局发生纸币，军政府一概承认兑换现银，尔等务须照常使用，不得妄听浮言，自取扰乱。一切买卖得完纳粮税，皆宜仍旧通用，有敢不收受者，准来军政府报告，立予处分不贷，切切特谕。[2]

贵州军政府成立后，由于革命派（自治学社）领导人张百麟主张与宪政党合作政策，使宪政党势力进一步发展。云南立宪派与贵州立宪派勾结起来，串通一气，计划协助贵州宪政派夺权。1911 年 12 月初，蔡锷派戴戡以商筹盐务为名到达贵阳，同贵州宪政派一起制定了夺权大计。12 月中旬，宪政派郭重光等人盗用“全黔人民代表”名义，向云南军政府发出请援密电。刘显世与善于搞政治阴谋的郭重光结合起来，发动了“二·二”事变。一方面刺杀

❶ 贵州省社会科学院历史研究所编：《贵州辛亥革命资料选编》，贵阳：贵州人民出版社，1981 年，第 12 ~ 13 页。

❷ 贵州省社会科学院历史研究所编：《贵州辛亥革命资料选编》，贵阳：贵州人民出版社，1981 年，第 13 ~ 14 页。

当时的领导人黄泽霖，逼走张百麟；另一方面又密派戴戡、刘显治兼程去昆明，向蔡锷请兵援助，1912年1月底，蔡锷通电全国："贵州公口林立，有碍治安。兹编配劲旅一梯团，任参谋次长唐继尧为北伐司令，统率北伐。道经贵阳，便助震慑。"❶ 2月19日，参谋次长唐继尧以北伐军司令名义率兵入黔。2月27抵达贵州近郊，3月2日进驻贵阳，与贵州宪政派勾结，占领各机关，大肆屠杀贵州的革命派，使刚刚建立起来的，仅存三个多月的贵州军政府就被颠覆。这是滇军的第一次入黔。唐继尧自任督军兼省长，戴戡、任可澄、周沆、郭重光、华之鸿等皆就要职，大量革命党人和群众被捕杀。唐继尧从1912年3月3日至1913年11月3日回滇，在贵州任都督一年零八月之久。自此以后，贵州开始进入了军阀统治时期。

唐继尧入黔以后，发表担任临时都督文：（1912年3月3日）

> 为晓谕事。照得黔省秩序扰乱不靖，系由都督赵某毫无学识，率意妄行所致。循名责实，实属有负黔人。兹经各界公议，立令赵某取消伪职，不得滥窃虚名。致临时都督一职，公推本司令官权任维持。本司令官值此军民纷扰之际，不便坚辞，自当俯顺群情，临时担任。唯念军心未固，民心益疑，本司令官既负军民全责，应即日统率滇军入城震慑，务各安分守职，勿得自相惊扰，为此仰军民人等一体凛遵。特谕。❷

1912年4月25日，袁世凯政府正式委任唐继尧为贵州都督，委任书如下：

> 贵阳唐都督鉴：奉大总统谕，已任执事署理贵州都督。杨荩诚于贵州光复有功，业令来京，另加委任。所部驻常军队，另电谭都督妥派干员，分别安插，其未布置以前，所有军队，不准到黔。执事应即化除意

❶ 贵州省社会科学院历史研究所编：《贵州辛亥革命资料选编》，贵阳：贵州人民出版社，1981年，第16页。

❷ 贵州省社会科学院历史研究所编：《贵州辛亥革命资料选编》，贵阳：贵州人民出版社，1981年，第98页。

见，勿负委任，是为至要。国务院。有印。[1]

唐继尧入黔对滇黔关系的发展产生了重要影响，也在事实上开创了民国以来以武力夺取邻省政权的恶劣先例。1913年10月，蔡锷离滇，向袁世凯推荐唐继尧接任其职。同年，唐继尧率部回滇，结束了滇军“援黔”的整个活动。在唐继尧的推荐下，袁世凯任命刘显世为贵州护军史。具体任命见1913年9月28日临时大总统命令：

云南都督蔡锷叠电，因病请假，着给假三个月，来京调养。此令。

任命唐继尧署理云南都督，未到任以前，着谢汝翼护理。此令。

任命刘显世为贵州护军使。此令。[2]

自此贵州军政大权全部落入刘显世手里，兴义系军阀开始统治贵州。以刘显世为核心的封建地方武装，同立宪派、旧官僚“三合一”的政权，代表了民国初年贵州大地主阶级的利益。刘显世是贵州兴义下五屯人。原籍湖南邵阳。祖父刘燕山弃商经营土地，使刘氏一家成为富甲下午屯的首户。刘氏的显赫源于对贵州各民族起义的镇压，1858年12月12日，贵州兴义府属普安州（今盘县）爆发了轰轰烈烈的回民起义。苗、汉、布依各族人民纷纷响应参加，斗争坚持了十余年之久，先后攻取了兴义府城（今安龙县）等五个州县。清政府为镇压人民的反抗，号召各地豪绅练勇办团，组织地方武装。刘家兄弟首起响应，从1860年开始，在下五屯修筑石碉石堡，编练壮丁，由刘官箴统率。刘家地方武装从此建立起来。1860～1870年，他们配合清军镇压了普安州的回族人民起义。由于镇压“有功”，刘显世之父刘官礼被清政府晋升为同知、知府等官衔，并委以总办兴义府五属团练的重任。刘官礼至此更加横行乡里，掠夺搜刮人民。1893年广西发生兵变。一些官兵散为“游

[1] 贵州省社会科学院历史研究所编：《贵州辛亥革命资料选编》，贵阳：贵州人民出版社，1981年，第105～106页。

[2] 贵州省社会科学院历史研究所编：《贵州辛亥革命资料选编》，贵阳：贵州人民出版社，1981年，第314页。

匪”，窜扰贵州。巡抚邓华熙要刘官礼出来筹组团防局，召集旧部进行编练，清除“游匪”窜扰。是年9月，“游匪”攻占县城，围攻下五屯。刘官礼令其子刘显世、侄子刘显潜率领团勇击败了“游匪”，收复了县城，又一次得到清政府的嘉奖。并委派刘官礼为靖边营团管带，并保举刘显潜为广西巡抚沈秉堃的卫队管带。这样，刘氏家族势力更加显赫。

1912年，刘显世指派外甥王文华持书到贵阳，利用关系进行交涉。张百麟等人决定同立宪派、旧官僚谋求妥协，采取“尽驰敌意，共执政权”的方针。经过疏通，刘显世将队伍开进了贵阳。不久就同混入军政府中的立宪派互相勾结起来，乘军政府扩军之机，将徒手团勇改编为配有新式枪支的贵州陆军第四标，自任标统。贵州军政府又吸收刘显世为枢密院枢密员，任命为军事股长。刘显世顺利地窃取了军政府的一部分军政实权。1913年，刘显世继唐继尧统治贵州后没有什么变化，一般都是继续执行唐继尧的统治政策：如继续杀戮自治学社成员、不遗余力进行搜刮、屠杀少数民族等。

由于贵州交通不便，经济长期处于落后状态，历届军阀上台后都靠发行钞票扩军筹饷。历届行政当局多次以“贵州银行”的名义发行纸币，垮台了就把不兑现的纸币扔给老百姓，致使贵州经常发生纸币贬值、停兑情况，使商民遭受严重的经济损失。贵州银行依附地方政权，随政局的演变而三度兴废，实际营业时间只有十余年。主要负责人多由财政厅（司）长兼任或由省政府委任，机构设置与废止以及货币发行等各项行务的策划，均受财政部门的领导与决定。实质上，贵州银行的工作只不过是替财政办理会计、出纳事务，充当地方政府筹款工具。贵州银行发行的各种不兑现纸币一进入市场，立即贬值，不仅未能起到整顿币制、稳定金融的积极作用，反而由于信用薄弱，加深了地方财政的危机，造成了恶劣的影响。老百姓鉴于军阀发行纸币多次贬值的沉痛教训，多不愿使用纸币。

二、军阀统治时期历届贵州银行发行的信用票据

贵州军阀统治时期历届贵州银行发行的地方纸币名目繁多，有花票、七日票、尾巴票、香炉票等。

唐继尧的“花票”　1912年2月27日，唐继尧率滇军到达贵阳城郊，刘显世等则出五六十里相迎，滇军到贵阳后并未直接进城，而是将贵阳团团包围起来，炮兵进入贵阳大南门外的观风台，炮口对准了都督府。“在宪政会、耆老会及其所支持的部分黔军的怂恿和配合下，唐继尧率军于一九一二年三月三日拂晓，向贵阳城发动突然进攻，仅经一天的战斗就完全控制了贵阳的局势。”[❶] 宪政派和耆老会便拥立唐继尧为贵州都督，重新组建贵州军政府。

1912年唐继尧来黔时，带来云南造半元大洋，与官银票同时并用。并将贵州官钱局改名为“贵州银行”，这是贵州省历史上以“银行”命名的第一家金融机构。办事处设在省城贵阳龙井巷街，都督府财政司司长华之鸿任总理（随后改称“总经理”），原设在安顺、镇远、黎平、铜仁、遵义、榕江、毕节、正安及省外的代理机构，均相继改称为分银行。同年，因军饷问题，唐继尧以贵州都督名义，指定贵州银行发放“贵州银行兑换券”100万元。“贵州银行兑换券”简称“黔币”，老百姓称为“花票”。这种纸币正面为“双凤、牡丹”图案，背面印有简章五条，有一角、二角、一元、五元、十元五种版面。因该行发行制度极不完善，所用的印章很不一致，券面右边一律盖“贵州财政司长之章”，左边则有的盖“贵州银行总理之印”，有的盖“贵州银行总经理之印”，有的盖唐继尧、唐继虞兄弟计划建立但未实现的“黔丰银行行长印”。这些黔币均由贵阳文通书局印制。

1913年，“贵州银行兑换券”增发200万元，先后共发出300万元，强制规定与银元等价行使，指定完粮纳税非用黔币不可，因而在市场上与大洋一样流通。因无发行准备金，不能兑现，全靠行政力量强迫流通。至1913年10月唐继尧回滇时，票价已有很大的低落了，每元跌至三角左右。

戴戡的抽签票　唐继尧1913年10月回滇后，贵州军务部改为“贵州保安司令部”，刘显世任司令；政务部改为“贵州民政长官公署”，戴戡任民政长。刘、戴二人，均在1913年10月就职。那时黔币的票值，已低至每元只值三角左右。为维持票值起见，每月用抽签方法兑换一次，中签的即可照票面兑取现洋，每一次只兑换几千元。从而票值就时有涨落。

❶　谢本书：《唐继尧评传》，郑州：河南教育出版社，1985年，第32页。

1914年2月间，张协陆就任财政厅长后，所有以前的财政司、盐务司等，都并入了财政厅。张协陆一面继续抽签维持黔币价值，一面提议增发黔币200万元，连前发行的100万元，共为300万元，由贵州银行经理发行。发行以后，票值仍是低落，遂多方设法维持：一面加多抽签号码，暗中派人提价收买黔币，或委托大商号收买，等等；一面筹集收买准备金，由金库提取现款，买入黔币归还，如金库现款不敷，即向中国银行贵州分行短期借款来收回。这样办了一年多，到了1916年，黔币价值由三角左右回升到九角以上，稳定下来。

在此期间，由于军阀随意发行纸币，致使贵州银行面临关门倒闭的命运。1915年11月，贵州银行因垫支财政款项已达268.5万余元，约占全部资产349万元的76.93%，无法收回，资金周转发生困难。于次年5月向财政部申请撤销，延至1918年5月，该行业务仍无起色，始奉准裁撤；所有一切债权主、债务的管理，统由财政厅负责办理，以该行名义发行的兑换券，亦改归财政厅负责管理。

袁祖铭的七日票　1920年刘显世统治集团内矛盾日益激烈，致使贵州政局发生变化，币制又乱。早在刘显世率领武装力量到贵阳镇压辛亥革命时，王文华、袁祖铭都是哨官。王文华是刘的外甥、侄女婿，袁祖铭是刘的同乡，起初三人在政治上、军事上互相扶持，关系密切。刘显世升为贵州督军兼省长后，王文华升为黔军总司令，袁祖铭则升为纵队司令兼前敌总指挥，形成兴义系军阀三巨头。后因争夺权力产生矛盾。王文华参加国民党后对刘的做法渐有不满，加之刘任其兄刘显潜为游击总司令，扩大武装，为王文华所忌。王文华听闻刘显世将派人取代其职，将驻渝黔军改为五个旅，自任总司令，决定先发制人，推翻刘显世的统治。1920年11月，王文华的警卫营长孙剑峰率军进入贵阳，突然袭击刘显潜组织的游击队，尽俘其众。同时捕杀熊范舆、郭重光等人，以去刘显世的左右手，刘显世的重要幕僚何麟书、丁宜中等仓皇逃脱，幸免一死。刘显世闻讯率亲信张三元、凌国先两营兵逃出贵阳，拟设行营于兴义进行反击，途中忽闻卢焘将追击，便直奔昆明。“民九事变”结束了刘家的统治。

随后，王文华忌惮袁祖铭声望日高，委袁祖铭为总司令部总参仪，用空头名义伺机夺其兵权。1921 年，袁祖铭与王文华同船前往上海，同行期间王不理睬袁，使袁很不满。加上袁祖铭由上海到北京拜会当权人物受到冷遇，当权者只知王文华，不知有袁祖铭。袁祖铭密谋杀害王文华，经过一番周密策划，1921 年 3 月 16 日，王文华在上海“一品香”旅馆前被刺身亡。袁祖铭再到北京活动，就受到重视了，北洋军阀吴佩孚还发给他 30 万元军费，令其回黔安定局势。

1922 年春袁祖铭在北洋军阀吴佩孚的支持下，以“定黔军”名义于 3 月回黔，继任贵州都督，成立贵州省省长公署，自己兼任省长。袁祖铭统治时期，他所用人员完全以是否拥立自已为标准，而不论才干如何，他推行的政策是大量招兵，扩充势力，提倡四乡大种鸦片增加收入，加重盐税，迫使人民长期淡食。1922 年 7 月鉴于“地方银行，关系民生，至为重要”，袁祖铭委令财政厅厅长陈延策充当贵州银行筹备处主任，再度筹组“贵州银行”，定其资本为 200 万元，筹足半数后，于 1923 年 2 月 8 日先行营业，3 月 4 日正式开业，陈廷策兼任该行经理。贵州银行发行的兑换券，正面印有孔雀图案，背面印有英文行名和“凭票付给来人地方货币 1 元”字样，以及经理陈廷策的英文签字，总额 20 万元。行使了七天，不料滇军唐继尧以“滇黔联军总司令”名义，派遣其弟唐继虞护送前省长刘显世回黔主政，袁祖铭措手不及，败退重庆。随着政局变化，市面上流通的 20 万元变为废纸。因发行流通前后仅 7 日，故俗称“七日票”。当黔军已走，滇军未到期间，贵州地区治安由和绍孔率领十几个巡防兵维持秩序。时人作了一副讥笑对联：“陈幼苏七日票，和绍孔一打兵。”可以想见当时的混乱景象。所幸这种纸币发行时间很短，在市面流通数目不多，人民受害尚不十分严重。

唐继虞的尾巴票　1923 年 2 月，袁祖铭败走后，唐继虞率滇军长驱直入贵阳，夺取了贵州军政大权，以军事善后督办名义兼任省长，控制了贵州政治经济。刘显世兼滇黔联军副司令，徒拥虚衔，毫无实权，只好唯命是从。

唐继虞所率滇军有一万余人，此外还有不服从滇军节制的谢沛生旅、顾尚武旅等，有形式上接受唐继虞指挥实际不服的驻赤水一带周西成部与驻黔南一带的吴传薪部。加上刘显世的侄子刘敦吾部，总计二三万人，这些人的军需粮饷全靠贵州供给，十分困难。最简便的筹饷办法，莫过于发行纸币。

唐继虞夺权后，遂利用袁祖铭遗留下的纸币，再次增发黔币120万元。同年10月，为了稳定币值，由总商会出面保证，在原发行黔币右侧粘贴附张，加盖“贵州省长”“贵州军事善后督办”“贵州财政司”“总商会”印章，强令作十足大洋行使。黔人称这种钞票为“尾巴票”。滇军纪律很坏，兵匪难分，他们利用“尾巴票”到处购买军需物资，造成社会秩序混乱，给贵州各族人民带来深重灾难。虽用尽方法强迫人民使用黔币，始终无法维持，黔币市值跌至五角以下。人民就在这种暗无天日的情况下，挣扎了两年多。1925年11月，唐继虞认为兼贵州省长费力不讨好，于是辞去省长职务，由刘显世继任省长，时间很短。

彭汉章宣告黔币停止使用　1925年，滇军回滇，黔军回黔，袁祖铭那时已侵占重庆，派彭汉章入黔主政，当时旧票仍在市面流通。彭汉章庸懦无能，造成一群小军阀割踞的局面：周西成雄踞黔北一带；杨其昌、马明亮、张延光等霸据黔西各县；其他东南地方，都被军匪盘踞。彭汉章政令不出省门。那年又是天旱，斗米六七元，而且有钱无市，大多数人都吃草根树皮和白泥巴（又名观音土）度日，饿死的人无法统计，也无人过问。彭汉章知道他的政治寿命不长，想出一个搜刮人民现金的办法，发出布告，借口收回“旧黔”编号，加盖图章后继续流通。这种“加章黔币”流通于贵阳、遵义、安顺等地，但加章也不能恢复币值。于是在加章的基础上又加盖“墨戳”，自动贬值为每元合大洋五角，称为“墨戳黔币”，指定可搭缴税款。遭到人民的拒绝使用，黔币价值终究无法维持，最终变为废纸。

周西成的香炉票　从1926年6月1日周西成由赤水到贵阳就任贵州省省长起，到1935年国民党蒋介石中央政权进入贵州止，桐梓系军阀统治了贵州近10年。桐梓系军阀以周西成为首。

1920年，周西成接替黄道彬升任黔军第一混成旅第十团二营营长后，立即整理内部，进行人事调整。将桐梓人毛光翔、刘楷森、江国璠、王家烈等委以连长，为桐梓军阀集团的形成打下了基础。此后，周西成经过三次势力大扩张，获得了统治贵州的权力。第一次是1922年1月，周西成以全旅伙饷无着逼迫徐朝光离去后自称旅长。3月，他投靠川军石青阳。6月，周部到达四川秀山，被石青阳委任为讨贼军第一路第三混成旅旅长进驻彭水。时遇四川军阀邓锡侯部压迫重庆，原驻重庆的杨森不得不率领水陆并行东下。周西成乘此占领涪陵、李渡，杨森被迫甩下人枪千余，经周西成反复工作，进行了改编，获得第一次实力扩充。1923 年春，周西成利用贵州人民痛恨滇军祸黔的仇恨，组织“靖黔军”，自任总司令，率部由涪陵开回黔北，打死了原驻遵义的黔军第三混成旅旅长罗成三，收编其两个团，占据遵义，周西成实力获得第二次补充。周西成实力获得第三次补充是在同年夏天，石青阳委任周西成为川北边防军第二师师长，令其率部在江津、綦江、南川、涪陵等地相机活动，声援北岸，夹击重庆北洋军。周西成在江津以慰劳为名，把北洋军一个营、何庭光旅一个营全部缴械。1923 年 9 月，熊克武委任周西成为四川讨贼军第三师师长，在同袁祖铭部作战中失利，弃守重庆退至成都。函令毛光翔、王家烈、刘楷森等部撤往黔北赤水。1923 年年底，杨林、袁祖铭攻占成都时，熊克武失败，从川南退至黔境，周西成退赤水。至此，以周西成为首的桐梓派军阀就在黔北一带驻营扎寨，以赤水、仁怀、习水为大本营。他们采取保护交通、使得商旅往来的措施，对稍有地位的边境人士加以优待，同时招纳各方人才，广结人缘，对邻近友军，竭力搞好关系。此外，1924 年冬，滇军张汝骥部放弃遵义，周西成派犹国材率部分别进驻绥阳、桐梓、湄潭、余庆、瓮安等县。1925 年春，滇军胡若愚部放弃了毕节，周西成急派毛光翔旅进驻咸宁、水城、织金各县。这样，周西成占有了贵州西北广大地区，并在这些地方清查土匪，维持治安，颇得人民好感。

袁祖铭以周西成有才，能安定贵州为由，电告吴佩孚，保举周西成为贵州省省长。1926 年 6 月 1 日，周西成正式登上了统治贵州的宝座，接替了兴义系军阀的权力。时遇广东革命政府组织北伐，袁祖铭被委任为国民革命军左翼总指挥，要其出师北伐。周西成则用尽心思，百般周旋，促其东出湖南北伐。黔军其余各部也受国民革命军委任，周西成被广东革命政府委任为贵州省政府主席兼二十五军军长和第十八路军总指挥，留驻贵州。这样，周西成完全取得了对贵州的政治、经济、军事的统治权。通过周西成的治理，贵州军政出现了一时的统一局面，周西成对此感到满意，并写下了“短策三年感，长江万里情。民欢田野治，贼尽道途平。宝藏新开地，弦歌不夜城。大同竟何日，南望宋庥明”❶ 的诗句进行自我赞扬。周西成在贵州组织了一个国民党，委派桐梓人黄乾坤主办。在周西成主持黔政的三年中，始终没让蒋介石国民党染指贵州。

1926 年，周西成掌握了贵州大权后，为了巩固统治地位，沿袭封建专制办法采取了一系列措施，在经济方面，自办造币厂，制造银元，规定一切财政开支均须使用赤水制造的“汽车大洋”。这种赤造大洋成色低，不受市面欢迎，虽然“王法难犯”，但市面上一般拒绝使用，只用中国银行纸币。有人把这种情况对周西成说了，周西成就动火了，他晓得掌握了金融货币于反动统治者最为有利，当然不能任中国银行再这样继续下去，便来一个连根拔掉的毒计：规定凡是缴纳公款、完粮纳税，只准收赤造大洋，不准收中国银行纸币，直接促使了中国银行的垮台。

周西成的“汽车大洋”

中国银行在贵州设立分行的时间是 1915 年 1 月 11 日，当时从北京总行领来大洋 5 万元，计划发行百元、五十元、十元、五元、一元五种纸币。当时贵州交通不便，商业不发达，百元和五十元券，始终未经发行。1916 年，袁

❶ 贵州文史资料选辑委员会：《贵州文史资料选辑》（第二辑），贵阳：贵州人民出版社，1985 年，第 15 页。

世凯称帝，分行就将这两种券截角作废。贵州分行自成立至撤销之日止，纸币发行额达二百数十万元，吸收的银两、银元，也达二百数十万元，加上营业利润，准备金超过了发行额。中国银行贵州分行以5万元的资金，在十多年当中，就增加了四五十倍。其中主要原因有两个：一个是由于兼办贵州省总金库的业务，使现金容易集聚起来；另一个是大量开放贷款，获取利润。贵州当时有一样好生意，就是贩卖鸦片烟，可以一本数利。省内外一些投机商家和军阀、政客，向该行大量借款，大买鸦片烟，向省外输出。同时又大买洋货（那时贵州叫作广货）向省内输入。因此，该行的资金就迅速增加起来。

周西成统治贵州以后，有意摧毁中国银行贵州分行，把该行代办的总金库业务自己办理，所以对从前政府提去的款项，一概拒不承认。从此该行在市面流通的纸币，便一天比一天低落，乃至挤兑现象日趋严重，陷于瘫痪状态。北京总行莫可如何，只好将该行撤销。所有贵州分行的房屋财产，一概折价点交贵州省政府。库存银两、银元，作为收回已发行的纸币基金，按纸币面额四折回收，实际只能作二折六左右行使，不足的一折四，请求贵州政府代追商欠补足。结果，官僚资本的商家大占便宜，当时的复德隆、实践社、蔡恒泰等大商户都发了大财。

根据当时在复德隆工作的刘怀卿说，中国银行贵州分行当时的贷款方法是这样的：有力的几家商号，互相勾结，互相保证，大量向该行贴现；甲商号借名欠乙商号款子三千五千，出一张两月三月的期票，乙商号就拿这张票到该行贴现，由该行先扣利息，到期如不能还钱，甲商号借口请求展期，又由甲乙两家重办手续，再向该行转期。该行再扣利息一次照转。如此川流不息地周转，分行几乎是这几家商号的保险金库。该行只要有利可图，有欠款期票可作保证，尽管明知其中内容，仍旧大放其贷款。

中国银行贵州分行垮台之后，收回已发行的纸币办法，经过与商会协商二成兑现，八成给予该行存款单，但是人们都认为多得不如少得，少得不如现得，为求得现款，争去兑取二成，存单在市面上只能作一成多，暗中互相使用。一般对该行欠款的商家，就大收这种存单，作为实足现款归还该行欠款。因此，该行的现款逐渐不敷兑现，干脆来一个大家赖骗的办法，以“九六公债”作现款兑付。这种公债，是段祺瑞执政时候发行的，沪、汉交易市场，每天仍有牌价；贵州却没有市场，当然人们就不肯接受。到了这个时候，有的人只好不了了之。可是贵州商家在外省有生意，仍然适当收购，因为有人愿意搜买这种公债，准备政府有什么需要，就拿它去应付，无非是上下相欺而已。

后来为弥补财政不足，周西成一面出布告把“汽车大洋”在市面行使，另一面又把中国银行发行的一元券提去十万元，加盖一个红色公章，其形好似香炉，一般就叫“香炉红印票”（有人说，初盖的是一个黑方章，人们又叫为“黑章票”，后来才改为红章的）。每张仍作一元现洋使用。每天由总金库拨出两三千大洋作兑换之用，人民往兑者，只能十元八元兑取，多数的就不能兑现。从而票值更一天比一天低落，每元只能作六七角行使。

李燊“贵州银行兑换券” 1927年冬，唐继尧死，云南分为龙云、胡若愚、张汝骥三大势力。蒋介石乘机插手云南，委任胡若愚为三十八军军长，龙云为三十九军军长，张汝骥为独立师师长。接着胡若愚控制了云南并拘留了龙云，龙云逃出后又赶走了胡若愚，自称省主席。胡、张两部移驻昭通一带，可仍受龙云压迫。因此，胡、张两个向周西成求援，周西成则欲扶植毛光翔攫取云南政权，遂以“援滇”的名义出兵攻打云南，委任毛光翔为“援滇”总司令，阮德炳为前线总指挥，兵分左中右三路向云南进攻。中路黄道彬师在云南曲靖被龙云部围攻，突围后向黔边退却。左路犹国才师在马街被张冲部袭击溃败。正在安顺娶妾的毛光翔得到消息赶回前线时，左中两路主力均已溃败，失败已成定局。此次“援滇”攻击云南扩张势力的目的宣告失败，并引爆李燊与周西成的矛盾，使桐梓系军阀势力分裂瓦解。

李燊系袁祖铭所辖师长，1926年冬率部出湖北施鹤，被蒋介石委任为国民革命军暂编第七军军长。后改为四十三军，参加北伐，归国民革命军第四集团军总司令李宗仁指挥。在湘西、鄂西一带作战，缴获很多武器，人数也随之增多，部队扩大，实力雄厚，战斗力强。1928年1月，桂系在长沙召开军事整编会议，将四十三军原有六个师缩编为第一、第二、第三和教导四个师。接着奉蒋介石之命开赴武汉待命运往华北。李燊鉴于袁祖铭、王天培、彭汉章悲剧结局，借故拖延，想乘机把部队拖回贵州。本来李燊对自己在外作客、周西成独霸贵州已久怀不满。而周西成也怕实力最强、距黔最近，中间又无阻隔的四十三军回黔。加之周西成用厚礼重金争夺了袁祖铭死后准备归属李燊的史远勋旅、马明亮师，李周双方嫌隙更深。周西成为使自己独占贵州缓和同李燊之间的矛盾，派人和李燊商谈，要李部向外发展，周愿意补助李军兵员和军饷，贵州由二十五军驻守。经往返协商，达成向李燊提供经济、人力等方面帮助的协定。协定达成以后，周西成的谋士向其进言说，这样做法无异于为虎添翼，帮助李燊觊觎贵州创造条件。周西成断然撕毁了这一协定。李燊指责周西成不讲信义，表示誓不两立。当周西成“援滇”失利时，李燊认为是打回贵州的大好机会。随即在 1928 年秋至 1929 年夏爆发了李燊、周西成争夺贵州政权的战争。

1928 年秋，李燊率四十三军在鄂西来凤集结誓师回黔，周西成任命王家烈为前敌总指挥，率兵 8 个团，于 10 月经正安、沿河到龙潭、秀山，同李燊之四十三师在酉阳、龙潭、秀山等地激战。王家烈部战败，退守铜仁县城。李部攻下酉、秀、黔、彭之后，直指铜仁，围攻铜仁 12 天。周西成率其主力从贵阳亲往解围。周、李两军在松桃凉亭坳鏖战七昼夜，周军败退。李燊攻占铜仁，休整三天之后，派其参谋长林子贤率兵两个团追击周军，至大鱼塘时，受到周西成伏击而失败。李燊率部赶来亦被周军各个击破。李军失败后向沿河退走，周军则紧追不舍，直至沿河边界之龚滩方才停止下来。此时，在武汉的李宗仁、白崇禧同南京的蒋介石斗争激烈。蒋介石为牵制李、白，欲将李燊部队留在鄂湘边境。因此，电令周、李两军停战，各回原防，听候派员前往调处。周西成判断李燊势穷力竭，命令廖怀中与李部相持，周本人则于 1929 年 1 月班师凯旋，庆祝胜利。

李燊得知周西成匆匆回贵阳的消息，决定乘周尚在途中，贵阳空虚的机会，奇袭贵阳。随即挑选 2000 余人精壮官兵亲自率领向贵阳兼程前进。周西成得到李燊奇袭贵阳的情报后，改乘汽车急回贵阳，集结留省部队和崇武学校学生，派犹国材指挥。2 月 12 日，当李部进至贵定石门坎时，遭到阻击，李燊负伤，率千余人向西，经长顺、紫云、贞丰、兴义退入云南昆明。驻川边李燊余部仍与黔军周西成军对峙。

3 月，蒋介石以周西成投靠桂系反宁为名，任命龙云为第十路讨逆军总指挥，李燊为第十路前敌总指挥。李燊商得龙云同意，派滇军主力由朱旭率领，协助李部进攻贵阳。在滇军协助下，李燊率部由平彝、罗平向盘县、兴义进攻。周部中路防线被突破，盘县、普安失守，朱、李两部进逼花江。周西成从贵阳到前线，由安顺进驻镇宁县安庄坡指挥，亲到坝陵桥鸡公背督战，遭朱、李两部猛攻，包围抄袭。5 月 26 日，周西成中弹身亡。周部随之溃退，李、朱两军直驱贵阳。周军退守乌江北岸，慌乱无策。蒋介石电令李燊为贵州省主席。

当李、朱两部正追击周军之际，原被龙云逐出的滇军胡若愚、张汝骥，乘昆明空虚，率部进攻昆明。龙云为保住昆明，紧急电令朱旭率部回师云南。朱部去后，李燊感到势单力薄，不敢久留，退出贵阳随滇军到了昆明。李到昆明后，眼看大势已去，无能为力，将余部交给龙云，自己出走香港，不久在穷途潦倒中死去。李燊继周西成主持黔政仅 18 天，故有“民国十八年，汉字十八圈，来个十八子，只坐十八天”的顺口溜。李燊主政时期，仍用“贵州银行兑换券”，加盖红色公章，发行流通约一万数千元，这种加盖公章纸币只能在贵阳市流通，随着李燊的离去，这种纸币也寿终正寝。

王家烈的贵州银行兑换券 周西成兵败后，蒋介石于1929 年10 月21 日，以南京政府名义，发布贵州省政府改组令，任命毛光翔为贵州省政府主席兼二十五军军长和第十八路军总指挥。毛光翔于 10 月 30 日宣誓就职。毛光翔亲见周西成“附桂反蒋”，以致死后还被蒋介石通缉的事实，一反既往，向蒋介石南京政府靠拢。不仅接受国民党中央的党务工作，在二十五军中成立政训处，还翻印了国民党“防共须知”等宣传品。派人检查邮电，没收粤、桂寄来贵州的反蒋宣传品，把贵州与周围各省情况密报蒋介石。毛光翔庸懦才短，随着国内政局的演变，桐梓系集团内部矛盾也逐渐反映出来。除毛光翔同熊逸滨的矛盾外，还有“群、绍、佩、用”的矛盾。毛光翔虽然按周西成的规定是第一继承人，掌管了贵州军政大权。但无论战功、威望、文化程度和能力，都不如副军长王家烈。

王家烈曾先后担任周西成部连长、营长、团长、师长，对周西成势力的扩大立过大功。1928 年春升任第九路军前敌总指挥，在同李燊的战斗中忠实执行周西成的命令。毛光翔主黔后，王家烈对其大权独揽不满意。毛、王矛盾在蒋介石的挑拨下日益尖锐。1931 年 11 月，王家烈乘蒋介石直接提名要他作为二十五军代表、参加国民党四全大会之机，在南京、上海活动，得到何应钦、王伯群等人的支持。毛光翔得知这一情况后，以开整编会议为由，电召王家烈回贵阳开会，将其软禁，然后派犹国材到洪江接替王的职务。王接电后，在熊逸滨等人策划下，留何知重指挥蒋德铭、杜肇华两个团和机炮营仍住洪江、芷江等地，亲自率领五个多团从洪江向贵阳进发。行至芷江，接到军政部来电，升任王家烈为二十五军军长。这样，王家烈就名正言顺地回黔了。毛光翔得知王家烈率领主力回省，自知不能对付，便授意蒋再珍旅占据乌江以北，宋醒旅占据鸭池河以西，犹国材师占据安顺及盘江八属，车鸣翼旅据铜、松、思、印，企图将王家烈大队人马困在贵阳，使其自动退出。王家烈行至贵定，派副师长柏辉章指挥各部先行，进占贵阳东山、照壁山、图云关一带阵地。毛光翔见此情况，深感大势已去，在贵阳绅商的相劝和桐梓系内部的调解下，决定把贵州省主席让给王家烈，自己专任国民革命军第十八路军总指挥，并派犹国材等为代表到龙里欢迎王家烈。当王家烈到达贵阳时，毛光翔宣布辞去省主席职务，推王家烈委员代理。一周以后，蒋介石国民党发布王家烈为贵州省主席的命令，王家烈代替毛光翔掌管了贵州军政大权。

毛光翔虽让了权，但不服。暗中联络驻遵义的蒋再珍和安顺的犹国材，会师贵阳，驱逐王家烈。由于警卫营长赵一新的倒戈，迫使王家烈于 1932 年 11 月败走榕江。毛、犹、蒋随之进入贵阳，重组政府，拟以犹国材替代王家烈接管贵州军政。蒋介石也于 1933 年元月 1 日电令犹国材接任二十五军军长。犹、蒋、毛联合 11 个团的兵力，分两路逼近榕江。王家烈亲自率领部队反攻，攻下贵阳，重新统治贵州。蒋再珍败走綦江、东溪，犹国材退到云南罗平、沾益，车鸣翼残部退往湘西，毛光翔退回赤水家中闭门谢客。桐梓系内部的这场争权战争到此告一段落。

1932 年 9 月王家烈主持省政，次年元月，借用贵州银行面值 1 角、2 角、1 元、10 元存款券，作为不兑换纸币，强迫在市流通，银行信誉受损。1934 年 3 月 1 日总经理李锡祺因“税收减色，财政维艰，金库挪用银行资金，短期内又无力归还”，认为“空有银行之名，而无营生之资……”坚请辞职。

王家烈重掌贵州军政大权后，仍为蒋介石所不容。1934 年年底，中国工农红军北上抗日进入贵州，蒋介石派兵追击，乘机进入贵州。1935 年春，蒋介石从南京飞到贵阳，要王家烈在军政两职中让出一职。王家烈考虑再三，让出了政权，专任军职。可是，蒋介石不以此为满足，进一步逼王交出军权。不得已，王家烈又交出了军权，其所属五个师被调离贵州，分散驻扎，以防后患。随即贵州省政府改组，蒋委任吴忠信为省政府主席，顾祝同为贵州绥靖主任，薛岳接收军权，王家烈也于同年 5 月奉蒋介石命令同张学良乘飞机去南京。到此，桐梓系军阀对贵州的 10 年统治结束。这样，蒋介石不费吹灰之力一脚踢开了王家烈，使整个贵州置于蒋介石国民党统治之下。贵州割据局面至此告终，即由军阀统治时代转入国民党统治时代。

第二章　国民党统治时期贵州信用票据流通情况

第一节　法币政策的实施

一、法币政策实施的时代背景

1935年，国民政府进行币制改革，实施法币政策，这一措施对于国民经济的发展产生了重要影响。这次币制改革是在国内、国际的特殊背景下进行的。

从国内来看，旧中国货币制度紊乱，货币种类繁多。银两虽在日常生活中已为银元所替代，完粮纳税都已使用银元，但在通商贸易上仍然用银两。此外，外国银元虽逐渐减少，但并未完全取消。本国银元种类繁多，成色纷杂。中外银行发行的纸币更是紊乱不堪，“发行外钞之银行有两种，一为中外合资之合办银行，一为纯粹外资之外国银行。合办银行而获有发行兑换券之特权者，自华俄道胜银行始。民国以来，凡经中外合办之银行，几无不发行钞票。其与法国合办者，有中法实业银行；其与日本合办者，有中华汇业银行；其与美国合办者，有中华懋业银行；其与挪威、丹麦合办者，则有华威银行，均经政府先后核准其有发行兑换券这特权。是为吾国独有之现象，世界各国绝无而仅见者也”[1]。这些都严重阻碍了国内经济发展。南京国民政府

[1] 吴冈：《旧中国通货膨胀史料》，上海：上海人民出版社，1958年，第32页。

采取了种种措施，希望统一货币，整顿金融。

早在1929年3月，国民党在南京召开“三大”，会议通过了《对于政治报告之决议案》，该案认为，目前中国财政积病之源表现为国家财政与地方财政之分配不确定，国家耗费过滥，军费膨胀，币制紊乱，外币充斥市场，内外积债过巨，信用日益低落，税制杂乱等。该案提出经济政策几个根本原则，其中有一条就是“整理币制，巩固金融”，但未能解决币制混乱问题。南京国民政府在1933年3月1日发布《废两改元令》指出，“为准备废两，先从上海实施，特规定上海市面，通用银两与银本位币1元，或旧有1元银元之合原定重量成色得，以规定7钱1分5厘合银币1元，为一定之换算率，并自本年3月10日起施行”❶。从而确立了银本位制，废除了银两，改行银元，使银元成为统一流通的本位币。1933年4月5日和6日，国民党政府先后发布废两改元的布告和训令，规定从4月6日起，所有公私款项之收付与订立契约票据及一切交易，须一律改用银币，不得再用银两。

清末实施的银两制度已严重地妨碍了商品经济的发展。银两货币在形制、成色、重量方面都没有统一的标准，各地都有自己的通用标准。因此，国民政府“废两改元”客观上起到了统一货币、发展经济和便利人民的作用，有利于中央银行纸币的推行，为以后实行法币制度奠定了基础。但是，“废两改元”仍然是银本位制，中国不是产银国，而是用银国，因此，中国的货币权被帝国主义所控制，只要世界银价一有波动就会严重影响中国的金融和经济。19世纪以后，各国纷纷放弃银本位，实行金本位制。因而黄金需求量增加，白银需求量减少，而白银产量却逐年上升，在供求规律的支配下，世界金银比价发生了激烈变化。1929～1934年，资本主义世界发生了空前规模的经济危机，英、美等国先后放弃了金本位制。美国相继通过了《银购入法》《1934年购银法案》《白银国有令》等法案。这些法案以提高银价、收购白银、禁止白银出口、发行银券、白银收归国有等为主要内容，目的是扩大白银在通货准备金中所占比重，操纵世界白银市场，刺激一些银本位国家的购买能力，以利美国商品的推销，转嫁经济危机所造成的经济损失。

❶ 转引自史全生:《中华民国经济史》，南京：江苏人民出版社，1989年，第247页。

美国高价大量收购白银后，引起伦敦、纽约银价暴涨，伦敦市场白银价格每盎司由1933年1月的17.125便士，升至12月的19.0625便士，1934年12月又上升为24.875便士，1935年6月上升为33.75便士。同时期，纽约市场白银价格每盎司从26.25美分，上升为44.625美分，再上升为55美分和74美分。❶ 世界白银市场银价上涨，在华的外国银行纷纷收购中国白银，运输到纽约或伦敦出售，从中牟取暴利。在白银贸易中，我国的白银大量外流，1931年中国入超70 803千元，但1932年就变为出超10 395千元，至1934年出超额为256 728千元，这些数字还不包括非法走私白银在内。由于白银大量外流，造成国内银根奇紧，通货紧缩，物价猛跌，货物滞销，使得中国金融和产业界受到沉重打击。“仅上海一地，民国二十三（1934年）年就倒闭工商户510家，二十四年为1065家，银行倒闭12家，钱庄11家。”❷ 更为严重的是，不断上涨的白银价格增加了中国工业品的生产成本，同时提高了国内产品的出口价格，严重侵蚀了中国出口产品的竞争力，大大减少了国内产品的出口。同时进口商品价格随之上扬，由于中国工业落后，其机械设备、工业原料、五金器材、医药、化工原料等都要依赖外国进口，就连日常用品如大米、面粉、布匹、蜡烛、火柴及小到针线纽扣，无一不是舶来品，这使中国遭受严重的经济损失。

1935年2月1日，国民党政府驻美公使施肇基在致美国国务院的一份备忘录中将美国抬高世界银价对中国经济的影响概括为下列六点：“（1）1934年中国白银净出口量（走私在外）为2.57亿元，其中六分之五是在美国通过‘白银法案’到1934年10月15日中国征收白银出口税时不到四个月中运出的，使1934年中国白银出口量为中国历史上白银出口最高年份1907年的五倍。（2）上海存银量由1934年6月底的5.44亿元下降到目前的3.12亿元。（3）自1934年上半年以来，钱庄向客户索取的一般利率已由年息六厘上涨到本年1月1日的二分六厘。（4）下半年的对外贸易总额比上半年下降16%，自去年7月以来。政府和实业债券的价格下跌10%，上海中心地价下跌15%，

---

❶ 转引自史全生：《中华民国经济史》，南京：江苏人民出版社，1989年，第248页。

❷ 谢菊曾：《1935年上海白银风潮概述》，《历史研究》，1956年第2期。

工业证券下跌7%，商业倒闭在各地蔓延。（5）银根紧缩损害了政府的财政收入，使得银行几乎无法放款。税收，特别是关税，受到目前趋势的严重威胁。（6）通货价值的上涨对中国实为一种灾难，因为它带来了通货紧缩。”[1]这说明以银为本位的中国货币，其币值稳定与否，不仅取决于国内的政治经济形势，还操纵在外国列强的手中。要使中国经济复苏，必须实行币制改革，这是摆在国人面前一个关乎民族生死存亡的关键问题。所以，在这种形势下，制止白银外流，实行币制改革的要求成为当务之急。

面对日益严重的财政经济危机，国民党政府首先谋求得到美国的支持，实施币制改革，但因美国怕激怒日本，没有答应。这时，英国为了维持它在中国的既得利益，在国民党政府的要求下，于1935年8月派首席经济顾问李兹·罗斯来华，负责为国民党政府策划币制改革。李兹·罗斯考虑了各方面的方案后，主张采用纸币流通的“法币政策”，被国民党采纳。1935年11月3日，国民党政府财政部发出实施“法币”政策布告。布告如下：

自今年世纪经济恐慌，各重要国家相率改变货币政策，不许流通硬币。我国以银为币，白银价格剧烈变动以来，遂致大受影响，国内通货紧缩之现象，至为显著，因之工商凋敝，百业不振，而又资金源源外流，国际收支大蒙不利，国民经济日就萎败，种种不良状况纷然并起。计自上年七月至十月中旬，三个半月之间，白银流出凡达二万万元以上。设当时不采取有效措施，则国内现银存底必有外流罄尽之虞，此为国人所昭见者。本部特于上年十月十五日施行征收银出口税，兼课平衡税，借以抑资源外溢，保存国家经济命脉，紧急危机得以挽救。顾成效虽已著于一时，而究非根本挽救办法。一年以来，各界人士纷纷陈请政府设法挽救，近来国内通货益加紧缩，人心慌恐，市面更形萧条。经济崩溃必有不堪设想者。政府为努力自救复兴经济，必须保存国家命脉所系之通货准备金，以谋货币基金之永久安定。自参照各国之先例，规定办法，

[1] 转引自中国人民政治协商会议全国委员会文史资料研究委员会编：《法币、金圆券与黄金风潮》，北京：文史资料出版社，1985年，第6~7页。

即日施行：

一、自本年十一月四日起，以中央、中国、交通三银行所发行之钞票定为法币。所有完粮纳税，及一切公私款项之收付，概以法币为限，不得行使现金，违者全数没收，以防白银之偷漏。如有故存隐匿，意图偷漏者，应准照危害民国紧急治罪法处治。

二、中央、中国、交通三银行以外，曾经财政部核准发行之银行钞票，现在流通者，准其照常行使。其发行数额，即以截至十一月三日止流通之总额为限，不得增发，由财政部酌定限期，逐渐以中央钞票换回。并将流通总额之法定准备金，连同已印未发之新钞及已发收加之旧钞，悉数交由发行准备管理委员会保管。其核准印制中之新钞。并俟印就时一并照交保管。

三、法币准备金的保管及其发行收换事宜，设发行管理委员会，以昭确实，而固信用。其委员会章程另案公布。

四、凡银钱行号商店及其他公私机关或个人，持有银本位币或其他银币生银等银类者，应自十一月四日起，交由发行准备管理委员会或其指定之银行兑换法币。除银本位币按照面额兑换法币外，其余银类，各依其实含纯银数量兑换。

五、旧有以银币单位订立之契约，应各照原定数额，于到期日概以法币结算收付之。

六、为使法币对外汇价按照目前价格稳定起见，应由中央、中国、交通三行无限制买卖外汇。

以上办法，实为复兴经济之要图，并非以运用财政为目的。即中央银行之组织，亦将力求改善，以尽银行之职务。其一般银行制度，更需改革健全于稳妥之下，设法增加其流通性，俾其资金充裕后，得以供应正当工商企业之需要。并将增设不动产抵押放款银行，修正不动产抵押法令，以谋地产之活跃。现经本部切实筹划，不日呈请次第施行。国家财政整理之措施，亦以筹有办法，可期收支之适合。且此次发行统一法币之准备确实，监督严密，信用益臻巩固。所望全国人民咸体斯旨，一致遵行，共济国家于繁荣。事关救国要政，如有故意阻挠，造谣生事，

或希图投机，高抬物价者，定即执行严绳，不稍宽贷。除分行外，合即布告周知。此布。❶

事实上，法币出笼的日期还应当稍微向后推迟一些。那么，为什么法币要在11月4日提前匆匆出笼呢？从现有资料来看，主要是国民党政府出于政治和经济等方面的考虑。当时华北政局异常紧张，日本人走私白银猖獗，国民党政治不稳，市场投机盛行，企业纷纷倒闭，发生严重金融恐慌。十月以来华北局势更趋紧张。同时，华北日本走私白银更达到一个新的高潮。据《日日新闻》报道："昭和十年（1935年）九月，日本输出白银20 973 000日元，与上一年同期输出白银135万日元相比，增加了十余倍。从1～9月，由上海向日本走私输出的白银约有144 155 000日元，而日本年产白银仅1000万日元，故由日本输出之白银主要是由中国向日本走私之白银。"❷ 此外，自10月23日起，市场上谣诼纷云，传说中国币将贬值三成五，24日更谣传中央、中国、交通三行纸币停兑，于是市场呈现恐慌，标金飞涨，汇价大跌。11月1日，国民党政府行政院长亲日派头子汪精卫被刺，人心更加不安。从2日起，不少人向银行提存或要求兑现，中央、中国、交通及其他银行突然面临挤兑风潮。正好当天是星期六，第二天是星期日照例休息，如不及时采取措施，事态还可能发展到不可收拾的地步，故国民党政府不得不在11月3日晚宣布实行法币改革。

同年11月15日，国民党政府公布《兑换"法币"办法》，全文如下：

第一条 各地银钱行号、商店及其他公共团体个人持有银币、厂条、生银、银锭、银块及其他银类者，应于民国二十四年十一月四日起三个月以内，就近交兑换机关换取法币。但下列各款不在此限：

一、工业、艺术或其他必须用为原料之银类，依照银制品管理规则，经政府许可者。

❶ 《财政部给行政院的提案稿》，1937年9月25日，第二历史档案馆存档。

❷ 东京《日日新闻》，1935年（昭和十年）10月20日。

二、古币、稀币，或有关文化之银质古物。

三、在办法公布前制成及存有之银制器具及装饰品。

第二条　兑换法币机关如下：

一、中央、中国、交通三银行及其分支行或代理处。

二、三银行委托之银行，钱庄、典当、邮政、铁路、轮船、电报各局，及其他公共机关或公共团体。

三、各国地税收机关。

四、各县政府。

第三条　通用银行及厂条以外之一切银类兑换，应按其成色估定兑换。

第四条　凡无法币流通地方，持有银币、厂条、生银、银锭、银块及其他银类者，应送交第二条二、三、四各款所列各机关请代换法币。

第五条　第二条二、三、四各款，所到各机关收兑之银币、厂条、生银、银锭、银块及其他银类，应即送交附近中央、中国、交通三银行兑换法币，如有藏匿，或转付其他用途者，以侵占罪论。

第六条　在兑换期间，如有对于银币、厂条、生银、银锭、银块及其他银类之持有人借端敲诈者，以许欺罪论。

第七条　凡通用银币与法币之兑换，不得有丝毫差价，违者按其情节，将法币银币分别没收，或一并没收之，其意图偷漏而高价收换银币、厂条、生银、银锭、银块及其他银类者，依照《妨害国币惩治暂行条例》第二条第五条办理。

第八条　本办法自公布之日起施行。❶

接着，财政部又公布《银制品用银管理规则》，全文如下：

第一条　凡银制品用银，依本规则管理之。

第二条　自本规则公布之日起，凡制造银器、银饰，应以化学银为原料，其必须掺用纯银者，所含纯银量不得超过百分之三十。

❶ 吴冈：《旧中国通货膨胀史料》，上海：上海人民出版社，1958年，第72页。

第三条 在本规则公布以前制成之银器、银饰，暂准照旧出售，至售罄为止。其未制造成品之银料，不得私行出售。

第四条 自本规则公布之日起一个月内，银制品制造者，应将制成之银器、银饰名称，件数，及其所含纯银量，并现存银料数量，报由当地该业同业公会或商会，转报当地或就近中央银行或其他代理行号查核，转报财政部。其未设有中央银行地方，报由中国或交通银行或其代理行号查核转报。

第五条 银制品制造者需用银料，应向中央、中国、交通银行或指定之代理行号购买，但应由当地该业同业公会或商会出具不作别用之保结，同负连带责任。

第六条 银制品制造者购买银料，其最高限度以本规则公布前三年该制造者出售银器、银饰平均数量百分之三十为准。其未及三年者，以前一年出售数量百分之三十为准。

第七条 银制品制造者，应将每六月售出银器银饰所含纯银问题，报明当地该业同业公会或商会，转报发售银料之中央或中国、交通银行或代理行号查核，转报财政部。

第八条 银制品制造者停业时，应将所存银器、银饰、银料，按所含纯银，向中央或中国、交通银行兑换法币。

第九条 银制品制造者，违背本规则之规定，应勒令停业，其有偷漏或意图偷漏情事，如查有第九条所列情事时，依照妨害国币惩治暂行条例第二条、第五条论罪。

第十条 本规则第二条至第八条所列事项，应由发售银料之银行随时派员稽查，如查有第九条所列情事时，应报由当地行政或司法官署办理。

第十一条 凡属艺术、药品及其他工业之用银，准用本规则之规定。但呈准财政部特准者，得不受第二条及第六条百分三十之限制。

第十二条 本规则自公布之日施行。[1]

---

[1] 吴岗：《旧中国通货膨胀史料》，上海：上海人民出版社，1958年，第73页。

币制改革是中国近现代货币史上一次重大改革，它统一了货币，结束了中国货币的混乱状态，对现代货币政策产生了不可估量的影响。其意义在于：第一，法币的诞生不仅使中国摆脱了1934～1935年发生的经济危机，也统一了全国的货币。当时各个军阀、各个省都搞一套自己的货币，法币统一了中国的货币，从经济上来说这是很重要的一件事情。在抗日战争时期，统一的币制，也起到了对抗日伪货币的作用。

第二，国家集中了纸币的发行权，使纸币发行利益永远归于国库，它取缔了官私银号纸币发行权，特别是结束了外商银行在我国肆意发行纸币的历史，从而稳定了币值，使货币发行量得到了控制。在币制改革以前，除南京国民政府的银行在发行货币外，外国银行通过各种途径也获得了货币发行权，很多华商银行甚至私人商号等也在擅自印制货币。全国范围内流通的货币不下几百种，它们形态各异、币值不一，老百姓难以辨别，有时不得不采用最原始的“以物易物”方式才能进行交易。币制改革以后，国家接受了各银行纸币发行准备金，使法币的发行有强大的财力支持，可以无限制地买卖外汇，以稳定法币币值，从而缓解了市场上通货紧缺现象，激发了国民经济金融市场的复苏。

第三，物价回升，促进工农业生产的发展。币制改革后，犹如给中国经济注射了稳定剂，通货紧缩得到缓解，物价持续下跌的趋势也得以制止，工、商、农业等出现了复苏状态。“从民国二十四年七月到二十五年六月，全国工业生产总增长率达40%。许多企业大获利润，如大中华火柴公司，民国二十三年、二十四年连续亏损，二十五年扭亏为盈，盈利84万元；启新洋灰公司，民国二十四年至二十五年，纯益由49万元增为216万元，同期大中华橡胶厂纯益由21万元增为94万元。币改后，农业生产也有所复苏，主要农作物收成价值比以前提高。”❶

第四，对外汇率稳定，进出口贸易正常发展。实现白银国有化，规定国民手中的银币、银锭、银饰等银制品都要兑换成法币，从而使大量白银控制

❶ 郭飞平：《中国民国经济史》，北京：人民出版社，1994年，第70页。

在国家手中，实现了“点纸成银术”。自此，国家财政不必再为国际银价涨跌而影响国内市场经济，从而使国家有雄厚的硬通货作基础来支持政府在国际上从事政治、经济、军事活动。据记载，“从一九三五年十一月施行法币政策到一九三七年九月（抗战前夕），中央、中国、交通、农民四银行收兑之银币达三万万元”。“这一时期，国民党政府在英国伦敦所存法币准备金约一亿二千万美元。”❶ 法币信用的提高，为民族经济的复苏、国力财政的增长创造了重要条件。

但是，此次币制改革也存在无法掩盖的问题：第一，国民政府吹嘘法币具有充分的独立性，完全是颠倒黑白的瞎话。法币政策从开始酝酿到具体实施，美、英、日三国都想方设法攫取中国货币金融的领导权。在这场法币改革的斗争中，日本是捣乱破坏，凶相毕露；英国是口蜜腹剑，诡计多端；美国则是软硬兼施，暗中拉拢，各种手段被表现得淋漓尽致。而蒋介石、孔祥熙、宋子文这些南京国民政府的首脑人物则是言听计从，百依百顺，被牵着鼻子走。事实上，法币没有规定含金量，以英镑的汇率来表示自己的价值，规定法币 1 元等于英镑 1 先令 2 便士半，这使法币与英镑紧密联系在一起，成为英国集团中的半殖民地货币成员国之一。这引起美国的不满，美国使用停止收购白银，压低银价等手段，迫使国民党政府在 1936 年 5 月签订了《中美白银协定》，确定法币与美元的汇率为法币 100 元等于美元 30 元，这样，法币又与美元挂钩，表明法币在很大程度上依赖英镑、美元，从而有利于英、美帝国主义操纵中国的货币政策，加强对中国金融的控制。英、美还从实施法币政策中收购中国大量白银和集中大量存款。“到 1937 年 7 月 31 日为止，国民党政府存在国外的黄金和外汇准备共达 13 521 万美元，其中约 71% 存在美国，30% 存于伦敦和香港。”❷ 因此，从某种意义上来说，法币政策的实施为后来国民政府用增发钞票来消除财政赤字提供了条件。法币本身没有价值，完全只是价值符号，国民政府开始发行法币时还较谨慎，强调要有足够的准备金，但后来国民政府在财政困难时，用发行钞票来弥补财政赤字，发行过

---

❶ 《财政部给行政院的提案稿》，1937 年 9 月 25 日，第二历史档案馆存档。

❷ 中国人民政治协商会议全国委员会文史资料研究委员会编：《法币、金圆券与黄金风潮》，北京：文史资料出版社，1985 年，第 33 页。

量货币，引起法币贬值，造成通货膨胀。

第二，国民政府通过币制改革，确立了官僚资本在整个国民经济中的垄断地位，但也为其后滥发钞票埋下危机。统一法币后，国民政府接收了除中央银行、中国银行、交通银行、农民银行四银行外其他各行的发行准备金，增强了官僚资本的资金力量。同时运用国家权力，强行加入官股，吞并中国银行、交通银行国内最大的两家银行。接着以各种名义控制和合并各省立银行、市立银行和各种商业银行。到 1936 年年底，“中央、中国、交通、农民四家在全国银行中实收资本占百分之四十二，资产总额占百分之五十九，各项存款占百分之五十九，货币发行占百分之七十八，纯利占百分之四十四”[1]。国民政府利用庞大的资金力量，合并官僚企业，以强行入股的形式控制民营企业，或者直接开办工厂、商店。通过这些手段，把国民经济命脉控制在官僚资本手中，实现其在国民经济中的垄断地位。

第三，新货币政策的实施，不能在全国各地得到贯彻执行。中央政府规定只有中央银行、中国银行、交通银行、农民银行四银行拥有法币发行权，其他各省市银行、商业银行均不得再发行。但事实上并未如此，全国 16 家银行中只有宁夏银行和广州市民银行遵守，说明全国各地货币制度还很混乱，国民政府并没有真正把货币发行权集中在中央手里，全国实现统一的货币制度为时尚早。

二、法币的通货膨胀

法币是不兑现纸币，仅靠信用来维持，实际上为日后的通货膨胀埋下了伏笔。国民政府时期的通货膨胀，较清末与北洋政府时期尤为严重，在抗日战争时期，由于日本帝国主义的侵略，国民政府统治区日益缩小，法币急速贬值。而在抗日战争胜利后，又由于蒋介石为发动内战筹措军费，进一步把中国人民拖入了恶性通货膨胀的深渊。具体来说，法币的通货膨胀分为和缓通货膨胀和恶性通货膨胀两个阶段。

---

[1] 吴冈：《旧中国通货膨胀史料》，上海：上海人民出版社，1958 年，第 12 页。

第一阶段：和缓通货膨胀阶段。

1935年11月实行法币改革初期，国民政府对法币发行比较谨慎，货币总量还算稳定。但是1937年抗日战争爆发后，法币发行量逐渐脱离了国民政府的控制能力。“1937年北平陷落，8月间中国政府迁都汉口。在这短短数月中，中国农、工生产富庶之区被敌人所攫取，内地与最重要的港口上海的联系亦被割断。之后，日本遂采取了水陆双管齐下、割断中国对外交通、封锁中国内地的战略。1938年10月先后侵占了广州和汉口，到该年年底，日寇遂占有了中国土地的1/3，农业生产的40%，工业生产能力的92%。”[1] 日本的入侵，使中国很多富裕地区被占领，直接造成国民政府税收减少，不能应付沉重的战争费用，不得不以银行贷款弥补赤字，具体数字详见下表（单位为法币百万元）[2]。

1937～1938年国民政府收支状况

以6月30日结尾的会计年度	支出	收入	由银行贷款所弥补的赤字
1937	1167	870	297
1938	2184	1314	870
1938（下半年）	1181	341	840

1939～1945年国民政府收支状况

以12月31日结尾的历年	支出	收入	由银行贷款所弥补的赤字
1939	2809	580	2229
1940	5553	1589	3964
1941	10 933	2024	8909
1942	26 038	6254	19 784
1943	69 325	20 768	48 557
1944	198 155	61 046	137 109
1945	1 268 031	216 519	1 051 512

[1] 张公权：《中国通货膨胀史：1937～1949》，北京：文史资料出版社，1986年，第1页。

[2] 中国人民银行总行参事室编：《中华民国货币史资料》第二辑（1924～1949），上海：上海人民出版社，1991年，第358页。

为了应对财政危机，国民党政府采用增发纸币的办法弥补财政赤字。因为法币不与白银等贵金属挂钩，对于当时的国民党政府来说，增发货币就如同拧开水龙头那样方便容易。从国民党的内部电文中，可以看到从战争开始，国民党政府就把增发纸币作为弥补财政赤字的一剂良药。如 1937 年 11 月 13 日电文，“部座钧鉴：顷席局长来谈，谓发行不兑外汇之货造成两种不同之币制，影响法币信用及外汇甚大，势必崩溃钧座法币政策。不若空发法币五万万至十万万，只要保守绝端秘密，对外否认，渠深信前途一切当全无动摇。渠并曾探罗杰士对战时财政之意见（当然不以全盘见告），罗亦自动谓此项办法为佳。否则，万一我经济阵线破坏，不战而败，即万一十万万已罄，当可再行通货券，亦不为晚。一方积极整理新旧税收，财政当不成大问题也。是否可行，尚乞钧裁。又此事宜守秘密，不然危害极大，至多告委座施行，不必召众人讨论。如发行货券事，沪上已多传谈，或因人多事必泄也”❶。

事实上，抗战初期法币的通货膨胀并不明显。从 1937 年 7 月到 1938 年，法币发行是增加的，但是物价上涨跟不上或者仅仅相当于法币发行的增加，此时通货膨胀的压力并不明显，物价上涨也相对有限，这是多种因素共同造成的结果。首先，抗日战争初期，人民群众坚决拥护抗战，在爱国热情的鼓舞下对国民政府所发行的纸币给以信任，并且通过认购公债等方式予以支持。抗日战争以前，法币的流通偏于华中、华北、华南一带。东部各省、华北一带，法币虽被日伪禁止使用，但沦陷区人民窖藏法币已成为普遍现象。此外，历次发行的战时公债，除救国公债 6 亿元有半数系直接向民众募集者外，其余大都以预约券方式向国家银行抵借。这些都对国民政府弥补财政赤字、减少法币流通起到一定的作用。在战局引发的不稳定气氛下，货币变成保存财富的最方便、最安全的方式。这种储藏货币的爱好直到群众开始认识到通货贬值是不可避免的时候才改变。也就是从 1938 年 10 月广州、武汉相继沦丧，1939 年年初中国军事形势大为逆转，才使人们对货币丧失信心，舍弃储藏货币，竞相囤积货物。

---

❶ 中国人民银行总行参事室编：《中华民国货币史资料》第二辑（1924～1949），上海：上海人民出版社，1991 年，第 285 页。

其次，抗战初期，人民群众在战争和大转移过程中，携带的现钞数量增加，货币流通速度趋于缓慢。战局展开以后，内地和口岸间的交通路线距离遥远，因之商业资本的周转速度较战前减低不少。货币流通速度减低，无疑需要增加筹码。商人担心银行不能保证支付，因此愿意携带现钞，不愿意汇兑，这也增加了货币流通量的需要。由于上述政治及经济因素的影响，使物价上涨的速度慢于货币发行增加的速度。

最后，在战争发生的头两年，在广大中国后方的消费品供给并没有明显减少。在战争爆发时，沿海各地的商民把大量物资转运内地，这些存货对价格的上涨起到很大的缓和作用。由于中国的粮食丰收，其供给量相对是充足的，这对稳定物价起到很好的作用。

第二阶段：恶性通货膨胀阶段。

抗日战争爆发后，中国军队未能成功地抵挡住日军的攻势，中国重要农业、工业产区大部丢失。日军陆续占领了华北、长江中下游、江汉、珠江四大平原及天津、上海、广州、武汉等主要工业区，中国丧失了农业生产能力的 40%，工业生产能力的 92%；中国与世界联系的主要通道被截断。在这种情况下，国民政府宣称发动全面抗战，却没有采取真正增加收入的措施来应付不断增加的开支。国民政府对于收入财源丧失以及由于收支不敷而造成通货膨胀恶果都抱着消极地听之任之的态度，也未采取任何“开源节流”的措施，仅寄希望于国民的爱国热忱以及取得外援来弥补财政收支的不足。

> 蒋氏（介石），以战前的货币稳定情况为依据，过于自信有能力克服战时经济中所出现的财政困难。而政府大员们又被中国传统信念和现代独裁思想相合并起来的奇怪逻辑所支配，即“有土斯有财”和“只要有绝对权威，什么东西都会有”。因为国民政府统治着半个中国，就必大有其财源；因为国民政府操有绝对权力，法币就必定能够控制真正为战事所需要的一切资源。同时，政府还十分乐观，认为外援不久即将源源而来。由于政府抱着这种不现实的观念，其所拟订的长期抗战计划，便忽视了中国的经济潜力和政府财政不健康的情况。于是入不敷出日甚一日，

通货膨胀越来越普遍化，以致在战争后期，中国的经济已濒于崩溃之境。❶

在战时军费激增以及其他各种因素的作用下，国民党政府已经出现了巨额的财政赤字。随着抗日战争局势的日益恶化，更多税源地区的丧失，财政收入进一步减少，国民政府开始觉悟到必须对通货膨胀问题进行认真探讨。国民政府首先想到的是发行债券，但效果未能达到预期的效果：1937 年年底政府发行了 5 亿元的国民自由公债，但认购者仅为一半；1938 年政府公债发行量为 145 000 万元，由公众认购者仅为 1840 万元；1939 年的情况大体相同。这说明公众对政府的债券已经丧失信心，仅靠发行公债已无法解决问题，同时，期待中的国际援助迟迟未到。随着抗日战争的深入，国民政府的军事开支日益庞大，1937 年就占 87.61%，1938 年占 81.47%，1939 年占 73.02%，1940 年占 90.13%，1941 年占 69.02%，1942 年占 60.65%，1943 年占 67.90%，1944 年占 73.49%，1945 年军事特别支出就占 71.33%。面对日益严峻的经济形势，增发纸币成为唯一的选择，也随之进入恶性通货膨胀时期。

抗战发生以来，金融骤形紧张，社会需要筹码既有增加，而政府又励行收兑金银，吸收侨汇，同时并须应付国库款项之周转，法币发行数量遂致逐渐增加。计二十六年六月，法币发行数目为十四万万零七百万元。嗣后逐月增加，截至本年（民国二十八年）四月止，法币发行数目增至二十八万万零七百万元，较之战事开始时已及一倍。在上年八月以前，每月增加数目约为二三千万元；九月以后，每月增加之数则常在一万万元左右。❷

1940 年是中国的通货膨胀的一个转折点，法币的增发数逐渐脱离了政府的控制范围。根本原因是这一年中国遭受严重的歉收，农民开始把产品囤积

❶ 张公权：《中国通货膨胀史：1937～1949》，北京：文史资料出版社，1986 年，第 5 页。

❷ 中国人民银行总行参事室编：《中华民国货币史资料》第二辑（1924～1949），上海：上海人民出版社，1991 年，第 287 页。

起来，以待善价而沽，粮价大大超过当地公会和政府机构规定的“平价”，食品价格的突飞猛进加速了通货膨胀。同年，中国发动了征兵的新高潮。这是因为中国政府认为1939年欧洲爆发战争后，西方各国的注意力必定集中在欧洲战场，中国必须加强军事准备工作，以便抵御日军的全面进攻。大规模的征兵政策大大助长了通货膨胀，部队的后勤供应不仅加重了政府的开支和消费品供应的紧张局势，还破坏了农业劳动力的供应，对农产品的产量发生了极为不利的影响。

1940年以后，由于不断增加军政开支和进行国家垄断资本投资，国民政府财政赤字巨大，仅靠加重苛捐杂税和发行公债已无济于事，只能由中央银行垫款解决。从1940年到抗日战争胜利止，每年国库支出总数和银行借垫款（即增加发行来弥补赤字）如下表[1]。

1940～1945年国库支出和银行借款　（单位：元）

年份	支出总数	靠通货膨胀来弥补
1940年	5 425 001 887	3 834 389 552
1941年	10 892 002 837	9 443 376 044
1942年	26 602 004 738	20 081 760 984
1943年	63 351 801 023	40 857 349 974
1944年	182 831 666 690	140 090 726 923
1945年	1 266 437 904 605	1 043 257 040 104

早在1936年，由于两广事变和西安事变等事件的影响，人们曾一度抛售法币兑换外汇。面对外汇下跌的危机，国民政府维持了既定汇率，从而使法币的信用大大提高。抗战爆发之后的半年内，政府仍遵守1935年货币改革方案的规定，按照固定汇率无限制地出售外汇，直到1938年3月法币的汇率实际上无大的变动。[2] 1938年6月，中央银行、中国银行、交通银行，不再无限制地买卖外汇，于是出现外汇黑市。1939年3月、1941年4月国民政府先

[1] 中国人民政治协商会议全国委员会、文史资料研究委员会编：《法币、金圆券与黄金风潮》，北京：文史资料出版社，1985年，第94页。

[2] 张公权：《中国通货膨胀史：1937～1949》，北京：文史资料出版社，1986年，第8页。

后成立了“中英平准基金”“中美英平准基金委员会”，对汇率进行调节，从而使法币的对外汇率从1939年中期到1941年年底保持了相当的稳定。事实上，从1937年8月开始，法币就没有固定汇率了。1942年以后，市场汇率和官价汇率开始出现巨大差距。自此以后，无论是理论上还是事实上法币的外汇本位均遭破坏，法币变成了完全受政府支配的纯粹纸币。政府既然不再要求稳定外汇，那么就可以随意发行纸币了。

为了实行通货膨胀政策，国民政府自1939年起，便修改了法币的发行准备制度。国民政府于1939年9月8日公布《巩固金融办法纲要》，修改了现金准备内容。现金准备的内容，以前只限于金银外汇两项，这时规定：“法币准备金于原有之金银及外汇外，得加入下列各款充实之：一、短期商业票据；二、货物栈单；三、生产事业之投资规模（即股票）”。要做到“发行数额之弹性，实不致受后项之规定而有减缩”。此时，发行法币时国民政府所吹嘘的法币“十足准备”“现金准备至少为百分之六十，余则为保证准备”的诺言全不算数了。一部分用“保证”作为准备，只要有财政部的一纸借据，就可以充做准备。另一部分虽然保留了现金准备的名义，但是现金准备的内容已非“金银外汇”，而是票据、股票、栈单。解除这些束缚以后，国民政府就可以更加放手地进行通货膨胀了。

纸币无限制的发行，引起物价无止境的上涨，二者互为因果，一发不可收拾。自1939年起物价上涨的速度开始超过法币发行增加的速度。1939年12月，法币发行指数为305倍，物价指数为355倍，此后差距日益扩大。珍珠港事件后，日军占领了整个上海，1942年7月上海外汇市场被迫关闭。1945年6月法币发行指数为282倍，物价指数为2133倍。事实上，日军占领工业城市、封锁交通等策略对中国经济产生了严重的影响，使化学产品、五金、电器等商品价格开始突飞猛涨。其后日军每一次进攻、封锁，都使中国的物价随之上涨一次。以上海为例，当时基本的主要商品的上涨如脱缰野马，详见下表[1]。

[1] 吴冈：《旧中国通货膨胀史料》，上海：上海人民出版社，1958年，第154页。

上海基要商品趸售物价指数

日期	项目 / 物品项	总指数	食物	织维	燃料	金属	建筑材料	杂项
		23	11	3	2	2	2	3
1937 年	1 月	1. 01	1. 02	0. 98	1. 03	0. 80	0. 91	0. 97
	2 月	1. 01	1. 02	0. 98	1. 01	0. 91	0. 92	1. 00
	3 月	1. 00	1. 00	0. 97	1. 00	0. 95	0. 96	0. 99
	4 月	0. 99	0. 99	0. 98	0. 98	1. 22	1. 03	1. 01
	5 月	1. 00	0. 99	1. 02	0. 98	1. 13	1. 09	1. 05
	6 月	0. 99	0. 98	1. 06	1. 00	1. 00	1. 08	0. 97
	7 月	1. 02	1. 03	1. 03	1. 01	0. 94	1. 04	0. 94
	8 月	1. 07	1. 09	0. 98	1. 03	0. 93	1. 04	0. 96
	9 月	1. 12	1. 16	0. 84	1. 11	0. 97	1. 04	0. 97
	10 月	1. 08	1. 11	0. 75	1. 17	1. 04	1. 04	0. 98
	11 月	1. 15	1. 18	0. 82	1. 29	1. 12	1. 23	0. 97
	12 月	1. 24	1. 28	0. 84	1. 41	1. 11	1. 38	0. 96
1938 年	1 月	1. 27	1. 33	0. 71	1. 49	1. 10	1. 47	0. 97
	2 月	1. 17	1. 19	0. 73	1. 41	1. 03	1. 52	0. 98
	3 月	1. 11	1. 10	0. 84	1. 36	1. 01	1. 44	1. 14
	4 月	1. 13	1. 12	0. 91	1. 52	1. 02	1. 42	1. 14
	5 月	1. 10	1. 09	0. 84	1. 50	1. 01	1. 39	1. 09
	6 月	1. 09	1. 07	0. 87	1. 59	1. 09	1. 37	1. 07
	7 月	1. 14	1. 12	0. 94	1. 70	1. 21	1. 33	1. 11
	8 月	1. 21	1. 18	1. 06	1. 84	1. 39	1. 32	1. 67
	9 月	1. 17	1. 13	1. 06	1. 94	1. 45	1. 23	1. 73
	10 月	1. 18	1. 12	1. 17	1. 94	1. 43	1. 25	1. 71
	11 月	1. 16	1. 09	1. 30	1. 93	1. 39	1. 30	1. 73
	12 月	1. 15	1. 08	1. 31	1. 91	1. 35	1. 22	1. 73
1939 年	1 月	1. 20	1. 14	1. 34	1. 85	1. 30	1. 25	1. 83
	2 月	1. 23	1. 17	1. 36	1. 88	1. 32	1. 27	2. 04
	3 月	1. 28	1. 22	1. 49	1. 88	1. 38	1. 23	2. 36
	4 月	1. 28	1. 23	1. 49	1. 87	1. 34	1. 21	2. 58
	5 月	1. 40	1. 37	1. 55	1. 85	1. 33	1. 21	2. 55

续表

日期	项目	总指数	食物	织维	燃料	金属	建筑材料	杂项
	物品项	23	11	3	2	2	2	3
1939年	6月	1. 52	1. 49	1. 66	1. 99	1. 61	1. 35	2. 99
	7月	1. 60	1. 56	1. 77	2. 11	1. 61	1. 34	3. 31
	8月	2. 10	2. 00	2. 68	3. 04	2. 61	1. 79	3. 90
	9月	2. 65	2. 59	3. 24	3. 37	3. 25	1. 90	3. 98
	10月	2. 32	2. 18	3. 00	3. 71	3. 99	2. 13	4. 02
	11月	2. 49	2. 38	3. 03	3. 66	4. 00	2. 07	4. 35
	12月	3. 08	3. 00	3. 76	3. 98	4. 56	2. 21	4. 45
1940年	1月	3. 15	3. 01	3. 79	4. 90	4. 57	2. 72	4. 49
	2月	4. 13	3. 98	4. 01	8. 90	5. 07	3. 20	4. 96
	3月	3. 89	3. 65	4. 44	7. 82	4. 86	3. 89	5. 11
	4月	3. 80	3. 47	4. 46	9. 90	5. 28	4. 20	5. 11
	5月	4. 11	3. 85	4. 83	9. 53	6. 26	6. 77	6. 67
	6月	4. 59	4. 33	3. 78	8. 47	5. 85	6. 44	8. 36
	7月	4. 74	4. 59	3. 73	7. 03	5. 68	6. 04	9. 16
	8月	4. 57	4. 43	3. 66	6. 62	5. 22	5. 78	9. 16
	9月	5. 19	5. 16	3. 68	6. 76	5. 42	5. 86	9. 49
	10月	5. 51	5. 43	4. 29	7. 08	5. 75	6. 33	10. 15
	11月	5. 58	5. 85	4. 51	7. 29	5. 42	6. 70	10. 27
	12月	6. 53	6. 65	4. 65	7. 42	5. 42	6. 41	10. 43
1941年	1月	6. 78	6. 91	4. 58	7. 90	6. 26	6. 72	10. 58
	2月	6. 96	7. 02	4. 56	7. 90	9. 98	7. 64	10. 84
	3月	8. 01	8. 24	4. 63	8. 35	13. 54	8. 33	11. 22
	4月	8. 48	8. 56	4. 75	11. 18	18. 35	9. 12	13. 03
	5月	8. 85	8. 71	4. 34	12. 94	19. 53	12. 98	13. 11
	6月	8. 91	8. 77	5. 05	12. 45	19. 88	13. 41	13. 03
	7月	9. 15	9. 09	5. 22	12. 70	22. 27	11. 51	13. 03
	8月	10. 10	9. 94	6. 11	14. 54	24. 69	13. 45	13. 26
	9月	10. 50	10. 21	6. 33	14. 76	28. 22	17. 27	13. 26
	10月	11. 97	11. 45	8. 31	19. 10	28. 62	19. 30	13. 41

续表

日期		总指数	食物	织维	燃料	金属	建筑材料	杂项
物品项		23	11	3	2	2	2	3
1941 年	11 月	14. 55	13. 80	10. 17	24. 44	40. 52	24. 34	16. 38
	12 月	15. 98	15. 71	6. 54	21. 26	40. 49	23. 93	19. 39
1942 年	1 月	15. 21	14. 85	8. 24	35. 59	39. 98	20. 87	19. 40
	2 月	17. 43	17. 60	8. 26	33. 58	39. 98	20. 56	20. 27
	3 月	22. 83	24. 13	9. 06	40. 80	40. 21	20. 66	17. 78
	4 月	24. 22	25. 70	9. 64	44. 74	31. 85	20. 66	22. 35
	5 月	26. 80	28. 04	12. 19	53. 43	33. 09	21. 53	30. 95
	6 月	26. 76	26. 77	14. 46	65. 46	50. 55	26. 54	32. 80
	7 月	29. 71	30. 10	16. 94	63. 30	56. 07	26. 54	28. 02
	8 月	30. 69	30. 60	18. 31	67. 36	62. 96	32. 01	28. 42
	9 月	30. 74	30. 32	19. 66	61. 01	67. 65	36. 50	28. 84
	10 月	32. 36	32. 28	18. 70	65. 46	74. 91	37. 19	33. 48
	11 月	42. 06	43. 59	20. 45	67. 62	78. 13	42. 04	32. 74
	12 月	49. 29	51. 87	21. 83	71. 18	93. 75	47. 75	36. 71
1943 年	1 月	58. 04	62. 28	23. 64	67. 36	113. 74	54. 74	40. 48
	2 月	69. 49	75. 60	26. 99	69. 90	151. 65	62. 33	43. 43
	3 月	64. 39	66. 26	32. 26	71. 19	227. 94	77. 41	50. 81
	4 月	57. 92	56. 44	41. 73	70. 57	337. 77	80. 92	50. 91
	5 月	64. 26	63. 90	46. 03	63. 54	374. 55	81. 61	42. 89
	6 月	73. 68	74. 14	52. 84	66. 73	441. 17	83. 76	45. 68
	7 月	115. 32	116. 40	89. 82	95. 32	546. 86	124. 79	72. 40
	8 月	140. 07	139. 42	98. 95	116. 93	666. 37	226. 69	72. 54
	9 月	125. 58	121. 49	92. 55	106. 25	260. 66	309. 95	59. 95
	10 月	132. 91	128. 90	88. 27	132. 18	608. 90	338. 14	55. 96
	11 月	143. 75	137. 11	87. 14	202. 09	597. 41	429. 46	57. 90
	12 月	176. 02	162. 94	104. 63	538. 89	597. 41	532. 27	70. 63
1944 年	1 月	214. 38	198. 10	124. 22	756. 23	597. 41	612. 93	102. 00
	2 月	275. 89	257. 06	164. 28	756. 23	597. 41	828. 68	144. 15
	3 月	341. 78	316. 07	241. 26	838. 34	762. 87	985. 65	177. 15

续表

日期	项目 物品项	总指数	食物	织维	燃料	金属	建筑材料	杂项
		23	11	3	2	2	2	3
1944 年	4 月	328.98	303.66	206.07	978.65	919.12	960.70	163.79
	5 月	382.67	360.28	227.56	1042.20	1084.50	941.56	181.88
	6 月	575.74	569.92	260.91	1461.62	1665.92	1040.88	208.87
	7 月	634.28	623.41	302.87	1614.14	2251.79	1105.05	255.99
	8 月	618.06	582.20	421.40	1809.87	2150.70	1136.21	288.13
	9 月	742.18	686.58	493.07	2986.79	2159.90	1533.00	373.77
	10 月	1141.50	1065.52	700.89	4067.12	3906.18	2425.22	546.24
	11 月	1592.79	1529.40	856.32	4168.80	5974.14	3190.36	736.00
	12 月	2509.71	2500.98	1343.22	4893.25	5399.88	4040.82	1065.32
1945 年	1 月	3127.71	3056.75	1974.64	6736.17	5974.14	4846.11	1791.71
	2 月	4236.50	4390.86	1977.14	7107.17	6417.42	5045.22	2243.62
	3 月	5809.38	6370.15	2100.62	7498.75	6893.33	5252.33	2809.56
	4 月	6434.14	6914.33	3007.13	8134.24	8042.33	5300.00	3961.64
	5 月	8035.80	8021.95	5041.74	12070.75	13 786.13	10 640.45	5697.57
	6 月	32 300.56	35 128.53	14 152.33	38 659.84	24 815.88	31 255.00	13 221.52
	7 月	41 886.00	41 836.95	29 640.00	53 380.00	12 4080.00	49 587.50	27 652.67
	8 月	86 400.00	88 109.83	78 565.00	69 900.00	22 9778.95	73 530.00	42 788.00
	9 月	345.99	355.52	309.94	243.30	497.06	363.93	199.70
	10 月	378.63	350.80	428.37	889.70	592.46	544.11	325.94
	11 月	992.52	913.80	1267.62	4347.00	706.17	1103.49	654.79
	12 月	885.44	773.57	1120.95	6482.00	841.70	1460.60	616.17

三、战后通货膨胀的加剧

抗日战争结束时，各地物价和黄金、外汇价格普遍猛烈下跌。1945 年 8 月胜利前夕，重庆平均物价已涨到 1937 年的 1585 倍，到 9 月跌落到 1226 倍，10 月更下降到 1184 倍。这说明当时严重的通货膨胀得到一个喘息的机会。此时中央银行拥有500多万两黄金和9亿美元的外汇，还有美国偿还的驻军费10亿美元，又从沦陷区接收了大量敌伪产业，这对于整顿金融稳定法币都是有利条件。国民党内部曾经酝酿过币制改革。如果国民党政府决心走和平道路，不挑起内战，币制改革完全可以进行。但蒋介石一心一意要打内战，宋子文当上行政院长后，把宝押在了开放外汇市场、管理进口贸易上面，企图延长法币寿命。但是，不合理的税收体制还继续存在，这一体制向合法的商业活动大量地、过度地征税，同时又让投机者和奸商的个人收入分毫不受触动。这样蒋介石政府的税收收入就很有限。况且，经过八年抗战，国穷民敝，本就不该依靠征税搜刮人民。

国民政府为了发动反共反人民的内战，解决庞大的军费开支，只能变本加厉地继续实行恶性通货膨胀政策。中央银行继续通过大量印刷钞票来解决对财政部的垫款，“1945年12月垫款66 769亿元，1947年6月垫款126 565亿元，1948年7月垫款2 364 160亿元”❶。所以法币发行量比战前增速更快，1945年8月发行量是5569亿元，1946年8月发行量是23 761亿元，1947年8月发行量是136 973亿元，到1948年8月21日法币崩溃时更增至6 636 946亿元，仅4年中法币的发行额增加了1191倍。❷此时已经到了法币发行量远远赶不上物价上涨速度的地步，由于受到纸张、油墨的限制，增加面额成为当时增发法币的唯一选择。1948年5月中央银行发行局局长梁平呈总裁文中指出，“估计自本月份起，法币需要至少月在五六十万亿元以上，若不预为筹划增产，恐将复蹈上年本季券荒覆辙。至增产方法，约有两项：（1）增加机力；（2）增加面额。关于前者，除机器外，尚有纸张、油墨等用料，亦须大量定购方能配合，故救急颇有困难。后者较易实现，且可节省印费，除国外部分，上月已奉密谕，由职与各印厂分别接洽改印，业已就绪，其中保安公司所印已有一部分装船，大约本月底即可抵沪外，国内部分似亦有改印必要，以期取用较便，足资应付急需”❸。在增发法币的过程中，因为法币券料不够，

---

❶ 杨培新：《旧中国的通货膨胀》，北京：人民出版社，1985年，第79页。

❷ 吴岗：《旧中国通货膨胀史料》，上海：上海人民出版社，1958年，第95～96页。

❸ 中国人民银行总行参事室编：《中华民国货币史资料》第二辑（1924～1949），上海：上海人民出版社，1991年，第542页。

就把储存的关金券也拿来流通：首先印刷出一万元关金券，其后二万五、五万元的大面额钞票陆续出台，以应付钞票供不应求的局面，通货膨胀的速度可见一斑。

国民政府的通货膨胀政策受到各阶层人民的强烈反对。早在1940年秋，国民政府立法院财政经济委员会委员长、立法委员、重庆大学商学院教授、中国经济学社社长马寅初，向立法院提出向发国难财者征收临时财产税的议案，并同时在报刊发表文章，指责孔祥熙和宋子文："此外尚有几位大官，乘国家之危急，挟其政治上之势力，勾结一家或几家大银行，大做其生意，或大买其外汇。其做生意之时以统制贸易为名，以大发其财为实，故所谓统制者是一种公私不分之统制。至于这几位大官大买其外汇之事实，中外人士，知之甚念"。[1] 针对国民政府通过发行钞票解决财政危机的做法，马寅初的主张是："吾故主张无论在战时与战后，不能再增发法币，以免通货恶性的膨胀，必须要求政府停止增发，一面征收临时财产税以补救之。"[2] "在抗战期中政府以法币作工具，交换所需之物资与劳力，法币不啻是一种租税。一方面因通货膨胀，物价上腾，无异于对吾人之货币财产课税。故在抗战期中战费者，为消费者与领固定薪资之公务人员与知识阶级，而奸商贪官反乘吾人之危，骤致巨富，不公不平，莫过于此。吾之主张，抗战期中首三年之战费，吾人固已负担，唯第四年之战费与大战事结束后之整理与建设经费则应取之于发国难财者，稍予吾人以喘息之机会。"[3] 马寅初的评论反映出当时中国人希望政府稳定币值的心声，可蒋介石于1940年12月逮捕马寅初，把他先后关在贵州息烽集中营和江西上饶集中营，等于宣告国民政府将一意孤行，继续推行通货膨胀政策。

到了1943年，法币不断贬值，人民生活水平降低，物价飞涨不已，导致对贷款的需求增大，这种需求由于国家银行实行限制贷款的政策而得不到满足。政府推行储蓄运动，作为抵销通货膨胀的手段，到头来效果还是不大。这反映在通货膨胀日益严重的情况下，人们对储藏货币越来越迟疑不前。政

[1] 马寅初：《马寅初演讲与论文集》，北京：北京大学出版社，2005年，第103页。
[2] 马寅初：《马寅初演讲与论文集》，北京：北京大学出版社，2005年，第104~105页。
[3] 马寅初：《马寅初演讲与论文集》，北京：北京大学出版社，2005年，第105页。

府种种反通货膨胀的措施，收效甚微，主要是预算赤字不断上升，银行垫款陆续增加，军、政双方置财政稳定于不顾，强令财政增加开支；而一些高级官吏无视民族利益和抗战大局，营私舞弊，贪赃枉法，在这种情况下，欲通过货币政策来稳定通货，平抑物价，自然是“缘木求鱼”了。

法币开始贬值时，国民党政府为了挽回法币的信誉，维持法币的币值，曾试图依靠美援、黄金和外汇来回笼法币，自1946年3月至1947年2月，共抛售黄金40 166万余元，英镑1763万余镑，港币2787万余元，黄金350万两。❶ 可是，通货依然加速膨胀，物价飞涨，而国民党政府的外汇、黄金储量是有限的。于是，国民党政府又公布了《经济紧急措施方案》，禁止黄金买卖，取缔“黄金投机”，禁止外汇在国内市场流通。这更激起黄金、外汇黑市的活跃，法币信用丧失殆尽，人们争相抛出法币，抢购金银、外币，金银、外币的计价流通也盛行，从而使法币彻底崩溃。

1947年年初，国民党军队徐州告急，大量来自东北、平津、津浦前线的面值万元的法币资金集中上海抢购黄金外币，引起黄金外汇市价的疯狂上涨。短短一个月的时间里，黄金上涨了近2倍，美钞涨了2倍。面对市场的疯狂抢购，中央银行从1月4日到2月10日止，抛售黄金79 382条，其中2月4日抛售了1550条，但这远远跟不上市场需要。接着各地黄金价格如脱缰野马，疯狂飙升。2月9日中央银行宣布停止黄金抛售，这样促成了2月10日“黄金潮”的爆发。黄金市价冲破960万大关，一天涨了几百万元，引起物价飞速上涨。国民党政府时任“行政院长”宋子文也惊恐万状，向美国求援，他说：“这并不是故作惊慌，去年夏季有人坦白地猜测，以为在几个星期之内经济即将崩溃。当时，我曾告诉你和马歇尔将军，这种现象或许在若干月之后可能出现。”❷ 此时宋子文也不得不承认，法币崩溃的局面已经来临。国民党政府把最后希望寄托在争取更多的美国财政援助上，指定王云五、俞鸿钧、翁文灏等组织委员会，争取美国贷款。可惜美国人认识到国民党政府是个腐败没落的政府，贷款给这样的政府，无疑是把钱扔进了大海，有去无回。美

---

❶ 杨培新：《旧中国的通货膨胀》，北京：人民出版社，1985年，第88~89页。

❷ 世界知识出版社辑：《中美关系资料汇编》（第一辑），北京：世界知识出版社，1957年，第401页。

国政府由于国内人民的反对，不敢公开贷款给国民党政府，只得采取物资援助的方式，使得国民党政府的如意算盘全部落空。

毛泽东在1947年2月1日发表的《迎接中国革命的新高潮》中早已指出国民党滥发法币，进行恶性通货膨胀必将自食苦果：

> 由于蒋介石政府长期施行反动的财政经济政策，由于蒋介石的官僚买办资本在著名的卖国条约——中美商约中同美国的帝国主义资本相结合，使恶性通货膨胀迅速发展，中国民族工商业日趋于破产，劳动群众和公教人员的生活日趋于恶化，为数众多的中等阶级分子日益丧失了他们的积蓄而变为毫无财产的人，罢工、罢课等项斗争因之不断发生。中国空前严重的经济危机，已经威胁着各阶层人民。蒋介石为了继续内战，恢复了抗日时期极端恶劣的征兵、征粮制度，这将迫使广大的乡村人民首先是贫苦农民不能生活，因而民变运动已经起来，并将继续发展。这样蒋介石反动统治集团就将在广大人民面前日益丧失自己的威信，遭到严重的政治危机和军事危机。这个形势，一方面推动蒋管区反帝反封建的人民运动日益向前发展；另一方面影响蒋军士气更加下降，增加人民解放军的胜利的可能性。[1]

国民党政府的腐败统治，使法币的崩溃不断加速。同时由于战争局势的改革，法币流通区域日益缩小，法币从东北、华北、华中地区最后集中到了上海一隅之地。从1947年开始，国民党军队每打一个败仗，法币就狂跌一次。到1947年年底，法币发行额331 885亿元，比1946年年底的37 261亿元，增加了294 624亿元，增长为690%。直接造成了1947～1948年度黄金、美钞、物价的疯狂飞涨。毛泽东在1947年5月30日又发表了《蒋介石政府已处于全民的包围中》一文，文中指出：

> 蒋介石政府所长期施行的极端反动的财政经济政策，现在被空前的

[1] 《毛泽东选集》（第四卷），北京：人民出版社，1991年，第1213页。

卖国条约即中美商约所加强了。在中美商约的基础上，美国的独占资本和蒋介石的官僚买办资本紧紧地结合在一起，控制着全国的经济生活。其结果，就是极端的通货膨胀，空前的物价高涨，民族工商业日益破产，劳动群众和公教人员的生活日益恶化。这种情形，迫使各阶层人民不得不团结起来为救死而斗争。❶

法币崩溃的情形是：全国物价直线上涨，一天之内出现几个行市；人们竞相抛出法币，唯恐买不到任何东西，对法币完全失去信任。虽然政府施用武力横加阻挠，但仍然取缔不了黄金外币的猖獗黑市。国民党政府不得不以美金的名义发行公债和国库券，来做最后挣扎。到1947年8月18日，通货膨胀以每月增发一万多亿的速度向前飞跑，外汇牌价不能维持，物价达到了骇人听闻的地步。当时人在1947年9月26日的日记中写道："我出去理发，价一万七千元；购皮鞋一双，价三十万九千万。中央银行《金融周报》公布9月29日至10月4日一周间上海批发物价指数，已为战前（1937年）的四万九千余倍（4 903 111）。"❷ 政府对物价的控制已经成为不可能的事情，此时的物价变动已经不能再用年或者月来表达，已经到了一日数变的程度。物价飞速上涨，出现10万、50万面额的法币，1948年关金券5万元大钞（等于法币100万元）也出笼了，纸币发行达到天文数字，物价却比它更快地飞上了天。当时有人比喻说，战前够买一头牛的法币现在还买不到一根火柴。这话并不夸张，如果认真地计算，恐怕只能买1/3根火柴。

《金融日报》在1948年3月20日的通讯中，描述了广东西江、北江地区法币崩溃的具体过程：自1947年2月黄金潮后，"大家听到这个消息，便拼命将藏有的纸币一元不剩地推出去，各店号收到他们的纸币见买不回货物原量，于是一时只好停业，从此大家对纸币的信用都丧失了，他们渐渐开始以实物作本位"❸。国民党政府在事实面前，不得不承认法币已完全破产，进入

❶ 《毛泽东选集》（第四卷），北京：人民出版社，1991年，第1225～1226页。

❷ 中国人民政治协商会议全国委员会文史资料研究委员会编：《法币、金圆券与黄金风潮》，北京：文史资料出版社，1985年，第101页。

❸ 《财政评论》第18卷第4期，1948年，第93页。

了崩溃阶段。1948 年，蒋介石政府向美国要求经济援助的备忘录中指出：

> 危险性相同但范围却比共产党叛乱更加广泛的就是由于经济枯竭和长期战争混乱所导致的恶性通货膨胀的威胁。物价狂涨已动摇了社会秩序和政治信心。无止境的膨胀使国家财政计划更趋复杂。只要公共开支继续地增加，税收的实值继续地萎缩，就不可能有财政稳定。很明显，如果印刷机不能生产出足够的钞票来应付无止境的物价，就不可能有通货稳定和预算平衡。目前的问题不是政府花费太多，而是膨胀的恶性循环，使它无喘息余地来最低限度地恢复财政的健康，从而建立一稳定的经济。政府必须首先有一方法和手段来制止发行与物价的赛跑，而不必顾虑摧残它的最小限度的机能。共产主义问题和通货膨胀互相关联地成为一恶性之环。很显然，共产党的阴谋是欲将国家投入经济混乱和崩溃，从而加强他们的政治和军事战线。除非这两个死敌能及时加以消灭，否则，中国不可能恢复它的社会和政治秩序，也不可能认真地进行广泛的经济复兴。如果目前的情况任其继续腐蚀下去，中国或将再度成为远东的国际冲突策源地，而不是世界安全和繁荣的有效因素了。[1]

蒋介石把通货膨胀的根源指向共产党的阴谋。根据石家庄《人民日报》1948 年 7 月 27 日的报道，法币已经完全失信于民。

> 蒋区人民拒用蒋币的现象，自今春以来，已由广大农村扩展至各大城市。……据天津《益世报》六月二十七日披露：蒋介石政府首都南京，三个月以来，已盛行银元的买卖，尤以最近为烈。……人们一拿到蒋币就赶快把它换成银元，以避免在物价飞涨中被剥夺。……据六月二十七日天津《益世报》载该报旅行记者通讯报道，从安庆经武汉、长沙．衡阳、桂林到柳州，一路上“银元已代替法币而通行无阻挣。……利息也

[1] 中国人民银行总行参事室编：《中华民国货币史资料》第二辑（1924 ~ 1949），上海：上海人民出版社，1991 年，第 565 ~ 566 页。

随着“按银元计算”。在若干地区，如长沙、衡阳、湘潭一带，“法币”且几乎已完全退至“辅币”的地位。

……

在蒋区农村中，人民拒用蒋币的现象早已遍见各地。蒋记中央银行总裁俞鸿钧亦不得不承认：由于各地人民普遍自动地使用银币的结果，已造成“纸币（指蒋币）向都市集中”的严重现象。……据去年九月二十五日上海《经济周报》披露；江南农村早在去年秋天，即已普遍以特定的实物作为价格的计算单位，代替法币，最普通的是稻米，产纱区则为纱，一切借贷、经营、支付都以纱或米来计算，只在零星支付或双方同意时，才用蒋币。

在中国的国际贸易中心的上海及广州，市场上亦已逐渐排除蒋币，而改用比较稳定的美钞及港币作为计算商品价格的标准。……连“贪官污吏之讲条件，固然以西纸为单位，强盗绑匪之掳人勒索，亦均以西纸为单位”。

在城市中蒋币不仅作为价格标准和支付手段的作用正在消失，而且它的最后的一个机能，即作为流通手段的作用亦日益为银元及美元、港币所代替。其结果……推动蒋币信用更加迅速崩溃。[1]

在超高速的通货膨胀下，不仅人民再也不能忍受，就连国民政府的财政收支工作也很难维持，刚刚做出来的支出预算，马上就因通货膨胀而成为废纸。常言道，通货膨胀要靠通货膨胀来维持，就是说通货膨胀到一定阶段，会自动地不以人的意志为转移地加速，这个速度如此之快，连它的发动者都叫苦连天。于是蒋介石等人便决定废除法币，发行金圆券。

[1] 中国人民银行总行参事室编：《中华民国货币史资料》第二辑（1924～1949），上海：上海人民出版社，1991年，第554～555页。

第二节　金圆券、银圆券对人民群众的掠夺

一、金圆券的发行

由于法币的崩溃，国民党政府为了支撑危局，并进一步掠夺人民，将全国的金银外币据为官有。1948 年 5 月，国民党政府进行行宪选举，由翁文灏出任行政院长，金融家王云五被任命为财政部长，开始筹划货币改革，即将法币改为金圆券，试图遏制通货膨胀。蒋介石于 1948 年 8 月 19 日以总统名义发布《财政经济紧急处分令》，全文如下：

总统命令：兹依动员戡乱时期临时条款之规定，经行政院会议之决议，颁布财政经济紧急处分令，其要旨如下：

自即日起，以金圆为本位币，十足准备发行金圆券，限期收兑已发行之法币及东北流通券。

限期收兑人民所有黄金、白银、银币及外国币券，逾期任何人不得持有。

限期登记管理本国人民存放国外之外汇资产，违者予以制裁。

整理财政并加强管制经济，以稳定物价，平衡国家总预算及国际收支。

基于上开要旨，特制定（1）金圆券发行办法；（2）人民所有金银外币处理办法；（3）中华民国人民存放国外外汇资产登记管理办法；（4）整理财政及加强管制经济办法，与本令同时公布。各该办法视同本令之一部分，并授权行政院对该办法颁布必要之规程或补充办法，以利

本令之实施。此令。[1]

同日公布《金圆券发行办法》规定：

第一条 自本办法公布之日起，中华民国之货币以金圆为本位币，每圆之法定含金量为纯金0.22217公分。由中央银行发行金圆券，十足流通行使。

第二条 金圆之辅币为角及分，以10分为1角，10角为1圆。

第三条 金圆券券面分为1圆、5圆、10圆、50圆、100圆5种。

第四条 金圆辅币分为1分、5分、1角、2角、5角5种，以铜镍银分别铸造，并由中央银行发行金圆辅币券，同时流通。

第五条 自本办法公布之日起，法币及东北流通券停止发行，所有以前发行之法币以300万圆折合金圆1圆，东北流通券以30万圆折合金圆1圆，限于中华民国三十七年11月20日以前无限制兑换金圆券。在兑换期间，法币及东北流通券暂准照上列折合率流通行使。台湾币及新疆币之处理办法，由行政院另定之。

第六条 自本办法公布之日起，公私会计之处理一律以金圆为单位。凡依法应行登记之事项，须载明金额者，应于本办法公布后6个月内为变更之登记。

第七条 自本办法公布之日起，所有法币及东北流通券之公私债权债务，均应按照本办法第五条规定之折合率折合清偿。政府发行之法币公债尚未清偿者，由行政院另订办法处理之，除民国三十六年美金公债应照原条例偿付外，所有民国二十七年金公债、民国二十九年建设金公债、民国三十一年同盟胜利美金公债及民国三十六年美金短期库券，应按法定兑换率换发金圆公债。

第八条 金圆券之发行采十足准备制。前项发行准备中必须有40%为黄金、白银及外汇，其余以有价证券及政府指定之国有事业资产充之。

[1] 吴冈：《旧中国通货膨胀史料》，上海：上海人民出版社，1958年，第100页。

第九条　金圆券发行总额以20亿元为限。

第十条　金圆券发行准备之检查保管，设金圆券发行准备监理委员会办理之。其组织规程由行政院定之。

第十一条　金圆券须经中央银行总裁及其发行局局长签署，方得发行。

第十二条　金圆券每月发行数额，应由中央银行于每月终列表报告财政部及金圆券发行准备监理委员会。

第十三条　金圆券发行准备监理委员会，应于每月终了后检查中央银行发行金圆券之数额及发行准备情形，作成检查报告书公告之；同时报告行政院，并以副本分送财政部及中央银行。

第十四条　金圆券发行准备监理委员会，如发现金圆券之准备不足，或金银外汇之准备不及第8条第2项规定之百分比时，应即通知中央银行停止发行，收回其超过发行准备之金圆券，并分别报告行政院及财政部。

第十五条　中央银行接到前条通知后，应即兑回其超额部分之金圆券，或补足其发行准备。非经金圆券发行准备监理委员会检查认可后，不得续增发行。

第十六条　金圆券不得伪造变造或故意毁损，违者依妨害国币惩治条例治罪。

第十七条　本办法自公布之日施行。

金圆券较之法币，其面值大大提高，1元等于300万元法币，100元的面额即等于3亿元法币，这样纸币的最大面额就由原来的法币500万元币券，一跃而为3亿元了。所以，实际是在变相发行大钞，是通货膨胀的又一种形式。发行金圆券更重要的目的，是凭恃武力最大限度地掠夺金、银、外汇。国民政府的法令规定，不在限期内兑换或存储者，“其黄金、白银、银币及外国债券一律没收”，外汇资产不登记者“处七年以下有期徒刑”。金圆券的发行初期，民众出于对政府的信任，以及在没收法令的威胁下，大部分的城市民众皆服从政令，将积蓄之金银外币兑换成金圆券。就是依靠这种政治暴力，自1948年8月23日至10月底，国民政府掠夺了黄金1 654 970.190两，白银9 038 535.166两，银元23 546 860.29元，以及数千万元美钞，合计共约值2亿美元。

为了最大限度地掠夺金、银、外汇，对待民族资产阶级，国民政府是又打又压，蒋介石在国民党中央党部扩大纪念会上的一段讲话，充分暴露国民党依靠武力掠夺金银和外汇的目的：

> 目前尚有一个问题，即商业银行对于政府法令尚存观望态度，其所保留之黄金、白银及外汇，仍未遵照政府的规定移存于中央银行，并闻上海银行公会理事会，拟集合上海所有各行庄，凑集美金一千万元，卖给中央银行，便算塞责了事。可知上海银行界领袖对国家、对政府和人民之祸福利害，仍如过去二三十年前，只爱金钱、不爱国家，只知自私、不知民生的脑筋毫没改变。在“共匪”这样猖獗、人民这样痛苦尤其是前方官兵这样流血牺牲的时候，政府为要加强戡乱建国的力量，决心实行这一个重大的改革，其成败利钝，实有关于国家民族的生死存亡，而若辈拥有巨量金银外汇的，尤其是几家大银行，这样自私自利，藐视法令，罔知大义，真令人痛心。这种行为固然是直接破坏政府“戡乱建国”的国策，而其间实无异助长“共匪”的内乱。彼等既不爱国家，国家对彼等自亦无所姑息。故政府已责成上海负责当局，限期于本星期三以前令各大商业银行将所有外汇自动向中央银行登记存放，届时如其再虚与委蛇，观望延宕，或捏造假账，不据实陈报存放，那政府只有依法处理，不得不采取进一步的措置予以严厉的制裁。[1]

1948年，蒋介石派蒋经国以副督导的身份到上海掌控经济情况，目的是要上海的资本家拥护政府措施，交出全部黄金和外汇。蒋经国在浦东大楼召开工商界几百人的紧急会议上，态度蛮横地威胁道：“你们不要敬酒不吃吃罚

[1] 中国人民政治协商会议全国委员会文史资料研究委员会编：《法币、金圆券与黄金风潮》，北京：文史资料出版社，1985年，第71页。

酒，谁手里有多少黄金美钞，我们都清楚。谁不交，就按军法办理！”❶ 蒋经国在上海的行为被称为“打老虎”，蒋经国雷厉风行的“打虎”行为收效显著，民众似乎从中看到政府改革币制的决心。“米商万墨林、纸商詹沛霖、杜月笙的儿子杜维屏、申新纱厂大老板荣鸿元、中国水泥公司常务董事胡国梁、美丰证券公司总经理韦伯祥等六十余人，均因私逃外汇，私藏黄金，囤积居奇，投机倒把，被捕入狱。”❷ 部分不从政令的资本家收押入狱甚至枪毙，杀一儆百。民族资本家在政府的压力下，虽然不情愿，亦被迫将部分资产兑成金圆券。上海一地就搜刮黄金 1 146 000 余两，美钞 3452 万元，港币 1100 万元，银元 369 万余元，白银 916 万余两。蒋经国的措施曾稍微使人民对金圆券产生信心。但是，国民政府事实上是维护官僚资本的，特别是对四大家族是偏袒有加，四大家族拥有外汇最多，但他们从来不拿出一分钱来帮助国家渡过难关，却要求民族资产阶级拿出黄金、白银、外汇来填补被他们早已蛀空的国家基石。蒋经国在上海“打老虎”遇到四大家族的利益时，也就打不下去了。蒋经国查封的其中一家扬子公司为孔祥熙之子孔令侃所有，蒋经国因宋美龄的压力而被迫放人，其本人也因此事而辞职。到了该年的 11 月初，在宋子文、孔祥熙、宋美龄等人的干涉下，蒋经国黯然离沪，轰轰烈烈的“打老虎”行为就此谢幕了。

与此同时，国民党政府以行政手段强迫冻结物价，以法令强迫商人以 1948 年 8 月 19 日以前的物价供应货物，禁止抬价或囤积，试图维持金圆券的币值。这造成的结果就是市场上有价无市。商人面对亏本的买卖，想尽办法保存货物，仅有的交易大部分转往黑市进行。到 9 月 30 日，政府决定收购金银期限延长到 10 月底。这一决定的公布，无异于宣告金圆券信誉扫地。人们明白新币准备的空虚，物价控制在 8 月 19 日水平已是不可能的了。1948 年 10 月 2 日，上海首次发生了抢购风潮，市民见物即买，深恐一夜之间因币值大跌而深受损失。在头 40 天中，日用品的存货就销售出大部分，绸布店的棉布

❶ 中国人民政治协商会议全国委员会文史资料研究委员会编：《法币、金圆券与黄金风潮》，北京：文史资料出版社，1985 年，第 80 页。

❷ 中国人民政治协商会议全国委员会文史资料研究委员会编：《法币、金圆券与黄金风潮》，北京：文史资料出版社，1985 年，第 80 页。

售出数十万匹。粮、油、糖、纸、橡胶等均脱销。上海商店架上货物顷刻卖空，商店的营业额比平时增加三四倍到十多倍，各店货物种类不全，小菜场上鲜肉绝迹，蔬菜又贵又少，食油抢购一空，很多商店的橱窗、货架上已没有任何商品。这个抢购风潮迅速蔓延到天津、北平、汉口、南昌、昆明、苏州、杭州、镇江、芜湖、无锡、屯溪、扬州、合肥、福州、厦门、台北、兰州等地。商店的货物卖掉了，补不进货，因为厂里补不进原料，纷纷宣告停工，最后形成的已经不仅仅是金圆券崩溃的局面，而是整个经济崩溃的局面。

二、金圆券的崩溃

面对经济和币制崩溃的危机，国民政府急忙于11月1日宣布撤销限价，改限价为“议价”，解除物价冻结后，压抑了70余天的物价立即飞腾，如上海白米每石限价为23元，11月1日升到80元，到12月便涨至1800元。物价管制就此宣布失败。而这时的物价已不是几日一个大涨风，而是一日数次大涨风。物价涨势迅猛，一日数变，劳苦大众一天的微薄收入到晚上，也因物价的涨势而遭七折八扣。国民党在11月12日宣布修正金圆券发行办法及金、银、外币处理办法，将金圆券的含金量降至4.4434公毫，允许人民持有金、银、外币，并公开宣布金圆券贬值80%。同时，宣布撤销金圆券的发行限额，自此之后，纸币发行量如脱缰野马无法控制，并且始终赶不上请求增发数，最终金圆券与废纸无异。具体发行数字见下表❶。

中央银行请求增发金圆券统计表

（1948年11月20日~1949年4月20日） （单位：元）

时间	发行总额	请求增发数
1948年11月20日止	2 270 945 883	500 000 000
1948年11月27日止	2 911 299 013	1 000 000 000
1948年12月6日止	3 853 624 603	1 000 000 000

❶ 中国人民银行总行参事室编：《中华民国货币史资料》第二辑（1924~1949），上海：上海人民出版社，1991年，第595页。

续表

时间	发行总额	请求增发数
1948 年 12 月 13 日止	4 754 948 103	1 000 000 000
1948 年 12 月 25 日止	5 992 580 271	2 000 000 000
1948 年 12 月 29 日止	7 585 267 871	4 000 000 000
1949 年 1 月 14 日止	11 071 265 771	5 000 000 000
1949 年 1 月 24 日止	15 931 782 771	5 000 000 000
1949 年 2 月 4 日止	25 505 492 771	5 000 000 000
1949 年 2 月 10 日止	31 674 566 971	10 000 000 000
1949 年 2 月 17 日止	40 354 526 971	20 000 000 000
1949 年 2 月 28 日止	59 263 510 771	40 000 000 000
1949 年 3 月 16 日止	98 487 767 071	60 000 000 000
1949 年 3 月 26 日止	161 237 074 071	60 000 000 000
1949 年 4 月 9 日止	435 542 346 871	300 000 000 000
1949 年 4 月 20 日止	1 108 912 235 690	800 000 000 000

金圆券 20 亿元发行限额正式宣布撤销以后，由于疯狂增发，1949 年 3 月发行金圆券 5000 元及 10 000 元大钞，4 月又再发行 5 万元和 10 万元大钞，5 月再发行 50 万元和 100 万元大钞，中央银行还印就了 500 万元券，但未及发放，上海就解放了。可以说金圆券的崩溃比法币还快：随着一百元、五百元、一千元、五千元、一万元、五万元，十万元、五十万元、一百万元大钞相继发行，物价狂增猛涨，扶摇直上，通货膨胀更加一泻千里，加速了国民党统治区经济的彻底崩溃。再加上解放大军在各个战役所向无敌，势如破竹，以致蒋管区人心惶惶，不可终日。在这种情况下，稳定币值，如同白日做梦。仅仅九个月，金圆券就几乎等于废纸，在世界货币史上可算是最短命的货币了。

其实，金圆券的发行是一个大骗局，因为既然规定金圆券不能兑现，则其所谓含金量和对美元的汇率也就毫无意义。在发行之初，对金圆券币值不稳的言论不绝于耳。1948 年 8 月 24 日，中央银行总裁俞鸿钧等致电央行职工，任何对金圆券币值发布不稳言论者，将给予解职处分。“查自政府颁布财政经济紧急处分令，实施改革币制，管锕经济。本行为执行机关之一，使命重大。本行同人允宜一德一心，通力合作，使此重大措施迅收良好效果。嗣后同人如对外发表言论，应尽量维护国策，如有不稳之言论在外发表，定予解除现有职务。仰各一体遵照为要。”❶ 这种行为无异于是掩耳盗铃。相较于国内对于金圆券的本质遮遮掩掩的行为，国外的评价显得更加自由与客观。在南京美国大使馆1948年致美国国务院的报告中，一针见血地指出金圆券就是一个币改的骗局：“近来最重要的事件自然是行政院在八月二十日所公布的一系列财政经济措施。规定了一种叫做金圆的新货币，钞票本身就是早在三年以前就印制好了的所谓孙币。法币应依三百万对一的比率折合为金圆。金圆券本身含有一定的金值，折合四分之一美元。政府宣称这种货币拥有价值二亿美元的金条、硬币、外汇作准备金，有价值三亿美元的政府所有的企业证券作保证，并规定金圆券的发行数不能超过其准备金的价值。因为估计法币和东北流通券的总值仅接近七千万美元。所以，那个规定在现在看来，只是一种学术性的。这个数目与前述全部‘准备金’的差额就是以印刷机器应付未来数月中的亏空的权力。”❷

金圆券发行于辽沈、淮海、平津三大战役前夕。人民解放战争在辽沈战役和淮海战役中胜利在望，国民政府在军事上、政治上、经济上均已处于劣势。从1946年7月到1948年6月，国民党军队已由430万人降为365万人，人民解放军由120余万人增加到280万人，由防御转入进攻。国民政府已陷于孤立，失败的命运已定。另外，国民政府财政经济资源即将耗尽，外汇已经枯竭，黄金库存只有200余万两。直接促使金圆券加速崩溃是国民政府军事方面的节节败退，国民政府已风雨飘摇，各方催促军政款项既急且巨。在这种局势下，国民政府只能走上增发钞票的老路，金圆券的发行量迅速增加。

金圆券失败最致命处在于发行额没有限制。1948年11月11日行政院在“修正金圆券发行办法”中将金圆券发行总额由20亿元改为“另以命令定之”。这意味着金圆券的发行总额不设上限，可以随意发行。1948年，中央银

❶ 中国人民银行总行参事室编：《中华民国货币史资料》第二辑（1924～1949），上海：上海人民出版社，1991年，第580页。

❷ 中国人民银行总行参事室编：《中华民国货币史资料》第二辑（1924～1949），上海：上海人民出版社，1991年，第589页。

行总裁俞鸿钧先后在11月27日、12月6日、12月19日三次请增发，每次十亿元，12月下旬两次请增发，共六十亿元。1949年1月刘攻芸继俞鸿钧任中央银行总裁，请增发一百亿元，2月请增发350亿元，3月请增1600亿元，4月请增13 000亿元。在政府库存黄金、外币没有实质增加的情况下，这造成了极其恶性的通货膨胀。钱不值钱，竟然出现造纸厂以低面额的法币作为造纸原料获利的故事。随之而来的是金圆券的购买力随之一降再降。由于物价飞涨，买东西时嫌点数麻烦，只能用秤称票子，有时一担票子还买不了一担谷。那时商贩只要银元，拒收金圆券，即使收了金圆券，也如同捧火一般必须尽快抛出去。风声所播，很多商店关门停止营业，更有商家怕货卖出去就买不回来，不愿卖货，借此关门，形成罢市。

1948年九月份的批发物价指数比八月涨高百分之七点四。如就地区来说，截至九月四日止，即在金圆券发行后的第十五天，汉口物价涨高百分之二十一，重庆涨高百分之四十，广州涨高百分之八十三。这就是说，时间仅仅半个月，物价已经不是政治力量所能管制的了。同年十月，物价的批发指数比八月涨高百分之三十五点六，如按地区，当然更高。十一月涨高到十七倍半，十二月涨到三十二倍半。1949年一月涨到八十五倍七，二月涨到八百三十四倍，三月十九日涨到二千九百倍。单就上海批发物价来说，到四月十五日，竟涨高六万二千七百一十九倍。后来，国民党政府逃往广州，全部金圆券的灾难都加在广州、重庆等城市的人民身上。当时物价一日万变，那几个城市人民生活的惨状，真不是言语所能够形容的。❶

从上述一段话中可以看出，金圆券造成物价动荡，使中国人民遭到空前浩劫。受金圆券风暴影响最大的是城市内的小资产阶级以及薪金中间阶层，其主要群体是知识分子、大学教授、中学教师、作家和记者以及政府雇员等。

❶ 中国人民政治协商会议全国委员会文史资料研究委员会编：《法币、金圆券与黄金风潮》，北京：文史资料出版社，1985年，第60页。

他们没有大资本家的财力和资源去保护自己仅有的财产，亦不如乡间农民的无产可贬；他们在金圆券发行初期或被迫或出于信任政府，将累积所得的财产换成金圆券，所以他们在恶性通胀中遭受的损失最大，其中部分人因此而变得一无所有。国民党政府虽然因金圆券的发行，搜得民间的数亿美元金银外汇，却失去了国内本来最应倾向他们的阶层——城市人民的信任与支持。金圆券风暴令国民党在半壁江山内仅余的民心、士气亦丧失殆尽。

当时的金圆券贬值非常之快，有人根据国民党政府主计处统计局的物价统计、重庆市政府的物价月报、上海市政府的物价统计，对法币、金圆券的贬值作了一个形象化的分析：法币 100 元的购买力，1937 年值黄牛二头，1938 年值黄牛一头，1939 年值猪一口，1941 年值面粉一袋，1943 年值鸡一只，1945 年值鸡蛋二个，1946 年值固本肥皂六分之一块，1947 年值煤球一个，1948 年 8 月 19 日值大米 0. 002 416 两（按每斤合十六两算），1949 年 5 月值大米 0. 000 000 000 185 两（即是一粒米的千万分之二点四五）。由值二头黄牛到值一粒米的千万分之二点四五，这中间包含了人民的多少辛酸和血泪。一般职工“领工资拿到金圆券后，马上就换成银元、美钞或黄金，假如稍有延迟，即要蒙受贬值损失”。在四川边远县份，多已拒用金圆券，由各商家自制票证，有铅印、石印、木刻、油印和自书的不同形式的票据。还有以废弃的法币，定上数目，加上号章，当作现钞，流通使用。另外还有茶券、酒券等，花样繁多，不胜枚举。也有以物易物作交换的。成、渝两地的公务人员、教师、工人都发给米、柴、油等实物。重庆市郊饮茶、吃饭亦多以大米支付。工商交易，银钱业往来则暗中使用银元，金圆券已失去交换价值，形同废纸。

为反对金圆券贬值，1948 年 10 月 25 日，北京大学教授发表《停教宣言》：“我们每月收入不过维持几天的生活……难于安心工作……政府对于我们的生活如此忽视，我们不能不决定自即日起，忍痛停教三日，进行借贷，来维持家人目前的生活。”他们同日致函胡适校长：“要求学校在 1 周内借支薪津两个月，以免冻馁。”在宣言上签名的有 82 人。当时北平各院校的学生自治会也发表了《支援师长停教宣言》。在文学作品中，对这一时期票据失信的情形进行了艺术的再现。如著名诗人袁水拍在其诗集《马凡陀山歌》中有一首讽刺旧中国通货膨胀的诗为："跑上茅房去拉屎，突然忘记带草纸。袋里掏出百万钞，擦擦屁股满合适。"这首诗形象地描绘了国民党统治中国后期钱不值钱、物价飞涨的现象。周而复在其代表作《上海的早晨》中描述民国时期物价上升太快的情景："发了工资，不要说迟一天买东西了，就是迟一小时半小时物价也要上涨。"事实也正如小说中所说，为尽量减少物价飞涨的影响，抢购风潮迭起。当时人们由于不信任金圆券，已经开始挤兑黄金，在上海的黄浦江边，交通完全堵塞了，各种车辆浸没在人群中，每家国家银行门前，成千上万的人们紧紧地挤着；有普通人，男的女的，有穿制服的军警，还有爬在窗上的，践踏在人群的肩头向前窜。有的人昏过去了，仍给前后左右的人群挤着向前去，倒不下来，也就"淹死"在人海中了。1948 年 12 月 24 日那一天，这样死去的一共有 9 人。这证明，事实上金圆券已先反动政权的垮台而破产了。

金圆券从发行到崩溃只经历了短短几个月时间，但破坏力巨大，发行增加了 65 万倍，黄金市价上涨了 130 余万倍，美钞市价上涨了 130 余万倍。当时有一首"虞美人"的词写道："法币金圆贬值了，物价涨多少！小民日夜忧涨风，币制不堪回首改革中。金圆标准应尤在，只是价格改。问君能有几多愁，恰似一簇乱箭钻心头。"事实证明，单单通过一种新的计算单位，并不能解决通货膨胀的问题，更不足恢复它的经济健康。政府始终依赖印钞机器来平衡财政收支，最终的结果也只能是以一种通货来换取另一种通货，信用的缺失使金圆券回复到已经作废的法币地位。每个人都想在纸币变得毫无价值前花掉它，并且人们都在不断猜测，金圆券的崩溃将在何时、以何种方式到来。随着国民党反动政府逃往广州，金圆券也就彻底崩溃了。偏居广州的国民政府，眼见金圆券已无法维持，迫不得已，遂于 1949 年 6 月 22 日宣布停止流通，这只"金老虎"就此被宣判了死刑。金圆券的崩溃也意味着国民党政府的最后垮台，但垂死挣扎的国民党政府在逃亡台湾之前，仍想最后一次掠夺财富，继金圆券之后更为短命的银圆券问世了。

三、短命的银圆券

1949年4月21日，中国人民解放军向国民党军队发起总进攻，解放全中国。国民党政府从南京逃亡到广州，盘踞在西南一隅之地，企图顽抗到底做垂死挣扎。此时蒋介石已逃亡台湾，留下李宗仁代总统收拾残局，而金银、外钞、物资等都被蒋介石运往台湾，剩下的国民党政府只是一个空壳。全国解放在即，金圆券已经全面崩溃，穷途末路的国民党政府又重演“金圆券”故技，试图利用发行银圆券来欺骗人民，进行最后的掠夺。

1949年7月3日，行政院宣布实行“币制改革”，发行银圆券：

近月以来，度之失调，金融紊乱，人民对于纸币失去信心，不仅政府收支无可凭借，工商买卖亦因媒介缺乏，陷于瘫痪停顿之困境。际兹大局未靖，一切未复常态时期，欲树立健全理想之币制、殊非易事。但此种紊乱情事，不容任其延续，致成不堪收拾之局。而财政金融经济上之种种困难，亟须探本穷源，寻求解决之方。我国民间习用银元，信任硬币，自法币、金圆两度贬值以来，此种趋势尤为明显。本部熟思审虑，以为在此时期，为求适合人民心理，顺应社会需求，便于重建币信计，拟先恢复银元本位，以旧有廿三年帆船版银币为标准，准许流通行使，而大量铸造陆续发行。……银元硬币体质笨重，较大数额之收付，即感携带运送之不便，在现代经济生活中，原非最适宜之制度，而政府库存金银外汇尚相当充裕，倘能妥善管理，确切保证以十足准备、公开检查、随时兑换为条件，发行若干币券，与银元同样流通行使，办属便民利国之道。故拟于鼓铸银元硬币之外，授权中央银行察酌社会需要，依照规定成色，拨足准备金，发行银元兑换券，同时流通行使。[1]

---

[1] 中国人民银行总行参事室编：《中华民国货币史资料》第二辑（1924～1949），上海：上海人民出版社，1991年，第658页。

1949年7月4日，逃亡到广州的行政院公布《银元及银元兑换券发行办法》，办法规定：

第一条　中华民国国币以银元为本位。银元一元总重量为二六点六九七一公分，成色为千分之八百八十，含纯银二三点四九三四四八公分。

第二条　银元之辅币，分为一分、五分、一角、二角、五角五种，其质量成色另定之。

第三条　银元及辅币由中央造币厂铸造，中央银行发行。

第四条　为便利行使起见，由中央银行发行银元兑换券及银元辅币券。银元兑换券之面额分为一元、五元、十元、五十元、一百元五种。

银元辅币券之面额分为五分、一角、二角、五角四种。

辅币及银元辅币券，每次授受以合银元二十元为限。

第五条　银元兑换券及银元辅币券之发行，应有十足准备。其中银元黄金或外汇合计不得少于六成，有价证券、货物栈单合计不得多于四成。

第六条　银元兑换券之兑换地点，经财政部核定后，由中央银行公告。

第七条　银元铸造未充分时，银元兑换券之兑现，得以黄金为之，其兑换率由中央银行挂牌公告。

第八条　银元兑换券购买外汇，依管理外汇条例之规定办理。

第九条　自本办法公布之日起，所有公私收付，一律以银元为计算单位。各级政府税收及公营事业收费，应一律收受银元兑换券。

第十条　中央银行对于政府垫款，非依照本办法第五条之规定收足准备金，不得支付。

第十一条　银元兑换券及辅币券数额，由中央银行按月报请行政院、财政部核明公告。

第十二条　中央银行发行数额及准备金实况，中央银行监事会应按月实施检查，并由行政院、财政部请监察院派员会同检查。如查有不合于本办法之规定时，应立即纠正。

第十三条 各省省银行经财政部之核准，得发行面额一元之银元兑换券及银元辅币券，其发行数额及准备实况，应按月报告财政部，并由财政部随时检查。

第十四条 银元兑换券、辅币券均不得伪造、变造、或故意毁损，违者依《妨害国币惩治条例》治罪。

第十五条 本条例自公布之日施行。

此时国民党政府已处于分崩离析状态，为了便于就地掠夺，互不负责，规定各地发行不同券别银圆券，以便随时停兑。由于国统区日益减少，银圆券发行“指定广州、重庆、福州、衡阳、桂林、昆明、贵阳、成都、兰州等地办理”，广州和重庆分别自7月4日和7月8日开始发行银圆券。银圆券并不保证随时随地兑现，在有些地方则不能兑现银元，“得以黄金为之”，而金块价值大，也就意味着一定数量以下的银圆券是无法兑现的。实质上银圆券就是不兑现纸币，是国民党欺骗广大人民的又一种伎俩。

国民党政府财政入不敷出，促使银圆券发行超过银元库存。因此，随出随兑，到处都是库存不敷兑现的告急电文。各地纷纷拒用银圆券。连国民党的军队也拒用银圆券，30军军长鲁崇义电称：“本军驻地（四川绵竹、德阳、罗江一带）一律拒用银券，较大商店于交易后，当面将银券撕毁。”财政部1949年11月23日给行政院报告说：“若干地方及部队拒用银券，时有所闻。”由于广大人民群众已经认识到国民党政府风雨飘摇，随时要垮台，而滥发纸币是末路政府的一贯做派。在国民党统治下的广州，银圆券的发行一开始就遭到人民的拒绝，兑换情况极为廖落。并且人们认识到政府很可能滥铸银元、降低成色，银圆券的发行甚至影响到了银元本身行市的下跌。原来银元1元，可以兑换港币8元，现在只能兑换港币6元、4元，到7月中旬，下跌到3元。解放军在华中前线发动强大攻势以后，人民群众纷纷将银圆券兑换成银元，广州发生了第一次挤兑风潮。国民党政府为了控制局面，抛出了一部分黄金外汇，但即使这样也没有扼制住挤兑风波。7月25日株洲解放在即，国民党政府为了随时将银圆券作废，在银圆券上加盖地名，广州再一次发生挤兑事件。中央银行宣布每人兑现不得超过百元。银圆券在一天之内，由每元

3.4元港币暴跌到每元2.4港币，此时国民党政府已不得不用港币给官员发薪。银圆券发行了一个多月就基本上崩溃。

广大人民群众经历了法币、金圆券不断增发、不断贬值的惨痛教训之后，对国民政府的欺骗性已有深刻认识，这是银圆券的发行一开始就遭到人民拒绝的根本原因。早在1949年7月5日，香港《大公报》就已指出："银圆券已属一种欺骗性纸币，纵使有银元为准备，亦不能使人相信，因过去政府改币，朝令夕改，已失信于民，而今岂易重收覆水。"❶ 因此，银圆券也走上了法币、金圆券的老路：飞速增发和快速贬值。据广州《前锋日报》1949年9月13日报道，"据官方透露：最近全国银圆券发行，已日见增加，估计目前发行总额已达一亿之多。除兑现及税收收回者外，实际流通额约达二千万元。发行总额中，广州占最多，估计为五千万元，目前实际流通额为一千万元。其次，重庆发行额约占三千万元，目前实际流通额约五百万元。其余各地发行额约占二千万元，实际流通额共占五百万元"❷。

国民党政府发行银圆券的目的是妄图继续通过发行纸币掠夺人民财富，这样做只能促使广大人民群众识破他们的阴谋，一起来抵制银圆券，最终带来银圆券的崩溃。全国各地拒用银圆券的风潮，如重庆市银行公会决定"收银元付银元，收银圆券付银圆券"。人民解放军宣布不收兑华南、西南地区银圆券的声明，更加推动了全国人民拒用银圆券的决心。拒用银圆券的风潮，终于导致银圆券的完全崩溃，银圆券在短短3个月内就被市场唾弃，成为国民党政府发行纸币中最短命的一种。这也说明只要人民群众完全识破了国家垄断资本主义通货膨胀的阴谋，并且坚决行动起来就能够及时制止国家垄断资本主义的通货膨胀剥削，并且使它所发行的纸币成为一文不值的废纸。银圆券崩溃的历史，宣告了国民政府在大陆地区统治的最后终结，也宣告在大陆实施十余年的通货膨胀历史的结束。

❶ 中国人民银行总行参事室编：《中华民国货币史资料》第二辑（1924～1949），上海：上海人民出版社，1991年，第663页。

❷ 中国人民银行总行参事室编：《中华民国货币史资料》第二辑（1924～1949），上海：上海人民出版社，1991年，第670页。

第三节　国民政府时期贵州信用票据

一、法币流通全省

周西成于1929年与李燊在镇宁火拼战死后，经过毛光翔、王家烈主政时期，人们都谈“纸”色变，干脆重用大洋。大洋之中，仍有等级之分，省内货币流通十分混乱。直到1935年，薛岳率领的“中央军”进入贵州，借“中央军”入黔，“中央银行”的“法币”也随之而来。当年，国民党统治贵州后，四大家族的中央、中国、交通、农民银行及中央储金局、邮政储金汇业局、农本局等分支机构，先后在省内成立，垄断了全省城乡的金融事业。1938年，江浙财阀、国民党政学系骨干吴鼎昌被任命为贵州省主席，“蒋、宋、孔、陈四大家族和政学系的垄断资本便随之深入贵州”[1]。

当时全国拥有发行权的银行，共有19家之多。流入贵州省的除四行（中央、中国、交通、农民）钞票外，尚有：中国通商、上海四明、中南农商、中国垦业、浙江实业、兴业、汉口中国农业等银行及滇、桂、川、湘等省地方银行钞票充塞于市面。国民党政府规定，停止使用银元，以中央、中国、交通、农民四家银行发行的纸币为通用“法币”。中央、中国、交通、农民四大银行当时在贵州发行的法币，面额计有：一元、五元、十元及辅币券一分、五分、一角、二角、五角等几种。为了保证法币制度的顺利推行，对外来各省钞、币加以整顿、限制，逐步禁止在省内流通。

当时在贵州省内流通的货币有滇半元、川钞、湘钞和桂币等。滇半元即“小板”，在贵州省内流通具有悠久的历史。辛亥革命后，滇军两次进入贵州，大量的滇半元流入，西路二十余县几乎全是滇半元的市场。由于成色欠佳，

[1] 周春元、何长凤、张祥光：《贵州近代史》，贵阳：贵州人民出版社，1987年，第316页。

价值不能稳定，影响整个金融市场。实行法币后，虽禁止使用，但积习太深，一时难以禁绝。直至民国二十七年（1938 年），省内不少地区仍多照常行使。贵州省政府为了巩固法币信用，安定地方金融，特拟订限制办法，决心严厉查禁。经行政院核准，于民国二十七年 3 月 22 日训令执行，其内容是：

1. 各机关、邮局自文到之日起一律不准收受滇半元等硬币；

2. 通令布告，自二十七年 7 月 1 日起，全省人民一律不准行使滇半元硬币。限于三个月内（二十七年 7 月 1 日至 9 月 30 日）持向当地县政府或中央、农民二银行，按云南省规定比价（四个滇半元换法币一元）兑换法币；

3. 贵州各级地方法院，对民国二十七年 7 月 1 日以前，以滇半元交易发生之诉讼案，应按规定比例折合计算，民国二十七年 7 月 1 日以后，以滇半元交易发生之诉讼，不予受理。[1]

当时在贵州省内流通的钞票有川钞、湘钞、桂币等，具体情况是：川钞基本上是由军队带入，流行于遵义、仁怀、黔西、修文、息烽、开阳、瓮安等县。民国二十四年（1935 年）6 月 12 日贵州省政府、财政厅曾明令规定一律按照面额行使。后经贵州省政府与四川省政府多次商议，最后决定暂照八折收受，运渝掉换。明确规定 11 月 20 日为掉换完毕之期，此后贵州省无川钞行使。

湘钞是由于黔湘两省贸易往来十分密切，邻近地区随着商业经济发展的需要，有部分湖南省银行纸币在贵州市场流通使用。为了整顿币制，经黔湘两省政府协商，可照常收汇，由贵阳中央银行集中运湘掉换。法币推广之后即逐渐减少。

桂币流入贵州省主要是民国二十五年两广呼吁出兵抗日与南京政府发生争执，有一部分驻扎在黔南都匀一带的桂军携带入境，强行使用。为了维持

[1] 胡致祥：《贵州经济史探微　贵州近现代史研究文集之二》，贵州省史学学会近现代史研究会编印，1996 年，第 75 页。

市面稳定，贵州省政府曾令饬黔东南各省一律照市行使，一面电请广西省银行来黔设立收兑处，但久未解决。不久军事平息，桂军撤离黔境，桂币在贵州省基本上也就停止流通。

贵州省、市政府、财政厅、驻黔绥靖公署等单位，为了进一步贯彻执行法币政策，先后发布命令、训令、布告，宣传统一货币办法。由于贵州地理环境的特殊性，当时法币兑换速度落后于全国其他地区，贵州省的法币兑现期限延长三个月：

> [财政部致各省市政府电——兑换期限延长三个月，民国廿五年一月十六日] 查兑换法币期限，依照兑换法币办法第一条规定，截至二十五年二月三日届满。现准江西、湖北、贵州等省政府请求酌予展期前来。查核各地银币、银类未能如期兑换法币者，为数尚多，而偏远地方，现尚无法币流通，亟待推行者亦属不少，咱应酌将限期延长，以便商民，而利推行。兹由部规定继续原定限期，自本年二月四日起至五月三日止，延长兑换期间三个月。……务希如期办竣，以重币政。[1]

贵州历来由于交通闭塞，商场狭小，吞吐力弱，工商业在全国均较落后。直到抗战初期，贵州社会经济始终停滞于农业经济状态。“贵州农村经济主要受封建地主阶级统治，广大农民备受剥削，购买力低，生产技术落后，特别是少数民族地区，仍然基本保持浓厚的自给自足的自然经济甚至是部落自然经济形态，故步自封，甚少与外界往来。”[2] 当时，贵州省除主要公路干线城镇设置商店经营门市外，大部分城镇均系利用场集（即赶场）日发生交易，尚有“日中为市”之风。场期系以地支为标准，也有十二生肖计算场期者，场期三、五、七日不等。交易媒介，有些地区用银元，有些地区以银元折合，有些地区甚至仍保持以物易物的原始习惯。

最初的三五年中，法币可以向外省汇总，还能照票面行使。1937 年抗日

---

[1] 中国人民银行总行参事室编：《中华民国货币史资料》第二辑（1924～1949），上海：上海人民出版社，1991 年，第 186 页。

[2] 熊大宽：《贵州抗战时期经济史》，贵阳：贵州人民出版社，1996 年，第 59 页。

战争爆发以后，国民政府为应对巨额财政赤字，走上了滥发纸币的老路。到了1940年前后，法币票值就逐渐跌落下来。中间一个时期还禁用大洋，布告凡有大洋的应向“中央银行”兑换“法币”。违反这个命令的，视其情节轻重，处以应得的罚金。如有检举揭发者，并给以相应的奖励。

二、抗日战争期间法币贬值

抗日战争爆发后，东南沿海相继落入敌手。国民党政府迁都重庆，政治重心西移，西南便成了抗击日寇的大后方。贵州地处西南三省中枢，又是陪都重庆联络华南及东南亚各国的国际交通线的必经之地，战略地位十分重要。加之境内丛山峻岭，地势险要，乃成了沦陷区厂矿企业、机关、学校和人民群众理想的避难场所。当时，被称为“玉关悬险，金城负固”、进可攻退可守的贵州高原，其经济获得了空前的发展。

抗战期间，为适应战争需要，沟通城乡物资交流，交通运输和邮电事业有较大发展。从1938～1944年，全省修筑公路2300多公里，总通车里程达4000余公里。[1] 这就为贵州城乡经济的发展，创造了良好条件。当时，贵阳已成为西南交通运输中枢，担负着战争期间军需、民用的繁重运输任务。国民党政府的西南公路运输局就设在贵阳，以贵阳为中心，通往重庆、泸州、昆明、柳州、长沙的公路干线，也在这期间相继通车。据西南公路局估算，当时行驶在贵州境内的公路运输车辆，每日在3000辆左右。铁路也通车到独山县。同时，还大力修筑了县乡道。从1942～1945年，共完成县道5848公里，乡道12 791公里。多数县开始通车，部分乡道也开展驿运。昔日十分闭塞的贵州，一时公路四通八达，交通运输条件大为改善，这不仅保证了战争的需要，也大大促进了内外物资交流和贵州经济的发展。

中央及地方金融机构纷纷迁黔，正好为贵州解决了资金短缺困难。当时，属于四大家族的中央、中国、交通、农民四大银行以及私营上海、金城、湖南、广东等银行先后来黔。这些银行，大多与民间发生联系，经营存放款业

[1] 熊大宽：《贵州抗战时期经济史》，贵阳：贵州人民出版社，1996年，第3页。

务，有的则直接投资兴办企业。例如“中国、交通、农民三家银行在1943年直接投资于贵州企业公司的股金即达2427万元，占该公司股金总额的80.9%”❶。这些金融机构的投资和放款，对发展贵州经济起到了推动作用，从而促进了贵州经济的迅速发展。使贵州工业犹如雨后春笋地发展起来。抗战前贵州工业都是一些简陋的手工业，而且大多是与农业紧密结合的农家副业。详细情况如下表❷。

抗日战争前贵州工业统计表

种类	家数	地区	业务说明
粉面业	16	贵阳	将小麦磨成面粉
酿造业	160	贵阳60家 其他100家	酿造苞谷酒、茅酒等
蛋类业	5	贵阳	制蛋黄及蛋制品
糖类业	9	贵阳	制造糖果糕点及点心
纺织业	123	贵阳	编制土纱织土布
丝织业	16	贵阳	织土绸罗纱
针织业	25	贵阳、遵义、安顺、兴义、都匀	土纱袜子及毛巾
制鞋业	83	贵阳	制皮鞋、布鞋及靴
玻璃业	6	贵阳3家、其他3家	粗制玻璃器皿
火柴业	2	贵阳	硫化火柴
烛皂业	16	贵阳	土制蜡烛肥皂
爆竹业	23	贵阳	制鞭炮
印刷业	15	贵阳	印刷书报表册
皮革业	12	贵阳	制生牛皮药皮等皮件
金属品制造	127	贵阳	包括金银铜铁锡器及小五金制品
木器制造	88	贵阳	大小木器

❶ 熊大宽：《贵州抗战时期经济史》，贵阳：贵州人民出版社，1996年，第4页。
❷ 熊大宽：《贵州抗战时期经济史》，贵阳：贵州人民出版社，1996年，第9页。

续表

种类	家数	地区	业务说明
砖瓦陶器	51	贵阳	土碗器皿及砖瓦等
电灯工业	1	贵阳	供给住户照明
造纸业	267	都匀、郎岱、遵义、兰岭、惠水	制造白纸、草纸等
制棕业	6	贵阳	制绳索、扇、垫等
总计	1051		

抗日战争爆发后，贵州交通环境得到大幅度改善，同时，由于人口骤增，市场购买力增强，企业的产品销售也相应扩大，也促进了工业的发展。加之技术人才和熟练工人也随之大量入黔，为贵州工业特别是贵阳地区工业的发展，提供了有利条件。据统计，在抗日战争期间，由外埠迁入的工厂即有 101 家（包括手工业），占当时 700 余家工业厂商的 14% ，具体见下表❶。

抗日战争时期迁黔工业调查表

类别	共有家数	外省迁黔家数	主要迁入地点	主要工厂名称	备注
机器卷烟厂	34	10	桂林	利亚、一中、同盟、德武、侨胞、鹤亭、精神、科学、两全、利群	内有公营 1 厂
印刷厂	53	7	衡阳、汉口、长沙、桂林	大丰（汉口）、西南（汉口）　（长沙）、鸿志（汉口）安利、民生、华城（衡阳、桂林）	内有公营 4 厂
橡胶厂	7	3	缅甸、衡阳	中南（缅甸）、民生、科达（衡阳）	
制革厂	86	72	南京、上海、汉口	和记皮厂、顺兴皮坊、瑞记皮坊、荫元皮坊、华兴皮坊、中华皮坊等	
机器厂（含修理厂）	118	1	衡阳	德兴机器厂	内有公营 1 厂
织布厂	377	1	衡阳	楚胜染织布厂	

❶ 熊大宽：《贵州抗战时期经济史》，贵阳：贵州人民出版社，1996 年，第 13 页。

续表

类别	共有家数	外省迁黔家数	主要迁入地点	主要工厂名称	备注
被服厂	16	5	衡阳、桂林	民生实业工厂、力生被服厂、军西服工业厂、新华被服厂、强胜被服厂	
肥皂厂	20	2	江西、湖南	远光、永光	内有公营2厂
总计	711	101			

随着外地商业银行亦相继来贵州设立分支机构，贵阳一度畸形繁荣，银行业也有所发展。到1945年贵州省的公私银行达一百余家。商业资本亦逐年递增，“1942年资本总额为法币7999.5万元，1943年为10 614万元。较1942年增长32.7%；1944年为15 735.6万元，约较1942年增加近1倍；1945年为21 040.5万元，约较1942年增加1倍半”[1]。据当时贵阳市政府调查，1944年贵阳市商业类列有绸缎、百货、纺织、布业、运输、汽车材料、五金料、新药、国药、旅馆、堆栈、卷烟、图书文具、颜料、陶瓷、纸张印刷、戏剧、粮食南货、茶楼酒肆、服装、鞋革皮件、首饰、粮食、旧货、油、棉花、驮马运输、铜铁锡器、竹木、煤炭、米粉、面粉、米面食品、纸炮、茶食、洗染织补、屠宰、酱油、摄影、理发、杂货和其他等43种，从业人员1.8万余人，商业可谓盛极一时。

但随着战局的深入，华北及东西沿海工业区相继沦陷，工业品来源锐减，省外输入商品价格，亦逐渐上升。特别是太平洋战争爆发后，日寇加紧了对中国的经济封锁，国际市场受到影响。加之国民党政府对于财政政策掌握的失策，全国通货膨胀。贵州少数民族在战前已属贫困，抗战期间，除了负担兵役、田赋以支持抗战外，还受物价影响，生活更加贫苦。贵州少数民族最大的日用消费品属于盐和纱，由于通货膨胀的影响，抗战期间每百斤中等大米换回的食盐、纱和染色蓝布的数量逐年下降，这无形中就大大损害了贵州

---

[1] 熊大宽：《贵州抗战时期经济史》，贵阳：贵州人民出版社，1996年，第64页。

少数民族的利益。具体情况见下表❶。

每百斤中等大米交换的日用消费品

年期 \ 交换比率 \ 工业品	盐（百市斤）	20支纱（件）	染色蓝布（匹）
1936年	0.32	0.0208	0.356
1937年	0.596	0.030	0.714
1938年	0.431	0.0073	0.37
1939年	0.66	0.0074	0.49
1940年	0.60	0.0071	0.4215
1941年	0.521	0.012	0.521
1942年	0.562	0.018	0.302
1943年	0.406	0.0037	0.08
1944年	0.736	0.009	0.1515
1945年	1.756	0.0154	0.1886
1946年	0.258	0.0081	0.1036

三、法币、金圆券、银圆券的崩溃历史

抗日战争结束时，各地物价和黄金、外汇价格普遍猛烈下跌，当时严重的通货膨胀得到一个喘息的机会。此时国民党有条件进行币制改革，从而稳定法币的币值。但是，1946年蒋介石悍然发动内战，靠发票子弥补财政赤字。随着法币发行量的迅猛增长，通货膨胀严重，法币需求量不断上涨。由于市面的钞荒，国民政府为了解决这一问题，减少印刷成本，节省运输费用，发行大面额钞票，从1947年1月17日至1948年7月18日先后三次发行相当于法币1万元至500万元一张的关金大票。每发行一次大票，市场猛烈震动一次，物价随之跳升几倍。到1948年，物价上涨幅度之大与速度之猛，世所罕见。国民党政府企图通过抛售黄金、外汇等手段稳定币值。贵阳中央银行也

❶ 熊大宽：《贵州抗战时期经济史》，贵阳：贵州人民出版社，1996年，第68页。

曾抛售数千两，终无效果。

纸币闹成这个样子，物价就飞涨起来。最后，纸币价值连手纸都不如。如以1937年为基期，以贵州当时的物价指数为一百，1945年8月全省物价指数上升为229 725；1947年12月上升为5 343 065；1948年8月改用“金圆券”时高达200 123 502，为1937年的200万倍。1949年7月改用“银圆券”时升至2 164 816万，即物价指数为1937年的21 648万倍。有人计算，在黔东南地区，1937年法币100元可以买到两头大牛，1941年能买到一头猪；1943年仅能买到一只鸡，1946年以后则变成了一张废纸。[1]

由于法币急剧贬值，贵州民间禁止已久的各种硬币又死灰复燃，自发地流通使用。至1948年省内各县通行银元。国民党政府于1948年8月19日实行币制改革，发行“金圆券”，按1∶300万元的兑换率收回法币。金圆券的发行是国民党政府在军事上、政治上、经济上均处于劣势，为了挽救危局，而采取的一个骗人手段。金圆券膨胀的速度比法币更快，发行仅70天就开始崩溃，各地又出现以硬通货代替金圆券流通。金圆券从1948年8月20日开始到1949年6月覆灭，不到一年的时间增长了65万倍，可谓世所罕见。由于不可控制的通货膨胀，物价疯狂上涨，贵阳地区金圆券与银元的行市，以1949年4月1日为基数，4月10日将近翻了一番，4月20日为13.3倍，5月1日为42.6倍。由于纸币贬值，至1949年4月14日，行政院长何应钦致电财政部长刘攻芸，说明贵州省钞荒严重，请求速运钞接济，“顷接黔省来函，略谓筑市近因钞荒，市场紊乱至极，支票仅作对折使用，而本票亦不过六折，已由通货膨胀进至信用膨胀阶段。就1500倍待遇计，3月中央地方公教人员薪饷之需达现钞200亿，然央行每次专机来筑所运到现钞，一次不过一二亿。此种现象，如任其持续，社会秩序极堪忧虑。黔中索以安全著称，目前政治、军事之部署皆略有头绪，惟在经济问题无法解决之下，人心惶惶，安定局面亦将难于保持。至祈严饬主管部及央行及时迅予运济，俾免演至不可收拾之地步。等语。特转达，希查明办理至盼”[2]。到5月5日，贵州省主席谷正伦

[1] 周春元、何长凤、张祥光：《贵州近代史》，贵阳：贵州人民出版社，1987年，第341页。

[2] 中国人民银行总行参事室编：《中华民国货币史资料》第二辑（1924～1949），上海：上海人民出版社，1991年，第622～623页。

致电财政部长刘攻芸，说明贵阳交通部第十运输处拒收金圆券的情况："贵阳交通部第十运输处自四月三十日起，将客货运价一律改收银元，拒绝金圆券钞票，实属影响大局。自本省公教人员因金券一再贬值，生活已陷绝境。如再由中央机关领导拒用金券，则本省数万公教人员生活无法维持，而金券信用亦将立即崩溃。事关本省治安及大局安定，究应如何办理，特电报贵部核办见复。"❶

由于巨额的财政赤字，国民党不断增发纸币，致使纸币信用崩溃，市场基本处于停顿状态，人民惶惶，不可终日。1949 年 7 月 2 日国民政府停发金圆券改发银圆券，以银圆券代替金圆券流通，一元"银圆券"等于行使 1500 万亿法币的巨额票面纸币，但无充分的银元兑换，通货恶性膨胀。中央银行经常发生钞荒，装运一飞机票子，维持不了一个星期，银行门前取款的人排成长队，拥挤不堪。群众编的顺口溜："天上飞机嗡嗡叫，街上物价嘣嘣跳，央行门前轰轰闹。"金银物价一日数涨，市息日拆最高达 50%。米珠薪桂，民不聊生，人心惶惶，不可终日。人民从一开始就拒用银圆券，城市如此，县、乡更甚。地方当局竭泽而渔，强迫商民交纳"自卫特捐"，妄图苟延残喘。当时市场一切交易都以银元，乃至黄金、外币（美钞、港币）作为价值尺度和交易的媒介。贵阳市的黑羊井（大十字附近）和广东街（今中华北路）成为金、钞买卖的投机市场。黑羊井是对一些市民、公教人员另星买卖的地点，较大投机买卖的都到广东街去。物价的决定，纸币的涨落，每时每刻都由广东街商家任意地操纵着。于是自晨至暮，银行跑街先生，投机倒把商人，都时刻奔走广东街街头。黑羊井一时也变成了纸币、现洋互换的交易市场，叮叮当当之声不绝于耳。一块大洋，可换纸币数十万元，乃至一二百万元。高利贷也应运而生，放黄金，放大洋，放货物，有的隔日可以获利一倍。更有所谓百人会，一时风起云涌，妇孺老少，趋之若狂。百人会即是由倡首的约集十个，每人再约储十人，每人出一定的会费，按期摇会，得会者付出优厚利息，利上滚利，直到后来接会的人，得钱越多。首先集聚十亿或百亿元，

❶ 中国人民银行总行参事室编：《中华民国货币史资料》第二辑（1924～1949），上海：上海人民出版社，1991 年，第 642 页。

由倡首者得首会，二会以下则摇骰子，点数大小决定次序。这样一来，先得者，还可以买得黄金、大洋，或购进实物。但是纸币随时贬值，得会的人越到后来，数目就越多，越不值钱。不知有多少劳动人民成了这样的受骗者。到了解放前夕，右手得来，左手即不能拿出去。有的长吁短叹，有的吞烟、抹喉而自杀。这是蒋介石集团纸币政策祸国殃民、流毒社会的万恶罪状的部分缩写。这两个市场成为左右贵阳金融市场及物价的场所，一直延续到贵阳解放时才停止活动。

国民政府片面依靠货币政策来抑制通货膨胀，靠货币政策单独发挥作用，结果自然是徒劳的，而政府朝令夕改，失信于民，也使一些政策措施不能善终。直到后来，一天二十四小时内，谁也不知道纸币要起多大变化。在蒋政权面临总崩溃之时，有些银行和资本家为了保自己，不惜火中取栗，设置暗账，抢购金银，囤积物资，买空卖空，更加剧了市场混乱。他们可以到银行换取金条和大洋，从中还可以倒捞一把。至于一般富商巨贾，早就与银行勾勾搭搭，互相利用，消息异常灵通。他们凭借背景，利用金钱，可以购进他人不能购得的实物，囤积居奇；或者买空卖空，牟取暴利。一般商家大户则尽量囤积货物，购买黄金，各行其是，广大劳动人民则深受纸币贬值之苦。

1949 年 11 月 9 日，行政院长兼国防部长阎锡山致电财政部，告知贵阳银元券已暂停兑，希速运银币、金条，原文如下："一、据本部贵阳第七预算财务处酉草电：筑央行库存准备不足，闻于艳日起暂停兑现，如不克日解决，银圆券将立即重陷金圆券覆辙，其影响政治、军事必至惨巨。转达央行，即运银币 100 万元，一、二、五钱小金条一万两，交筑行作准备。等情。"[1] 1949 年 11 月 15 日，中国人民解放军第二野战军第五兵团，在杨勇、苏振华领导下，解放了贵阳，结束了国民党在贵州的统治。

[1] 中国人民银行总行参事室编：《中华民国货币史资料》第二辑（1924 ~ 1949），上海：上海人民出版社，1991 年，第 681 页。

第三编　新中国成立后贵州少数民族地区信用票据流通

解放战争爆发以后，国共双方为了全面夺取政权进行了惨烈的厮杀，双方控制的地区被称为“国统区”和“解放区”。为了配合政治和军事斗争，各解放区政权都发行了自己的票据。随着战争局势的变化，各解放区逐步连成一片，各解放区的票据也逐步统一。可以说，在军事战争之外还存在货币阵地战。“所谓货币阵地战，就是力争以自己发行的货币占领流通市场，驱逐对手发行的货币，从而掌握使用自己货币区域的经济命脉。”❶ 由于国民政府滥发纸币，仅凭换一名称的钞票去解决通货膨胀问题，从法币到金圆券再到银圆券，无疑会失信于民。信用的丧失也使人们对国民政府发行的票据失去信心，遭到人们的拒绝，从而失去维护政权的经济基础，也注定了国民党的结局。因此，国民党的垮台不仅仅是军事力量的溃败，其实在战局结束之前就已经确定了。在人民币与法币这场惊心动魄的货币决战中，人民币笑到了最后。

中国共产党、毛主席所领导的中国人民革命的伟大胜利，使中国的社会经济制度发生了根本的变革。人民民主的社会经济制度，代替了半殖民地、半封建的制度。在新的社会经济制度的基础上，一切经济范畴都发生着根本的变化，作为这些范畴之一的信用票据，自然不例外地发生了根本的变化。人民币发行于中华人民共和国成立前夕，诞生于中国人民解放战争的特定环境。统一发行人民币是为迎接全国解放采取的一项重大措施，它有力地支援了解放战争，统一了各根据地货币，消除了前国民政府发行的各种货币，结束了

❶ 戴建兵：《中国货币文化史》，济南：山东画报出版社，2011 年，第 329 页。

国民党统治后期恶性通货膨胀和外币、金银在市场流通、买卖的历史，对稳定社会秩序，恢复生产，促进城乡物资交流发挥了重要作用。

截至目前，我国共发行了5套人民币。第一套人民币于1948年12月1日发行，1955年5月10日全面停止流通，共12种面额62种版别。第二套人民币是在第一套人民币的基础上于1955年3月1日开始发行的，共有11种面额13种版别。第二套人民币是在中国人民解放战争在全国范围取得胜利，已经着手进行全国范围的经济恢复与建设，金融物价已趋稳定，财经状况好转，并争取两三年内根本好转的形势下，为适应国内外经济情况而进行的货币改革。第三套人民币于1960年4月20日开始发行，2000年7月1日停止流通，共7种面额，是我国自行设计、使用自己研制生产的印钞专用设备和固定水印钞票纸印制的，标志着我国印钞造币工业进入独立自主、自力更生的新时期。第四套人民币的设计历时18年，从1967年“文化大革命”初期到1985年定案。在“文化大革命”期间曾先后三次上报方案，1985年经国务院常务会批准，1987年4月27日起陆续发行，共9种面额12种版别。第五套人民币是为适应经济发展和市场货币流通的要求，于1999年10月1日，即中华人民共和国建国50周年之际，中国人民银行陆续发行第五套人民币。伴随中华人民共和国建国，人民币发行历程历时60余载，见证了我国经济建设的发展以及人民生活的逐步完善和提高。

1949年10月1日中华人民共和国成立以后，国民党反动派仍梦想偏安西南一隅。在贵州，他们布置了所谓“应变计划”，妄图负隅顽抗，阻止中国人民解放军解放贵州和大西南。中国人民解放军第二野战军第五兵团遵照毛泽东主席、朱德总司令“解放大西南”的命令向西南进军。11月15日，二野五兵团直辖16军44师占领贵阳，贵阳解放，国民党政府在贵州的统治宣告结束。接着，人民解放军乘胜继续向贵州各地进军。11月21日，革命历史名城遵义解放。同年11月至1950年1月又相继解放了安顺、平坝、镇宁、金沙、纳雍、赫章等17个县城。到1950年2月底，人民解放军先后接管了遵义、毕节、铜仁、镇远、独山、兴仁6个行政督察区、省辖市和76个县（市）的国民党政权。至此，贵州全境基本解放。

伴随着贵州的解放，1949年11月28日，贵阳市军管会公布人民币是唯一的合法货币。由于贵州少数民族地区深受票据贬值之苦，加以特务造谣破坏，群众有顾虑，对人民币还不放心，乐意保存和使用银元。因此解放初期，人民币问题不仅是一个突出的经济问题，也是一个政治问题，斗争十分紧张激烈。在禁用银元工作中，贵州省人民政府广泛开展宣传、教育，形成群众性的禁银运动，并组织人民币下乡，准备大批物资支持人民币，使少数民族地区的人民拿到人民币能买到生活必需品。各种物资非人民币不卖，从而提高了人民币的信誉，使人民币站住了脚。人民币的发行直接结束了新中国成立前多种票据在贵州少数民族地区流通的局面，使人民免受票据贬值之害，对经济的恢复与发展发挥了重要作用，使贵州少数民族地区走向繁荣昌盛的发展道路，并促使社会文化发生巨大变迁。更为重要的是，统一的票据有利于加强少数民族的民族认同感，促进国家意识的形成，并以此为核心构建民族认同与国家意识的一致性。

第一章　人民币的发行与流通

第一节　人民币的“前身”

一、革命根据地和抗日根据地货币

在第一次国内革命战争蓬勃发展的革命高潮中，风起云涌的南方农民运动和农民武装起义，纷纷建立了革命政权，有的还发行了地方货币。例如，1927 年 1 月湖南省浏阳县东乡六个区的农民协会，联合组成浏东平民银行，发行临时兑换券 12 万元；3 月，改发信用券。同年 3～5 月，浏阳县金刚区发行“金刚公有财产保管处有期证券”。同年 2～7 月，湖北省黄冈县农民协会信用合作社发行面额一串文的流通券。这些农民协会发行的地方货币，是大革命初期农民运动的产物，表达了革命人民的意愿。也是社会主义信用票据的萌芽，是革命根据地和解放区货币的先驱，流通的时间虽短，但影响却很深远。

在第二次国内革命战争时期，中国共产党独立地肩负起领导中国革命的重任，确立了实行土地革命和武装起义的方针。在长江中游、闽粤、西北等各省边区，建立了革命根据地，开创了农村包围城市和武装夺取政权的革命道路。许多革命根据地建立了苏维埃工农民主政府，组建苏维埃工农银行，发行了在各根据地内流通的地方票据。其中最早的是 1927 年 2～4 月发行的湖南“耒阳工农兵苏维埃政府劳动券”，面值一元，及“耒阳第十二区工农苏维埃政府劳动券”，面值一角与二角两种。同年10月，毛泽东同志在井冈山开创了第一个农村革命根据地，次年5月，成立湘赣边界苏维埃政府，曾经发行过地方货币。随着中央苏区及各个革命根据地的发展，各区县、特区、省苏维埃工农银行发行的货币，逐渐统一于中华苏维埃共和国国家银行及其各分支行发行的货币。据中国人民银行总行金融研究所的统计，在这个时期，中央苏区、海陆丰、湘赣、湘鄂赣、鄂豫皖、湘鄂西、湘鄂川黔、川陕、陕甘九块革命根据地，先后建立信用机构五个，发行纸币、布币、银币、铜币、兑换券、流通券、信用券、信用条、存款券、股票、期票等，共计216种。

革命根据地发行的货币是独立自主的，与国内外任何货币都没有依附关系。它是在同国民党政府的货币斗争中成长起来的。它的发行目的是为了稳定金融，稳定市场，冲破敌人封锁，肃清土杂钞，驱逐敌币，发展苏区经济，改善人民生活，为革命战争服务。在这些票据上大都印有苏区政府的政策、布告、口号等宣传文字，其特点有面额小、限地区流通、有深厚的群众基础、信用较高、币值比较稳定等。当时苏区纸币十二元可抵银洋一元。红军北上后，根据地的人民，冒着生命危险，把苏区货币保存下来，解放后曾收兑苏区货币968 700多元。

二、抗日战争时期边区和抗日根据地的货币

抗日战争时期，中国共产党领导的陕甘宁边区和其他抗日根据地，先后建立了抗日民主政权，成立了自己的银行，在党中央的统一发行政策指导下，分散发行了地方货币，有计划有组织地同日伪货币做斗争。在陕甘宁边区，早在抗战前就设立中华苏维埃共和国国家银行西北分行并发行纸币。1937年陕甘宁边区政府成立后，改为陕甘宁边区银行，发行陕甘宁边区银行券，简称“边币”。在边区还先后发行过延安光华商店代价券、三边支行布质本票，还有边区贸易公司发行的商业流通券。据初步统计，边区和各个抗日根据地发行的地方货币（包括本票等）至少在500种以上。

边区和各个抗日根据地在自力更生、自给自足方针指引下，贯彻“发展

经济，保障供给”的要求，配合大生产运动。联系当时的战争形势，分散发行地方货币，分区管理，互不流通，建立独立自主的本币市场，并要求解放区货币必须在两个方面发挥作用：（1）巩固和扩大根据地；（2）支援抗日革命战争，尤其是要打破日伪的封锁，排挤日伪币，对日伪争夺物资，保护解放区的财富，增强抗日战争的物质力量。并同日伪的货币，进行货币阵地斗争、货币比价斗争和反假斗争，保证边区和抗日根据地的币值稳定，扩大解放区货币的流通领域，巩固发展根据地的货币市场。

当时各根据地还处于日伪的分割包围、封锁情况下，有时还处于拉锯状态。各根据地在艰苦环境中，必须自力更生，独立作战，千方百计保证军需民用，而各区相互之间也不可能有很多联系。为了适应各个解放区、根据地的政治、军事、经济、地理条件及革命斗争形势的不同情况，在党中央统一领导下，按照统一的政策要求，只能采取分散发行货币、分区流通的做法。这是符合当时的实际情况的，也是当时革命斗争的需要。因此，这阶段解放区和抗日根据地的货币，对支持抗日战争，巩固和扩大革命根据地，都起了积极的作用。

三、1945～1948年解放区的货币

抗日战争胜利后，解放区逐渐扩大，新增加一些地方银行和地方货币。主要有：东北银行和内蒙古人民银行发行的地方流通券，限于旅大地区流通的关东券，在河北、辽宁、热河三省流通的长城银行券，在中原解放区流通的中州农民银行券，在广东潮汕解放区发行并成为华南区本位币的南方人民银行币。随着革命战争的节节胜利，各个解放区和根据地逐渐连接起来，地区之间的经济关系多起来，政治军事的发展，也要求发行统一的货币。这时，出现两种情况。一是在一个大区建立一个新银行，发行新货币，代替过去分区流通的货币，如1945年8～10月，把华中地区原有的淮南、大江、江淮、盐阜、江南、浙东等地方银行合并，另建华中银行发行华中银行券，用以收兑原由各地方银行发行的各种地方货币。不久，华东地区改为统一流通北海银行券，即北海币，停止发行华中银行券，统一流通北海币。又如华南解放

区就用南方人民银行币统一收兑原由各地方发行的裕民行币和新陆行流通券，以及琼崖光银代用券。二是把相邻地区的银行合并，原来各银行发行的几种货币，按照固定比价混合流通；以其中一种货币为本区主币，照比价逐步或限期收兑其他货币。例如，西北地区的陕甘宁边区和晋绥解放区连成一片，就用晋绥解放区西北农民银行发行的西北农民银行券，即西农币，按照西农币1∶陕甘宁边币＝1∶2000的比价，两种货币混合流通，并用西农币逐渐收回陕甘宁边币，后者停止发行，其他地区也是这样。如华北四个解放区基本上连成一片，各区的货币就按照共同商定的比价混合流通，即是：

冀钞∶北海币∶晋察冀边币∶西农币＝1∶1∶10∶20

到1949年7月，国民党政权溃逃广州，以恢复银本位为名义，发行可以无限制兑换的"银圆兑换券"，并规定银圆券一元折金圆券五亿元，但是投入市面后遭到拒用，百姓挤兑白银。银圆券的再度幻灭标志着国民党政府在这场不到四年的政治、军事、经济的全面较量中彻底失败。而与此形成鲜明对比的是人民币的崛起，随着大片的国土解放，特别是大中城市的解放，人民币迅速收兑了法币、金圆券，共产党号召拒用银圆券，并严禁金银和外币的流通，维护人民币的货币主权。另外随着解放区连成一片，解放区的货币逐渐统一，从而使人民币的使用越来越广泛。首套人民币的发行和统一流通，标志着民众对中国共产党信心的树立，从此中国货币进入了一个辉煌的时代。

第二节　人民币的发行

一、人民币发行准备

解放战争初期，各革命根据地在地域上互不相连，在经济上也相对独立。各根据地为了战争和经济发展的需要，基本上都建立了自己的银行，发行了各自独立的货币。这些货币不论是货币名称还是币值都有较大的独立性，名称各异，有很大的差异。随着人民解放战争的胜利，解放区的不断扩大，华北、西北、华东解放区逐渐连成一片，在经济上交流不断增加，但各地的货币名称不一，种类繁多，比价不完全固定，折算不便，给各解放区的物资交流、社会经济发展都带来了诸多不便，也给野战军的机动作战带来很大困难。虽然各解放区采取了很多临时性措施，但不能从根本上解决矛盾，统一货币日益成为进一步推动解放区经济发展，支持解放战争顺利进行，确保新解放区稳定的当务之急。

随着形势的发展，董必武同志于1947年8月最早在《华北财办组织规程》中提出了“要筹建中央财政及银行”，并在1947年10月2日给中央的电报报告中，第一次正式提出了国家银行的名称为“中国人民银行”，同月，中央复电，成立了以南汉宸为主任的“中国人民银行筹备处”（设在距西柏坡约半公里的贾峪村），并陆续开展了各项筹备工作。1948年11月，在辽沈战役取得伟大胜利后，人民解放军的几个主要根据地已基本连成一片。此时虽然已规定了陕甘宁边区、晋绥边区、晋察冀边区、晋冀鲁豫边区、山东和华中六大解放区的货币在解放区内按固定比价相互流通，但各解放区的货币形状不一，代表的价值不一，印刷的质量不一，相互兑换十分繁难。同时解放区还残留着大量的国民党的法币、金圆券、银圆券以及美元、港元等，市场上的货币流通比较复杂。各解放区货币同时流通的情况，已不能适应解放区内部经济交流增大以及军队和人员的交流不断增加的新形势。发行新的货币、统一货币流通市场、改变各根据地货币混合流通的局面已是当务之急。另外，随着解放战争的发展，北京（当时叫北平）、天津解放指日可待。为了使北京、天津解放后物资流通畅通，避免金融混乱，必须带着银行、货币进城，也就是必须赶在北京、天津解放前成立中国人民银行和发行人民币。时任华北人民政府主席的董必武同志在1948年11月18日召开的华北人民政府第三次政务会议上，临时提请会议增加“成立中国人民银行，发行统一货币”的议案，得到会议通过，并任命南汉宸署理中国人民银行总经理。因此，中国人民银行的建立担负着双重任务，一方面要清除法币和外币的流通，形成统一的人民币市场；另一方面又要战胜严重的通货膨胀，确保人民币稳定。

1948年12月1日，经华北、山东、陕甘宁和晋绥解放区人民政府商定，华北银行、北海银行和西北农民银行合并为“中国人民银行”，华北银行改组为中国人民银行总行，行址在河北省石家庄市中华北大街11号。同日，华北人民政府公布金字第四号布告向社会宣布，成立中国人民银行和发行人民币。布告如下：

为适应于国民经济建设之需要，特商得山东省政府、陕甘宁、晋绥两边区政府之同意，统一华北、华东、西北三区货币。兹决定：

一、华北银行、北海银行、西北农民银行合并为“中国人民银行”，以原华北银行为总行，所有三行发行之货币，及其对外之一切权利债务均由中国人民银行负责承责。

二、于本年12月1日起，发行中国人民银行钞票（下称新币），定为华北、华东、西北三区的本位货币，统一流通。所有公私款项收付及一切交易，均以新币为本位币。新币发行之后，冀币（包括鲁西币）、边币、北海币、西农币（下称旧币），逐渐收回，旧币未收回之前，旧币与新币固定比价，照旧流通，不得拒用。新旧币比价规定如下：

（一）新币对冀币、北海币均为一比一百，即中国人民银行钞票一元等于冀南银行钞票或北海银行钞票一百元。

（二）新币对边币为一比一千，即中国人民银行钞票一元等于晋察冀边区银行钞票一千元。

（三）新币对西农币为一比二千，即中国人民银行钞票一元等于西北农民银行钞票二千元。

以上规定，望我军民人等一体遵行。……

中国人民银行的成立，标志着中国共产党为新中国的建立积极进行金融上的准备。1948年12月7日，新华社发表了题为《中国人民银行发行新币》的社论，指出：“中国人民银行新币的发行，预告着解放区货币的进一步巩固和解放区经济的进一步繁荣。”“解放区的货币正在配合着战争的胜利，迅速扩张它的流通范围，并把蒋币驱逐到它的坟墓里去。”于是，在“解放大军打到哪里，人民币就运到哪里”的战斗誓言中，人民币大量发行使用。人民币发行后，逐步扩大流通区域，原各解放区的地方货币陆续停止发行和流通，并按规定比价逐步收兑华北、华东、西北三个大区原来发行的货币。随着解放战争的胜利，人民币的流通区域逐渐扩大，并推广到全国。这时的人民币还没有正式的名称，被称为“中国人民银行钞票”“新币”“中国人民银行券”“人民券”。“人民币”这一名称首次正式出现在1949年6月14日上海市直接税总发布的直税字第一号《上海市印花税稽行办法》中。1949年年初，中国人民银行总行迁到北平（今北京），各省、市、自治区相继成立中国人民银行分行。

随着解放战争的最后胜利，全国解放指日可待。1949年1月10日，中国人民银行总经理南汉宸对新华社记者发表谈话，强调指出发行人民币的意义，他说：“由于各大城市次第解放，各解放区完全合成一片，统一的新货币的发行，已证明刻不容缓。由于地方货币种类太多，比价不同，人民感到极大不便，人民纷纷要求政府改发统一的货币，逐渐收回地方货币。”“将来对各种地方币，要按现在比价兑收到最后一张为止。人民币比价适当提高，是便利计算与交易。”1949年3月10日，中原解放区的中州农民银行改组为中国人民银行中原区行。中原区行又改为中南区行。4月，以原陕甘宁边区银行和晋西北农民银行合并成立的西北农民银行为基础，成立了中国人民银行西北区行。6月25日，中国人民银行总行委托华东区发行分处在上海发行7种面额的人民币。6月26日，东北银行开始收兑原辽东银行、热河省银行和长城银行发行的流通券，统一了东北境内的货币。同年，在原华中银行基础上又改组成立了中国人民银行华东区行，还建立了中国人民银行西南区行。

第一套人民币发行早于中华人民共和国的成立。当时人民战争还在继续，社会经济恢复工作还在筹划之中。第一套人民币的发行有重要意义，是在中国人民解放战争转入战略进攻以后，为配合革命战争的需要，适应全国解放和统一的形势，变分散发行为统一发行，标志着新中国货币制度和货币体系的确立。因此，第一套人民币的发行目的非常明确，就是统一货币发行，为迎接全国解放做好金融方面的准备。人民币的发行由于宣传得力，物资准备充分，币值相对稳定，受到人民群众的热烈欢迎，在全国顺利推广开来。1949年5月5日，中国人民银行总行发出了收兑“旧币”通令，规定从1949

年5月15日开始，对“旧币”采用固定比价，混合流通，逐步收回，负责到底的政策。当时人民币与各解放区货币的比价分别是：

（1）人民币与晋察冀边区银行币（含冀中分行和冀热辽分行币）的比价为1∶1000。

（2）人民币与冀南银行币（含鲁西银行币）、北海银行币、华中银行币（含当年与华中币等价流通的大江银行币、江淮银行币、淮北银行币、淮南银行币、江南银行币）的比价为1∶100。

（3）人民币与西北农民银行币、陕甘宁边区贸易公司商业流通券的比价为1∶2000。

（4）人民币与陕甘宁边区银行币及延安光华商店代价流通券的比价为1∶40 000。

（5）人民币与中州农民银行币的比价为1∶3。

（6）人民币与南方人民银行币的比价为250∶1。

（7）人民币与东北银行币、内蒙古人民银行币、长城银行币、热河省银行币的比价为1∶9.5。

（8）人民币与新疆省银行的“银圆票”的比价为350∶1。

（9）人民币与1928～1937年各地苏维埃政权的银行所发行的各种票币（如中华苏维埃共和国国家银行币、闽西工农银行币、江西工农银行币、鄂豫皖苏维埃银行币、湘鄂赣工农银行币、川陕省苏维埃工农银行币、中华苏维埃共和国银行西北分行币、陕甘省苏维埃银行币等）的比价，按每元苏区币与人民银行收购一银元的比价相等。

统一发行人民币是为迎接全国解放所采取的一项重大措施，它向中国人民表明了中国共产党建立新中国的决心。人民币的发行促进了解放区的经济交流和经济发展，有力地支援了解放战争，满足了新中国成立之初恢复国民经济的需要。到1950年年底，除东北地区、新疆及西藏地区外，其他各地的“旧币”基本上收兑完。1951年3月20日，中央人民政府政务院发布用人民币收兑东北地区“旧币”的命令，开始收回东北银行和内蒙古人民银行发行的地方性流通券。1951年9月21日，中央人民政府政务院发布用人民币收兑新疆省银圆票的命令。1959年8月10日，西藏自治区筹备委员会发出布告，宣布“藏币”作废，以人民币限期收兑。到10月底，“藏币”收兑完毕。至此，除台湾省和香港、澳门地区外，全国已流通了统一的人民币。

二、人民币站稳脚跟

1949年新中国成立至20世纪50年代初，是建国初期物价波动最剧烈的时期，先后出现了多次大的涨价风，在这场共产党政府与投机势力的较量中，人民币站稳脚跟才能确保人民币的地位和流通。但是在战后薄弱的经济实力、严重的通货膨胀、混乱的经济秩序下，如果盲目地以几万、几十万比一的比例用旧币兑新币，将会重蹈国民党金圆券、银圆券的老路，治标必须先治本，治本必须要树立信心，共产党只有切切实实平稳物价，解决通货膨胀的顽疾，才能确保人民币的地位和流通。

1949年5月底中华人民共和国政务院替代国民党政府控制上海时，规定人民币1元收兑金圆券10万元，并严禁国民党政府发行的金圆券在市场上继续流通。一万元变成了一元，并不是简单意义上的类似于国民党用金圆券替代法币的无奈之举，而是新中国根治了国民党政府无解的顽疾，恢复了人民对于政府，对于国家的信心，“我们不仅仅善于破坏一个旧社会，我们更善于建设一个新社会”，这也许是最好的说明。但是由于最早的人民币发行机构并没有足够的贵金属保证，加上国民党政府推行法币和金圆券的失败对上海商界的打击影响依然存在，因而人民币在上海发行流通时遭到了抵制。出于各种心态，人们开始将手中的纸币换成贵金属，投机商人利用这个时机抬高白银价位，从而获得巨额投机收益，5月27日1银元兑换100元人民币，到了6月4日1银元达到了兑换1100元人民币的比价。这样在上海，实际上的流通本位币已经是银元，而不再是人民币了。同期上海的人民币发行量仅有20余亿元，人民币只能用于购买小额货物，无法用于大宗的商业活动。上海部分商店商号还拒绝以人民币作商品标价，企图把人民币排斥在市场之外。而且银元的价格上升继而带动上海物价直线上升。从1949年5月17日到6月9日的13天中，上海物价总指数上涨2.7倍以上，黄金上涨2.11倍，银元上涨1.98倍，米上涨2.24倍，纱上涨1.49倍。

为了尝试将银元风波压制，上海市6月5日抛售了10万枚银元，6月6日又抛出31万银元，但是如泥牛入海，银元价格继续上涨。到了6月7日，1银元涨到1800元人民币。此时共产党政府和人民币的地位受到了严峻的考验，因为上海作为经济大都市和中国为数不多的几个存在少量国际贸易的城市而言，人民币无法流通和银元的疯狂上涨带来的物价上涨，将被外界视为政府的无能，一旦对政府的信心丧失，将会重蹈国民党法币和金圆券的覆辙，并且上海的举动很有可能影响其他城市，如当时北京也出现了少量抵制人民币流通的商业者。6月8日，上海市市长陈毅在毛泽东的许可下决定用政治手段平息风波。

上海市政府得到授权后，运用行政力量在政府控制税收、交通及其他市政公用事业内强制以人民币作为唯一许可的货币，并发行人民币公债来增加人民币的使用量，并警告了银元的投机分子。但这对于真正掌握银元市场的投机者而言并不造成根本性的影响。1949年6月10日，上海市军管会派出便衣警察封锁了上海最大的银元交易市场，并拘捕了250名投机者，收缴了数万枚银元，并发动上海市的群众散发传单，宣传建立新的金融新秩序的作用和意义。很快市场上银元对人民币的比价由6月8日的1∶2000降至1∶1200，并不断下降。由于银元的贬值，人民币很快便取得了上海的主导货币地位，毛泽东称此影响为“不亚于淮海战役”的战争。

银元之战刚刚结束，从10月15日开始，以上海、天津为先导，华中、西北跟进，首先是进口工业原料如五金、化工等价格节节上升，接着纱布、粮食价格大幅度跳升，推动整个物价猛涨，每天上涨10%～30%，人民币币值狂跌。以7月物价为基础，到12月10日，上海、天津、汉口、西安4大城市的物价平均上涨3.2倍，11月24日达到物价波动的最高点，为7月底的3.7倍。当时主持中央财经工作的陈云注意到，上海投机者主要囤积纱布，华北投机势力集中囤积粮食。为了避免两面受敌，他首先集中精力应对北方粮价稳定问题，从11月15日起每日由东北运粮1000万～1200万斤入关，供应京津地区。同时逮捕和严惩了16家投机粮商。这些手段震慑了投机者，安定了民心。

从京津腾出手来之后，陈云开始全力抑制上海的物价涨势。起初由上海国营贸易单位在市场大量抛售棉纱、棉布、大米。尤其是大米，11月7日一天抛售911万斤，相当于平时市场成交量的10倍以上。但这么多的物资抛售仍无法遏制物价继续上升。由于这次涨风是全国性的，仅上海一地行动已不能解决问题，迫切需要全国统一部署。因此组织全国各大城市统一行动，集中抛售。除了大量调动、抛售物资外，还配合税收、信贷等多种手段，使投机资本完全没有喘息的机会。中央规定所有国营企业的资金一律存入国家银行，不得向私营银行和资本家企业贷款；私营工厂不准关门，且须照发工人工资；加紧征税，不得迟交。同时，全国各地严加取缔地下钱庄，截断投机分子的资金来源。11月25日全国统一抛售行动开始，起初投机商仍然大量扒进，甚至不惜举债买货，但从当天起物价不仅稳定，而且稳中有降，大大出乎投机商的意外。在政府连续抛售10天后，投机商们再也坚持不住了，只能纷纷贱价求售，物价由此下跌达30%～40%。这时，持续了50天的物价涨风，在中央的统一指挥和统一行动下，终于获得全面制止。这就是著名的“米棉之战”。

1950年，除西藏外，中国内地已全部解放，军事费用这项最大的财政负担得到极大缓解。但是财政上由中央人民政府负责的公粮、税收等财政收入大多由各地方人民政府使用，经常出现财政收支不平衡，增加了货币发行和价格的不稳定因素，因为一旦财政支大于出，政府有很大倾向加大货币发行弥补支出，从而无异于沿袭了国民党的老路。因此1950年3月，在陈云领导下，统一了全国财政收支、物资调度和现金管理。在财经统一管理的基础上，财经部门整理收支，缩小赤字，4月全国财政收支接近平衡，这就为物价走向全国稳定奠定了基础。13年来中国通货膨胀的局面，由此被根本扭转。民众十多年来所形成的通货膨胀预期也悄然发生了改变，人们非但停止了预购行为，并且发生了延迟购买趋向，而且从重物轻币转为重币轻物，银行存款稳步上升。

当我国财经状况逐步好转的时候，朝鲜战争爆发，美英等资本主义国家加紧对我国实行经济封锁和禁运，部分进口工业原料来源困难，价格大幅上涨，11月份物价总指数上涨31.8%。中国人民银行及时调整了货币信贷政策，采取了控制现金，紧缩信用的措施，到了12月批发物价指数开始转为下降1.3%，之后进口原料等也逐渐回稳。经过三年的经济恢复和“一五”计划的顺利实施，全国金融物价基本稳定，财政实现了收支平衡并且略有结余，国民经济出现了欣欣向荣的大好局面，人民币至此站稳脚跟，发行新人民币的条件也基本成熟了。

三、第一套人民币的特色

人民币统一了各解放区的货币，清除了国民党反动政府发行的各种货币，结束了国民党统治后期恶性通货膨胀和外币、金银在市场流通买卖的历史，有力地支援了解放战争，保证了人民解放战争的胜利。但是，由于第一套人民币诞生于战火纷飞的年代，体现出新旧政权交替的痕迹。

第一，第一套人民币仍沿用旧币制，这在人民币中是唯一的一套。其票面金额大，计价和流通都不方便。只有主币，没有辅币，不能完整体现我国货币单位的概念。

第二，第一套人民币从1948～1953年共用了5个年号，但纪年方式不同。前期从1948年12月1日～1949年10月3日止发行的票券，正面使用中华民国纪年，背面除两个版别票券无纪年外，多数票券使用公元纪年。中期从1949年10月20日～1949年11月15日止发行的票券，一部分使用双重纪年，一部分开始单一公元纪年。后期从1949年12月23日～1953年12月止发行的票券，均使用单一的公元纪年，从而完成了年号上的过渡。

第三，票面汉字的书写方式不统一。1951年以前印制的61种票券，券面“中国人民银行”和汉文面额均沿用过去从右至左的书写方式。1953年印制的1种票券，采取了新的从左至右的书写方式。此后印制的人民币票券，均用此新方式设计印制。

第四，未使用国徽。在第一套人民币设计印制时，中华人民共和国国徽尚未颁布，故全套票券没有设计国徽图案，这是第一套人民币区别于此后各套人民币的显著特征。

第五，在文字说明上，第一套人民币多数票面上只用汉字，只有6种票面上增印了一种少数民族文字，主要在该民族地区流通。我国是一个多民族国家，这种单调文字说明的票券在各少数民族地区流通很不方便。从第二套人民币开始，票券上采用了多种民族文字说明。

此外，第一套人民币由于战时印刷条件的限制，存在着很多自身的缺点：

第一，印制厂家多而分散，受当时的条件限制，票券质量参差不齐。为配合战争需要，人民币需要做到战争打到哪里就发行到哪里。这使人民币的印制工作由多地印刷厂承担。第一套人民币分别由东北银行造币厂、中国人民银行直属印刷厂、阜平第一印刷局、涉县第二印刷局、济南第三印刷局、天津人民印刷厂、北京印钞厂、上海印钞厂、中原印钞厂、延安光华印刷厂、苏北印钞厂、重庆印刷厂等二十多个厂家印刷。由于战时条件限制，第一套人民币只能是印刷厂家具备什么条件就采取什么方法印制，因此有胶印、石印、凸印、凸凹印、凹胶合印等众多印制方法。此外，印钞纸张也是就地取材，没有统一的规格，有厚薄、黄白、有无水印的区别，带水印的也分波纹水印、空心五角星水印、英文字母水印等。第一套人民币从印刷工艺上来讲确实是粗糙的。

第二，由于印刷厂家众多，造成版别杂乱的后果。第一套人民币面额有12种，版别却多达62种，是五套人民币中版别最多的。具体版别如下。

（1）1元券2种：1元工农图券、1元工厂图券。

（2）5元券4种：5元帆船图券、5元牧羊图券、5元水牛图券、5元织布图券。

（3）10元券4种：10元灌田矿井图券、10元锯木犁田图券、10元火车图券、10元工农图券。

（4）20元券7种：20元运肥火车图券、20元推车图券、20元六和塔图（甲）券、20元六和塔图（乙）券、20元工厂火车图券、20元帆船火车图券、20元打场图券。

（5）50元券7种：50元水车矿车图券、50元火车大桥图（甲）券、50元火车大桥图（乙）券、50元列车图（甲）券、50元列车图（乙）券、50元212农图券、50元轧道机图券。

（6）100元券10种：100元耕地工厂图券、100元工厂火车图券、100元万寿山图（甲）券、100元万寿山图（乙）券、100元工厂图券、100元北海桥图（甲）券、100元北海桥图（乙）券、100元轮船图券、100元驮运图券、100元帆船图券。

（7）200 元券 5 种：200 元颐和园图券、200 元佛香阁图券、200 元长城图券、200 元炼钢图券、200 元割稻图券。

（8）500 元券 6 种：500 元农村图券、500 元正阳门图券、500 元收割机图券、500 元起重机图券、500 元种地图券、500 元瞻德城图券。

（9）1000 元券 6 种：1000 元耕地图券、1000 元秋收图券、1000 元拖拉机图券、1000 元推车耕地图券、1000 元钱江桥图券、1000 元牧马图券。

（10）5000 元券 5 种：5000 元耕地机图券、5000 元耕地工厂图券、5000 元蒙古包图券、5000 元牧羊图券、5000 元渭河桥图券。

（11）10 000 元券 4 种：10 000 元军舰图券、10 000 元耕地图券、10 000 元牧马图券、10 000 元骆驼图券。

（12）50 000 元券 2 种：50 000 元新华门图券、50 000 元收割机图券。

第三，券别设置不合理，面额大小差别大，1 元币和 50 000 元币相差 5 万倍，到第一套人民币发行后期，由于通胀市场上很少有 1 元的商品，甚至 100 元也很少使用，在日常的生产和生活中交易要以亿、几十亿甚至是百亿结算，1 元券几乎退出流通领域，不利于商品流通和经济发展。

第四，设计思想还不够统一，图案内容繁杂，主题思想不突出、不明确。第一套人民币的票面题材表现纷杂，内容比较分散，有反映解放区工农业生产和交通运输情景的，有反映我国名胜古迹的，有些直接借用各解放区银行发行的票券上的图案。此外，人民币的票幅、暗记、底纹、冠号、图章、年号、文字也不统一。

由于第一套人民币诞生在解放战争的特定环境中，不可避免地具有一些战时货币的特征。在国民经济日渐稳定走入正轨后，已明显不能适应形势发展的需要。第二套人民币发行之后，第一套人民币就已经完成了它的历史使命。第一套人民币从 1948 年 12 月 1 日开始发行到 1955 年 5 月 10 日退出流通，流通时间不满 7 年，是迄今流通时间最短的一套人民币。1955 年全国统一收回第一套人民币，在短短的 100 天内就收回了流通总量的 98.1%，是人民币回收纪录中最快的一次。当年持币人大多急于兑换，没有想到它的历史价值，中国人民银行也没有保留原始档案，因此留存下来的第一套人民币凤毛麟角。

第二章　人民币在贵州少数民族地区的流通

第一节　贵州解放初期的货币斗争

一、解放贵州

蒋介石对解放区全面进攻和重点进攻被中国人民解放军粉碎后，在1948年9~11月辽沈战役中又被中国人民解放军消灭其兵力47万余人。

1949年7月中旬，中国人民解放军第二野战军前委在南京召开扩大会议，根据党中央的指示布置向西南进军，五兵团司令员杨勇、政委苏振华接受了解放贵州的任务。1949年11月1日，第二野战军的三、五兵团及四野的一部发起了进军川黔的战斗。中共贵州省委和各地、县委的干部，分别随军前进。10日前挺进到贵州境内，15日，贵阳解放。至1951年3月贵州全省完全解放。各县市解放时间如下表[1]。

贵州地处祖国边陲，国民党反动统治的时间较长，由于反动派的反共宣传和长期思想封锁，人民群众对共产党不了解，对党的路线、方针和政策是模糊而陌生的，要使广大群众拥护党的主张，顺利完成贵州的接管工作必须进行大量的工作。1949年11月22日，中国人民解放军贵阳市军事管制委员

[1] 沈德海：《贵州革命史研究》，贵阳：贵州人民出版社，1996年，第339页。

贵州省各地解放时间表

县市名	时间	解放县市的部队	
天柱	1949.11.4	16军46师138团	
三穗	1949.11.7	16军46师138团	
玉屏	1949.11.7	17军50师	
岑巩	1949.11.8	17军49师146团	
镇远	1949.11.8	16军46师138团	
施秉	1949.11.9	16军46师138团	
黄平	1949.11.10	16军46师138团	
炉山	1949.11.11	16军46师138团	
铜仁	1949.11.11	3兵团10军28师	
松桃	1949.11.12	10军30师88团	
贵定	1949.11.12	16军46师138团	
黎平	1949.11.13	4野38军151师	1950.12.10第二次解放
龙里	1949.11.13	16军46师138团	
江口	1949.11.13	3兵团10军28师	
从江	1949.11.14	4野38军151师	
榕江	1949.11.14	4野38军151师	
麻江	1949.11.14	17军51师151团	
石阡	1949.11.14	3兵团10军28师	
瓮安	1949.11.14	17军49师	
贵阳	1949.11.15	16军46师138团	
都匀	1949.11.15	17军51师151团	
开阳	1949.11.15	17军49师	
清镇	1949.11.15	16军46师	
修文	1949.11.15	17军50师148团	
印江	1949.11.16	3兵团10军28师	
万山	1949.11.16	17军50师	
思南	1949.11.17	3兵团10军28师	
平坝	1949.11.17	17军侦察营	
息烽	1949.11.17	17军49师	

续表

县市名	时间	解放县市的部队	
安顺	1949. 11. 18	17 军 49 师	
德江	1949. 11. 19	3 兵团 10 军 30 师	1950. 9. 23 第二次解放
湄潭	1949. 11. 19	3 兵团 10 军 28 师	
独山	1949. 11. 20	17 军 51 师 151 团	
余庆	1949. 11. 20	17 军 49 师	1950. 7 第二次解放
凤冈	1949. 11. 20	10 军 28 师 88 团	
台江	1949. 11. 21	17 军 50 师 150 团	1950. 9. 18 第二次解放
遵义	1949. 11. 21	3 兵团 10 军 28 师	
绥阳	1949. 11. 21	3 兵团 10 军 30 师	
普定	1949. 11. 22	17 军 49 师 145 团	
镇宁	1949. 11. 23	17 军侦察营	
桐梓	1949. 11. 23	10 军 30 师 88 团	
惠水	1949. 11. 24	17 军补训师 4 团	
黔西	1949. 11. 25	16 军 47 师	
大方	1949. 11. 25	16 军 47 师 141 团	
福泉	1949. 11. 26	17 军 51 师	
仁怀	1949. 11. 27	3 兵团 10 军 28 师	
紫云	1949. 11. 27	宣布起义、和平解放	1950. 10. 9 第二次解放
毕节	1949. 11. 28	16 军 47 师	
习水	1949. 11. 29	3 兵团 10 军 28 师	
平塘	1949. 11. 30	17 军 51 师 151 团	
赤水	1949. 12. 1	3 兵团 10 军 28 师	
丹寨	1949. 12. 4	17 军 51 师侦察连	
三都	1949. 12. 6	17 军 51 师 151 团	
威宁	1949. 12. 7	宣布起义、和平解放	1950. 9. 29 第二次解放
赫章	1949. 12. 12	16 军侦察连	1950. 9. 17 第二次解放
荔波	1949. 12. 15	17 军 51 师 152、153 团和荔波人民武装游击队	1951. 1. 15 第二次解放
金沙	1949. 12. 15	17 军 50 师 149 团	1950. 7. 15 第二次解放

续表

县市名	时间	解放县市的部队	
正安	1949.12.16	16军49师136团	1950.9.27第二次解放
纳雍	1949.12.16	18军54师162团	1950.4.15第二次解放
水城	1949.12.18	宣布起义、和平解放	1950.6.9第二次解放
郎岱	1949.12.19	宣布起义、和平解放	
盘县	1949.12.19	宣布起义、和平解放	
晴隆	1949.12.19	宣布起义、和平解放	
普安	1949.12.19	宣布起义、和平解放	
兴仁	1949.12.19	宣布起义、和平解放	
兴义	1949.12.19	宣布起义、和平解放	1950.4.8第二次解放
贞丰	1949.12.19	宣布起义、和平解放	
安龙	1949.12.19	宣布起义、和平解放	
册亨	1949.12.19	宣布起义、和平解放	
望谟	1949.12.19	宣布起义、和平解放	
关岭	1949.12.19	宣布起义、和平解放	
长顺	1949.12.21	和平接管	1950.11.11第二次解放
道真	1949.12.25	31师93团146师136团	1950.9.27第二次解放
沿河	1949.12.29	四川酉阳军分区一个营	1950.10.7第二次解放
织金	1950.1.8	西进支队三大队	1950.5.6第二次解放
锦屏	1950.1.12	17军51师153团	1951.1.1第二次解放
雷山	1950.1.16	17军50师151团	1950.9.26第二次解放
剑河	1950.2.21	17军50师149团	1950.11.5第二次解放
务川	1950.2.20	16军46师136团	1950.9.26第二次解放
罗甸	1951.3.23	17军51师151团	

会成立，苏振华任军管会主任。军管会向被接管单位派出军代表和联络员，了解情况，宣传政策，动员旧有人员回原单位报到，对旧机构予以查封和接管。在对城市的接管中，贵州执行了中央的城市政策，采取了由军管会统一领导、各按系统（军事系统由五兵团接收，地方系统由政府接收）、原封不动（接收后不准动用、统一调剂）、接管一致（接收机构同时又是管理机构）的方针，对接管的机构和人员，除政权和武装以外，都采取了暂时维持现状，

然后逐步改造的稳妥办法。对旧有人员采取了“包下来”“团结改造”“量才录用”的方针，并遵照党的七届二中全会的精神，共产党一进城就紧紧依靠全市工人阶级，注意团结其他劳动群众和知识分子，争取民族资产阶级中的大多数和爱国民主人士的支持与合作，逐步形成了广泛的统一战线。通过这支队伍，广泛宣传党的路线和政策，把学习和宣传工作不断扩展开来，深入下去。

党和人民政府为了宣传党对民族工商业的政策，动员工商界恢复正常生产和经营，做了很多艰苦细致的工作。原商会的一些负责人和进步的工商业者也协助人民政府做了一些有益的工作。1949 年 11 月 16 日上午，进城部队联络员即商会负责人阐述党的政策和解放军《约法八章》的内容，解除工商界的思想顾虑。原商会当即遵照联络员的布置，发出了书面通知，动员工商业户恢复生产，开门营业。1949 年 11 月 20 日左右，五兵团政治委员苏振华同志，在原国民党省政府旧址，再召集工商界知名人士召开会议，阐述了党对民族工商业的政策和其他各项重要政策，会后并设便宴招待。这次会议对工商界影响极大，效果很好，安定了工商业者的情绪，增强了经营的信心。11 月下旬，在贵阳市各族各界人民庆祝解放大会上，工商界向党和政府献了旗。夜间，大家喜气洋洋地举行了耍龙灯、舞狮子等庆祝活动，表达了对共产党和人民政府的崇高敬意。同年 11 月，贵阳市工商管理局正式成立，张开生、翟志平任正副局长，在很艰苦的条件下开展工作，首先是贴安民告示，张贴《约法八章》、共同纲领和工商登记实施细则等；其次是开展工商管理工作。“省委于 12 月 29 日在贵阳召开地书联席会议，确定入黔后第一阶段工作的总方针是：依靠基本群众，争取与团结各阶层中愿意与我们合作的人士和少数民族上层人士，肃清敌人残余势力及匪特活动，建立革命秩序，恢复工商业，完成征收任务，开展贸易税收工作，为发动群众搞好生产作准备。在工作中，我们大力宣传党的政策，共同纲领，三大纪律、八项注意和《约法八章》，广泛开展统一战线工作，团结一切可以团结的力量，中立一切可以中立的力量，分化瓦解残敌，人心迅速安定，为顺利接管创造了有利条件。”❶

---

❶ 中共贵州省委党史研究室编：《贵州城市的接管与社会改造》，贵阳：贵州地图印刷厂，2000 年，第 76 页。

根据党中央指示精神和市人民代表会议的决议，成立贵阳市工商业联合会。首先成立筹备委员会，由市工商管理局聘请陈职民、傅北萍等25人为市工商联筹备委员会委员。筹委会于1950年9月21日正式成立，接管了原商会，在党和政府领导下，团结全市工商业者，遵守政策法令，积极生产和经营，并协助政府完成各项经济工作任务。

1949年12月26日，贵州省人民政府成立，杨勇任贵州省人民政府主席，曾固任副主席。省人民政府的成立，标志着贵州省人民政权的诞生。贵州解放较迟，且国民党反动派在败退逃离贵州以前，布置了所谓“应变计划”，在各地派遣和潜伏下来了大量的土匪和特务分子，省人民政府成立之初，省内尚有部分地区没有解放，特别是在一些边远少数民族地区，国民党反动派还盘踞在那里，与新生的人民政权公开对抗，即使是在已经获得解放的地区，国民党反动派派遣和潜伏下来的特务及反革命残余势力也还在进行着各种公开的、半公开的和隐蔽的破坏和捣乱。在1950年三四月间，发生了全省性的土匪暴乱，许多县（市）遭到土匪武装不同程度的袭击。武装匪特不择手段地破坏人民革命政权，残害军政人员和革命群众，肆意抢劫公私财物，破坏交通通信和工矿企业，扰乱社会秩序，一时搅得人心惶惶，城乡物资交流受到阻碍，刚刚开始恢复的工农业生产再度陷于停顿，人民政权受到严重威胁和干扰，人民生活受到很大影响。在这种情况下，如果不下决心花大力气剿灭土匪，平定匪乱，安定社会秩序，巩固人民政权，国民经济的恢复和发展就只能是一句空话。

二、人民币在贵州的流通

贵州解放前长期受反动派的统治，生产凋敝，百业不振，商品经济不发达，广大群众十分贫困。军阀官僚们除横征暴敛、苛捐杂税之外，还利用滥发票据扩军筹饷，争夺地盘。从民国初年唐继尧督黔开始印发花票，接着戴戡、袁祖铭、周西成等军阀更替统治贵州，陆续印发过“抽签票”“七日票”“尾巴票”“香炉票”等。军阀一垮台票子便成了废纸。到蒋介石势力伸入贵州，官僚资本随后浸透到贵州少数民族地区，国民政府借统一货币之名，行巧取豪夺之实，先发行“法币”取代地方币，法币贬值又印发“金圆券”，到1949年蒋政权崩溃前又发行“银圆券”。由于滥发纸币，造成物资匮乏，物价一日数涨，市场极度混乱。通过这种掠夺方式，不知吸去贵州人民多少财富。因此，贵州人民尤其是少数民族地区的人民深受票据失信之苦，对纸币的抵触情绪很强。

解放前夕，国民党编造了很多谣言，欺骗群众，污蔑共产党。国民党贵阳市市长张致祥还专门召集工商界开会，动员紧急疏散，说共产党来了，就什么都没有了，叫工商界能跑的就跑，货物可送往晴隆转运昆明。致使有的工商业者顾虑重重，有的则分散资金，或逃往外地。如贵阳市的大资本家和经营黄金白银的投机商纷纷逃往香港；有的迁去成都，坐观时局，再定去向；有的走避外县。大多数工商业者，由于不了解党的政策，也存有一些顾虑，关门闭户，持观望态度。当时，人民政府从国民党反动派手中接管过来的完全是一个千疮百孔、危机四伏的破烂摊子。这时的贵州经济已濒临全面崩溃的边缘。

> 1949年，全省工农业总产值仅11.25亿元，其中：工业产值1.66亿元，农业产值9.59亿元。主要工农业产品产量：棉布0.22亿米，煤30万吨，发电量0.07亿度，水泥0.07万吨，粮食59.31亿斤，棉花3.05万担，油料53.87万担，大牲畜246.8万头，猪287.8万头，大都低于解放前的最高水平。其中原煤产量与解放前最高年产量相比，下降了51.2%，水泥下降了60.3%。另外，火柴产量下降了59%，锑产量下降了75%，生铁下降了90%以上，汞仅及最高年产量的1/29。[1]

当时，人民政权虽然在军事上和政治上取得了基本胜利，但所面临的财政经济形势却是十分严峻的。贵州在解放前夕，国民政府发行的银圆券因不能保证兑现，早已失去人民的信任，遭到人民的抵制。城市和农村的商品交

[1] 石争、刘凤翔主编：《贵州现代经济史》第一卷（1949～1965），贵阳：贵州人民出版社，1994年，第17页。

换媒介物，主要由银元、滇半元、广毫、镍币、铜元等金属货币取代。解放之初，市场流通的货币十分混杂，有银元、银圆券、银圆辅币券、镍币、广毫，还有外钞。由于群众饱受国民党票子贬值之害，加上敌特造谣破坏，对使用人民币颇有顾虑，特别是投机商，囤积物资哄抬物价，妄图贬低人民币，浑水摸鱼。因此，人民币流通问题是一个突出的经济问题，也是一个政治问题，斗争十分紧张激烈。1949 年 11 月 28 日，贵阳市军管会公布了人民币是唯一的合法的货币。全文如下：

贵阳市军管会关于人民币为唯一合法货币的布告

（1949 年 11 月 28 日金字第 1 号）

本会为保护人民利益，稳定金融市场，迅速建立新民主主义的经济秩序起见，兹确定中国人民银行之人民币为市场流通之唯一合法货币，并作如下规定：

（一）自即日起，一切伪币（伪银圆券及伪省地方发行之纸币）一律禁止在市场流通。

（二）自即日起，所有完粮纳税及一切公私款项的收付、物价计算、债务、账务、票据、契约等，均以人民币为计算及清算本位，不得再以伪银圆券或黄金、银元及外币为计算及清算本位，所有已往账务、债务之清算，均应以人民银行当时牌价为准。

（三）自即日起，凡税收、贸易机关、交通、邮政等各种公共事业收入款项，必须一律收用中国人民银行发行之人民币。

以上规定，仰全体人民遵照办理，如有故违，一经查获，以扰乱金融论处。

此布。

1949 年 12 月 19 日，贵阳市军管会颁发关于收兑银圆券及银圆辅币券的布告。为照顾人民群众的利益，责成中国人民银行贵州省分行，自当月 19 日起至 21 日，收兑国民政府发行的银圆券及原贵州省银行发行的银圆辅币券。中国人民银行贵州省分行在贵阳市安排所辖营业部、中国银行、交通银行设立12个临时兑换点进行收兑。兑换比价为旧人民币80元收兑银圆券或银圆辅币券1元，遵义市收兑率为100:1。收兑方法具体分为集体兑换与门市兑换两种。集体兑换是指凡被接受的一切公营工厂、公营企业及机关、团体、学校的所有工人、职员、教员、工役、学生，持有银圆券及银圆辅币券者，由原单位进行登记，出具公函，由接管单位的军事代表签章，到指定兑换点兑换，一次兑完，过期作废。为避免挤况，人民银行按系统、单位列出兑换时间表，依次进行兑换。门市兑换是指兑换人按先后次序排列，领取兑换证，按照兑换证号码顺序兑换。“经过三天兑换，省人民银行累计付出旧人民币20 726 320元，共收兑银圆券259 079元，其中银圆辅币券56 504元。”❶

1950年3月25日黄金黑市价格达每两104元，较1月上涨一倍，银元上涨50%。除主要交通沿线外，大部分农村市场都是以银元为主要通货，到1950年6月，人民币只占货币总流通量的一半。人民币推广工作任务仍然十分艰巨。当时，除收兑银元币及银圆辅币券以外，禁用银元、取缔金银饰品业、收兑金银外币等工作也在积极开展。1950年1月中旬，西南财委发出禁用银元的指示和公布西南区金银管理暂行办法后，2月下旬，在贵阳、安顺、遵义等地开始禁用银元。当时采取硬性禁用的方针，不准在市场流通，但准许保存。这个方针在当时是完全必要的。当时仍有投机商扰乱金融市场，贩卖黄金白银，以银元作为投机倒把破坏市场的手段。这种投机倒把活动由来已久，抗日战争后期至解放前夕，由于通货膨胀和物价上涨越来越严重，因而促使商业投机空前发展。造成银行利息高于产业利润，商业利润高于银行利息，投机商业利润又高于正当商业利润，因此社会资金便纷纷涌向商业投机，形成了商业的畸形发展。“据解放初的统计（可反映解放前夕的情况），全省工商业户中，工业只占7.4%，而商业占了92.6%；工商业资本中，工业资本只占23%，而商业资本却占了77%。”❷ 由于通货膨胀和物价飞涨，投机商业和囤积居奇便成为最为有利可图的行业，从而把社会上大量的游资吸引到了商业投机领域，各种生产资本也大量脱出生产领域，转为商业资本，

❶ 贵州省地方志编纂委员会：《贵州省志·金融志》，北京：方志出版社，1998年，第260页。

❷ 石争、刘凤翔主编：《贵州现代经济史》第一卷（1949～1965），贵阳：贵州人民出版社，1994年，第9页。

甚至银行资本的投向也以商业投机为主，大肆从事商业投机活动。例如，解放前贵阳市的几十个“金店银楼”和行庄，差不多都不同程度地把资金投向了商业投机领域。商业资本的畸形发展，使得本来就资金奇缺的工业生产因缺乏资金市场的支持而迅速走向衰落，而工业生产衰落又反过来制约和影响了商业的发展。“如贵阳市的商业户1945年为5422户，抗战结束后，因通货膨胀和工业萎缩、社会动乱，迫使商家纷纷倒闭，至1949年，全市商业户减为3952户，比1945年减少了27%。”[1]

1950年2月初，贵阳市各界人民代表会议作出禁用银元决议。2月9日，贵州省人民政府财政经济委员会发行《关于禁用银元的指示》，并于2月12日发布禁用银元的布告，规定自2月22日起，采取先城市后农村的步骤，禁止黄金、金银（含银元）流通或买卖。同时为照顾少数民族长期使用金属货币的习惯，对少数民族地区则采取人民币和银元混合流通的过渡办法。2月21~25日，贵阳、遵义、安顺、贵定、龙里、贵筑、修文、桐梓、湄潭、赤水、仁怀、绥阳、惠水13县（市）先后开展禁银工作，以（县）人民政府名义发布禁用银元布告，其主要内容是：从布告之日起，限期10天至半月由银行挂牌收兑，每6000元人民币收兑银元一元。禁银后，人民保存之银元可以储存，但禁止流通使用；对一般工人、农民、小商人使用及携带出境之少量银元，予以兑换，对银元贩子，除没收外，并予以处罚。贵阳市于2月21日在市体育场举行有两万多人参加的群众大会，大张旗鼓开展禁用银元宣传。市政府领导到会讲话，会后举行盛大游行。2月22~24日，贵阳市没收242个银元贩子的银元资本2573元。为配合禁银工作，对金银饰品业采取从限制经营到动员转业的办法。

在当时特定历史环境下，国民经济的恢复和发展与政治、军事、统战、文化等方面的工作有着极其密切的联系。当时币值不稳，群众有重物轻币的心理。为了保证人民币币值的稳定，巩固币信，采取了行政手段与经济办法相结合的措施：一是掌握以经济发行为主，严格控制财政发行不超过总发行

---

[1] 石争、刘凤翔主编：《贵州现代经济史》第一卷（1949~1965），贵阳：贵州人民出版社，1994年，第9~10页。

额的1/3，并根据各地、县经济条件，规定不同的发行限额，全省发行量按人口平均不超过旧人民币2万元，防止了发行过量和地区失调之弊；二是坚持以物资为后盾。配合物资、商业部门，收购农副产品，投放货币，同时组织食盐百货下乡，回收票子，把物资吞吐和货币投放紧密结合，使人民币从实行等价交换方便买卖中，树立信誉。据了解，许多农民反映，共产党的票子过得硬，既保本又方便。禁银之后不到3个月，物价摆脱了金银波动的影响，降低了34%，市场拆息大幅度下降，人民币畅通无阻。

在当时，能否迅速恢复生产和交通，平抑物价，稳定市场，扭转财政经济的严重困难局面，进而恢复被战争破坏的国民经济，意义极其重大。这不是一个单纯的经济问题，而是一个与政治、军事等各个方面密切相关的、错综复杂、事关全局的大问题。人民解放军在贵州能否在军事上取得最后胜利，共产党能否在贵州站住脚，贵州新生的人民政权能否巩固，在很大程度上都取决于能否迅速恢复国民经济。正如毛泽东在中共中央七届二中全会上指出的那样，“如果我们在生产工作上无知，不能很快地学会生产工作，不能使生产事业尽可能迅速地恢复和发展，获得确实的成绩，首先使工人生活有所改善，并使一般人民的生活有所改善，那我们就不能维持政权，我们就会站不住脚，我们就会失败”❶。毛泽东的这段论述，不仅符合全国，也完全符合当时贵州的实际情况，迅速稳定市场、物价，恢复和发展国民经济，便成为解放初期贵州全省党、政、军、民所面临的最紧迫最重要的任务。

在推广人民币的过程中，贵州在粮食和禁止银元问题上，同封建势力和资产阶级展开了一场激烈的斗争。加上贵州情况特殊，在盐巴和棉纱问题上，也存在着尖锐、复杂的斗争。当时，粮商兴风作浪，抬高粮价，弄虚作假，致使1950年春季粮食等物价大幅波动。以1950年1月为基准100，至3月，贵阳、遵义等城市的粮价平均上涨至239。党和人民政府千方百计从外地调运粮食，据不完全统计，1949年11月到1950年7月共调进1219万多斤。有了粮食，增设代销店，国家大量抛售，粮价很快下降，稳定了市场。

盐巴问题在历史上浸透了贵州各族人民的血泪。贵州不产盐，要通过汽

❶《毛泽东选集》（第四卷），北京：人民出版社，1991年，第1428页。

车、木船、人背马驮，从四川等外省运来，官僚资本和封建势力从中层层剥削，贵州广大人民长期饱受淡食之苦。解放初期，盐巴问题是一个突出的经济问题，也是一个政治问题。1949 年 11 月 23 日，贵州军管会派军代表接管了贵州盐务管理局，军代表是李永祥。李调走后，由李零石、马一之先后任局长。当时，只接管食盐 34 595 担，在私商手中的存盐却有 31 200 担。到 1950 年 2 月，全省从省外调进食盐，私商又占 58%，而在 1949 年 11 月到 1950 年 3 月间，食盐供应紧张时，私商售盐比重只占销盐量的 17.8%。在贵阳市，3 月盐价波动幅度较大时，私商售盐占比由 1 月的 71% 突然降到 11%。他们把食盐大批囤积起来进行黑市交易，牟取暴利，盐价上涨两倍半。为了平抑盐价，打击投机，保障人民生活需要，采取紧急措施，派出武装护送运盐，1 月 11 日运回第一批食盐，至 1950 年 6 月共运回食盐 5590 吨（111 800 担），低于市价大量抛售，打击投机商，稳定了盐价。20 世纪 50 年代，每年每人平均吃盐水平由 1949 年的 3.46 市斤上升到 8.63 市斤。同时，省委明确由省财委直接掌握盐价，规定很严格，任何单位和个人都不得擅自调整盐价。

棉纱方面斗争虽不如粮食、盐巴和禁银斗争那样激烈，但也是一项重要的斗争。棉纱价格的涨落往往影响整个市场物价的波动。由于贵州不生产棉纱，要从上海等地运来，运费很大。私商又层层进行中间剥削，牟取高额利润。贵州广大农民生活贫困，特别是少数民族妇女，有自制嫁衣的风俗习惯，需要棉纱做织布的经纬，私商零售棉纱一支支地零卖，私商从批发到零售，捆拆成支，高价出售，牟取厚利，贫苦农民只能用低价的农产品换取一支支棉纱，贫苦农民多年的劳动积累，才能换得一件嫁衣。国营公司建立后，逐步掌握了批发业务，首先在 1950 年春季和秋季的两次棉纱价格的波动中，以雄厚的物资为后盾，发挥了威力，使投机商未能得逞。平抑纱价后，国营公司调整了批零差价，让出部分零售市场，使私商面向农村，从事正当经营，并有利可图。同时，国营公司的各地分支机构陆续建立，在全省有了自己的商业网，在棉纱经营上，占了主导地位，逐步改善和解决了手工业和农民织布、穿衣问题。

解放初期，党领导贵州人民，动员了大批人力和物力，解决了贵州人民吃盐、穿衣、吃饭等问题，这是经济工作方面取得的巨大成功，不仅在经济恢复和发展上，而且在政治上都有着极其深远的意义。到1951年年底，人民币已占领全省货币市场，银元退出流通领域，由于统一的人民币市场在全省建立，为恢复和发展工农业生产，促进商品流通，提供了良好的条件。市场日趋繁荣，物价基本稳定，物物交换基本消失，人民币信誉越来越高，改变了群众重物轻币的心理，消除了国民党十多年通货恶性膨胀的流毒与影响，创造了经济工作上的一个奇迹。

第二节　反破坏、伪造人民币

在人民币占领市场不久，就发现有不法分子破坏、伪造人民币的活动。1950年年初，省内曾发现有一百元、二百元、五百元、一千元券人民币假钞进入市场；同时九十月间，修文、黔西两县先后发现五百元券人民币被涂改为五千元券，抓获主犯吕志成；11月间，贵阳市也发现帆船版一百元券人民币被涂改为一万元券。

1950年3月4日，中国人民银行贵州省分行发出《关于没收假票的通知》，要求各县人民银行加强对假票的查缉工作，查获的假票一律没收，并追究来源。随后，人民银行总行根据《妨害国家货币治罪暂行条例》有关条款，在银行出纳制度中规定：（1）发现误收的假票，予以没收，记入假票（币）登记簿，并在票券的正、反面加盖“假票”或“作废”戳记。（2）发现新版假票，将情况并附假票逐级上报。发现可疑票币，如不能肯定真伪，提出疑点寄上级行鉴别。（3）真假票鉴别手册由总行统一印发。

根据《贵州省志·金融志》统计资料显示，新中国成立以来在贵州发生多次伪造人民币的事件：

1961年4月20日，人民银行省分行发出通报，黎平县查出不法分子刻制三元券人民币版，印制假钞900余张。

1967年年初到1970年年底，六枝特区共发现人民币假钞24张，其中五元券 9 张，十元券 15 张，票面金额共 195 元。

1974 年 7 月，平坝县破获伪造人民币团伙案，案犯刘述元、廖国林等伪造一元、五元、十元券假票 1000 余张，票面金额 5000 余元，法院判处刘、廖二犯死刑。

1976 年，破获洪志友（湖南省凤凰县阿拉区茨岩公社人）、胡尚林（贵定县新场区新铺公社人）、赵荣华（贵定县城郊公社人）等伪造十元券假钞案。这个伪造假钞集团，1975 年 5 月在凤凰县制造十元券假钞 41 张，半成品 250 张。1976 年 1 月携带部分假钞潜来贵州，匿居贵定县新铺公社黄龙生产队胡尚林家，在一山洞内继续制造假钞。同年 4 月 18 日，洪志友伙同胡尚林、胡尚模等携带十元券假钞 23 张到福泉县马场坪作案，被商店营业员发觉，报告公安派出所将洪犯抓获，连夜赶赴贵定将嫌疑人胡尚林、胡尚模逮捕，并在黄龙山龙灯坳岩洞内搜出假钞成品 25 张，半成品 202 张，作案工具 22 件。据洪志友供认，当天在马场坪用去假钞 10 张，经发动各商店、货摊清理营业款，全部收回。另有假钞 13 张被洪甩上一辆驶往龙昌镇的货车内带走。经跟踪追查，先后于 4 月 25 日、5 月 13 日与 16 日在龙昌、道坪两地全部追回。同年 6 月 8 日，又将同案嫌疑人洪喜凤、赵荣华抓获。经福泉、凤凰两县人民法院，根据中华人民共和国《妨害国家货币治罪暂行条例》，判处首犯洪志友死刑，同案犯胡尚林、洪喜凤、赵荣华等 6 人无期或有期徒刑。同年 11 月 8 ~ 15 日，人民银行省分行在福泉县召开全省出纳工作会议，通报全省反假斗争情况，总结经验，作出进一步反假斗争的部署。

1979 年，毕节、纳雍两县公安部门协同破获陈少全等伪造人民币团伙案，收缴十元券假票 200 张。

1980 年，毕节、大方、思南、玉屏等县，先后破获伪造人民币团伙 3 个，抓获罪犯 8 名，收缴伪造人民币成品、半成品 811 张。

1981 年，毕节地区破获伪造人民币案 11 起，收缴假票 45 张。

1982 年，全省发现伪造人民币案件 37 件，收缴假票 82 张。其中遵义、贵阳查获伪造五元、十元券假票 22 张，计 27 张。兴义人民银行协同公安机关破获 1 起伪造人民币案，收缴假票 41 张。

1983 年，贵阳、安顺及黔南、黔东南、六盘水等地区，连续发现伪造的十元券和五元券人民币。据不完全统计，达 772 张。其中贵阳市收缴 111 张，黔南州收缴 100 多张，息烽县收缴 462 张。

1987 年，据省内五个地区统计，发现伪造人民币 100 起，收缴假票 185 张，其中十元券 47 张，五元券 45 张，还有少量一元、二元券。黔西、惠水两县公安局各破获假钞案 1 起，收缴五元券假票 35 张，十元券假票 4 张。

1988 年，据不完全统计，全省共发现人民币假钞 70 起，票面金额达 48 375 元。假票面额集中在一百元、五十元、十元、五元四种券别，其中十元券最多。盘县特区东风乡民兵李少义缴获十元券假票 4330 张。

1989 年，全省发现人民币假钞 187 起，计 3003 张，金额达 22 898 元，发案数为上年的 2.67 倍，银行配合公安部门破案 11 起。

此外，在人民币流通过程中，有些钞券损伤残破不能使用而收回，要适时销毁。因此，销毁废旧人民币，是货币发行的一项重要工作。1955 年 3 月 1 日，第二套人民币发行，要求对第一套人民币进行销毁。同年 3 月 5 日起，由省监察委员会、省财政厅和人民银行省分行联合组成的检查小组，按照人民银行总行规定的比例，对待销毁的旧币，进行抽查复点工作。

后　记

纵观中国封建社会各朝代发行的信用票据，从宋代交子到清代咸丰官票、宝钞，除顺治钞贯外，每次发行都是弊端百出，与恶性通货膨胀相始终。到清初200年间，政府对发钞已到谈虎色变的地步。为什么会这样呢？究其原因有四：第一，历代政府认为凭借国家的权力就可以决定票据的无限法偿能力，“国家定制，当百则百，当千则千，谁敢有违？”[1] 不管国家对纸币规定有多少面值，纸币都能按照已规定的面值流通无阻。这是想当然的主观愿望，是用国家权力来换纸币流通的客观规律，其结果必然是钞法虽备却壅滞不通。第二，历代统治者把发钞作为解决国家财政赤字的手段，纸币基本上是在战乱年代或者财政困难的情况下诞生的，交子、钱引、会子、交钞和咸丰官票宝钞等大都如此。所以，历代纸币的诞生都有先天隐患。第三，各朝代统治者把发行纸币当作增加国家财富的一种便捷手段，以一纸无价值的纸钞，无偿征收民间财物。各朝政府每次在换发新钞、压价收兑旧钞时，都是大获其利。所以发钞是为了满足封建统治者的贪欲，目的是搜刮民脂民膏，聚敛民间财富，它对商品经济发展作用甚微。第四，各朝代统治者发行纸币的性质，都是用行政命令以行政方式强迫施行的，国家既无发行准备金作保证，缺乏信用基础，又无任何商品作后盾，没有物质基础。纸币本身是政府发出的一张空头票券，而民间金银是有价货币，政府要百姓违反交易习惯，用金银兑换纸币再以一纸易百货，民间并不认同，私下值钱物品仍用金银交换。官吏

[1] 中国人民银行总行参事室金融史料组编：《中国近代货币历史资料》（第一辑），北京：中华书局，1964年，第208页。

徇私舞弊中饱私囊，自坏币法；加之国家政策朝令夕改，失信于民。毫无限制地滥发纸币更是纸币夭折的主要因素。因此，信用票据的本质是信用，需要国家物质基础和信誉保证来维持，大肆滥发纸币超过市场的需要量，纸币流通就会受阻，纸币壅塞造成金融领域瘫痪，使交易市场怨声载道，最终造成币值惨跌，纸币终成废纸。

民国时期，首先是北洋军阀集团统治，其货币制度是清末币制的延续，加之政治上的分裂和连年的混乱使省银行成为各地军阀军费的源泉，票据的地方色彩很浓，这是中国人民受票据失信之苦最惨烈的时期之一。可以说，北洋政权制造恶性通货膨胀手段十分卑劣，滥发钞票、兑换券及流通券，蒙骗人民。国民政府于1935年进行币制改革，发行了法币，结束了中国货币的混乱状态，对现代货币政策产生了不可估量的影响。但法币是不可兑换纸币，为其后的恶性通货膨胀埋下了隐患。任何票据从本质上讲都仅仅是一张印刷精美的白纸，它能够使用是因为政府保证赋予了它偿付的能力。一旦严重的通货膨胀出现，人们手中的钱不断地贬值，今天10块钱能买一斤猪肉，明天可能连一两也买不到，人们不会再愿意使用该种货币，这往往表示政府必须进行必要的改革，或者走到了穷途末路。这正是国民党经历的纸币发行历程。

票据的基础是信用。信用是票据使用流通的基础，信用越强，票据也就越容易被人们接受和使用。“无论是国家财政、边防军需，还是货币流通、商业的发展，抑或是人们的生计和日常生活，无不与信用票据有着密切的联系。信用票据信用的好坏，成为关乎社会经济发展兴弊的重要影响因素。”❶ 人民币的发行与流通完全遵照市场经济规律，保障人民的利益，深受各族人民的欢迎。贵州解放以后，人民币正式在贵州少数民族地区畅通无阻，并完全取代了之前的各类失去信用、损害人民利益的票据，成为商品经济发展的通行证，为社会经济快速发展提供了保证和支持。“人民币的诞生和成长，真正做到中国历史上的货币统一，结束了延续两千多年的多元化货币流通状态，确立了独立自主的、长期基本稳定的社会主义货币制度。”❷

❶ 缪坤和：《宋代信用票据研究》，昆明：云南大学出版社，2002年，第2页。
❷ 千家驹等著：《中国货币史纲要》，上海：上海人民出版社，1986年，第248页。

人民币成为贵州少数民族地区市场流通的唯一合法货币之后，国家保证人民币的购买力，以最快的速度恢复和发展民族地区经济，从根本上转变了贵州少数民族地区的经济状况，物价由大波动转为基本稳定。1950 年 4 月物价总指数较 3 月下降 10%，5 月份又比 4 月份下降 20%，6 月份比 5 月份下降 6.6%，全省物价日趋稳定。这样就牢固地树立了人民币的信誉，进一步稳定了社会局势，这在客观上增强了各族人民的自信心和民族认同感。因此，新中国成立后贵州少数民族地区在党的领导下，取得经济和文化方面的重大成就，达到了前所未有的水平，开始走向繁荣昌盛的大道，这是其重要原因之一。

人民币的统一发行与全面流通在贵州少数民族地区的历史上是一个十分重大的事件。尤其是站在整个国家的角度看，贵州少数民族地区统一票据的流通，不仅对促进民族地区经济的快速发展有突出贡献，更有利于加强少数民族的民族认同感，促进国家意识的形成，并以此为核心构建民族认同与国家意识的一致性。民族认同是一个历史现象，伴随着民族的形成而产生。毫无疑问，民族认同的形成过程是漫长的，但一旦形成，便具有稳定性。稳定的民族认同在一个民族中起着聚合的作用，是一个民族强有力的内聚力和黏合剂，关系到一个民族的生存以及未来的发展，所以民族认同在很大程度上是民族发展的一种动力。由于认同自己的民族，就会时刻关心自己民族的命运，把自身的命运与民族的命运紧密地联系在一起，尽量寻找民族发展机遇，对民族发展有强烈的责任感及奉献精神。反之，如果缺乏民族认同感，就会对本民族的发展漠不关心。因此，一个民族要获得长久发展，民族认同是强大和不可缺少的精神支柱，必须维持并不断强化民众对于民族的认同感。民族认同的维持要依靠民族的强大来实现，只有当一个民族强大，本民族的人才会对本民族充满自豪感与自信心，才能维持强烈的民族认同。相反，如果一个民族长期处于落后挨打的状态，那么人们对这个民族就会失去信心，自然不能维持对本民族的认同。

在某种程度上，民族认同与国家意识具有一致性。国家具有民族的特征，民族具有国家的要素。“民族又依赖于国家，因为只有国家凭借其特有的力量和功能，才能真正维护民族的生存和利益。”❶ 民族认同与国家意识获得了内在的统一性。国家观念是客观存在的国家形态在人们头脑中的反映。它不会凭空产生，而是在国家的形成过程中，在客观现实基础之上产生的，在社会变动中泛化为普通民众的社会共识，并随着国家形态的变化而演变。同时，国家认同感对维护国家的统一和稳定起着至关重要的作用。“几千年来，中华民族虽历经劫难都不至于瓦解，原因之一就是国人在‘大一统’观念的影响下有一种民族凝聚力。这种凝聚力在国家统一时起着维护统一、防止分裂的作用，在国家分裂时起着促进统一、结束分裂的作用。”❷ 共同的文化、社会背景等因素是国家观念形成的必要因素和基本根基。从历史的角度看，民众对国家有一种感性化、世俗化的理解方式，因此，关系日常生活的信用票据不仅对社会经济生活发挥着重要的作用，更进一步促使民族地区的人们认识到新政府能够保障本民族的财产安全和生活稳定，这促使贵州少数民族地区的人民对新生的中华人民共和国产生认同感。

从历史的角度看，民众对国家有一种感性化、世俗化的理解方式，因此，关系日常生活的信用票据不仅对社会经济生活发挥着重要的作用，更进一步促使民族地区的人们认识到新政府能够保障本民族的财产安全和生活稳定，这促使贵州少数民族地区的人民对新生的中华人民共和国产生认同感。可以说，人民币的统一发行与全国流通，使贵州少数民族地区之前的各类信用票据逐渐淡出了流通领域，这根本地改变了贵州少数民族地区的经济环境，使其尽快地恢复和发展经济，为贵州少数民族地区与其他地区的经济交往与文化交往提供了基础条件。更为重要的是，使新生的中华人民共和国与之前的历届政府形成鲜明的对比，从而树立了守信誉、保护人民利益的国家形象。这为增强国家的凝聚力打下坚实的经济基础，有利于维护民族团结和国家统一。

❶ 刘国强：《媒介身份重建：全球传播与国家认同建构研究》，成都：四川大学出版社，2009年，第57页。

❷ 杨士彬：《我国古代社会的国家观念》，《河北学刊》，1996（6）。

附　录

国民党政府财政部实施“法币”布告

（1935 年 11 月 3 日公布）

自今年世纪经济恐慌，各重要国家相率改变货币政策，不许流通硬币。我国以银为币，白银价格剧烈变动以来，遂致大受影响，国内通货紧缩之现象，至为显著，因之工商凋敝，百业不振，而又资金源源外流，国际收支大蒙不利，国民经济日就萎败，种种不良状况纷然并起。计自上年七月至十月中旬，三个半月之间，白银流出凡达二万万元以上。设当时不采取有效措施，则国内现银存底必有外流罄尽之虞，此为国人所昭见者。本部特于上年十月十五日施行征收银出口税，兼课平衡税，借以抑资源外溢，保存国家经济命脉，紧急危机得以挽救。顾成效虽已著于一时，而究非根本挽救办法。一年以来，各界人士纷纷陈请政府设法挽救，近来国内通货益加紧缩，人心慌恐，市面更形萧条。长此以往，经济崩溃必有不堪设想者。政府为努力自救复兴经济，必须保存国家命脉所系之通货准备金，以谋货币基金之永久安定。兹参照各国之先例，规定办法，即日施行：

（1）自本年十一月四日起，以中央、中国、交通三银行所发行之钞票定为法币。所有完粮纳税，及一切公私款项之收付，概以法币为限，不得行使现金，违者全数没收，以防白银之偷漏。如有故存隐匿，意图偷漏者，应准照危害民国紧急治罪法处治。

（2）中央、中国、交通三银行以外，曾经财政部核准发行之银行钞票，现在流通者，准其照常行使。其发行数额，即以截至十一月三日止流通之总额为限，不得增发，由财政部酌定限期，逐渐以中央钞票换回。并将流通总额之法定准备金，连同已印未发之新钞及已发收加之旧钞，悉数交由发行准备管理委员会保管。其核准印制中之新钞。并俟印就时一并照交保管。

（3）法币准备金的保管及其发行收换事宜，设发行管理委员会，以昭确实，而固信用。其委员会章程另案公布。

（4）凡银钱行号商店及其他公私机关或个人，持有银本位币或其他银币生银等银类者，应自十一月四日起，交由发行准备管理委员会或其指定之银行兑换法币。除银本位币按照面额兑换法币外，其余银类，各依其实含纯银数量兑换。

（5）旧有以银币单位订立之契约，应各照原定数额，于到期日概以法币结算收付之。

（6）为使法币对外汇价按照目前价格稳定起见，应由中央、中国、交通三银行无限制买卖外汇。

以上办法，实为复兴经济之要图，并非以运用财政为目的。即中央银行之组织，亦将力求改善，以尽银行之银行之职务。其一般银行制度，更需改革健全于稳妥之下，设法增加其流通性，俾其资金充裕后，得以供应正当工商企业之需要。并将增设不动产抵押放款银行，修正不动产抵押法令，以谋地产之活跃。现经本部切实筹划，不日呈请次第施行。国家财政整理之措施，亦已筹有办法，可期收支之适合。且自此发行统一法币之准备确实，监督严密，信用益臻巩固。所望全国人民咸体斯旨，一致遵行，共济国家于繁荣。事关救国要政，如有故意阻挠，造谣生事，或希图投机，高抬物价者，定即执法严绳，不稍宽贷。除分行外，合亟布告周知。此布。

发行准备管理委员会章程

（1935 年 11 月 3 日公布）

第一条 财政部为统一发行，巩固法币信用起见，特设发行准备管理委员会，并于通商巨埠酌设分会。

第二条 发行准备管理委员会遵照政府法令保管法币准备金，并办理法币之发行收换事宜。

第三条 发行准备管理委员会以下列委员组织之：

（1）财政部派 5 人；

（2）中央、中国、交通 3 银行代表各 2 人；

（3）银行业同业公会代表 2 人；

（4）钱业同业公会代表 2 人；

（5）商会代表 2 人；

（6）各发行银行由财政部长指定代表 5 人。

第四条 发行准备管理委员会以中央银行总裁为主席，并由委员互推常务委员 5 人至 7 人，执行日常事务。

第五条 发行准备管理委员会得聘请中外金融界领袖为顾问。

第六条 法币准备金由发行准备管理委员会指定中央、中国、交通三行之库房为准备库，其各地封存数目，由发行准备管理委员会决定，并陈报财政部备案。

第七条 发行准备管理委员会每月应检查准备库一次，并将发行数额及准备种类数额分别公告，并陈报财政部备案。

第八条 发行准备管理委员会设主任秘书1人，简任，秘书2人至4人，科长2人至4人，荐任，科员16人至20人，委任，并得酌用雇员。

第九条 发行准备管理委员会得拟订办事规则，陈报财政部核准备案。

第十条 本章程自公布之日施行。

兑换“法币”办法

（1935 年 11 月 15 日公布）

第一条 各地银钱行号、商店及其他公共团体个人持有银币、厂条、生银、银锭、银块及其他银类者，应于民国二十四年十一月四日起三个月以内，就近交兑换机关换取法币。但下列各款不在此限：

一、工业、艺术或其他必须用为原料之银类，依照银制品管理规则，经政府许可者。

二、古币、稀币，或有关文化之银质古物。

三、在办法公布前制成及存有之银制器具及装饰品。

第二条 兑换法币机关如下：

一、中央、国家、交通三银行及其分支行或代理处。

二、三银行委托之银行，钱庄、典当、邮政、铁路、轮船、电报各局，及其他公共机关或公共团体。

三、各国地税收机关。

四、各县政府。

第三条 通用银行及厂条以外之一切银类兑换，应按其成色估定兑换。

第四条 凡无法币流通地方，持有银币、厂条、生银、银锭、银块及其他银类者，应送交第二条二、三、四各款所列各机关请代换法币。

第五条 第二条二、三、四各款，所到各机关收兑之银币、厂条、生银、银锭、银块及其他银类，应即送交附近中央、中国、交通三银行兑换法币，如有藏匿，或转付其他用途者，以侵占罪论。

第六条 在兑换期间，如有对于银币、厂条、生银、银锭、银块及其他银类之持有人借端敲诈者，以许欺罪论。

第七条 凡通用银币与法币之兑换，不得有丝毫差价，违者按其情节，将法币银币分别没收，或一并没收之，其意图偷漏而高价收换银币、厂条、生银、银锭、银块及其他银类者，依照《妨害国币惩治暂行条例》第二条第五条办理。

第八条 本办法自公布之日起施行。[1]

[1] 吴岗：《旧中国通货膨胀史料》，上海：上海人民出版社，1958 年，第 72 页。

银制品用银管理规则

（1935年11月15日公布）

第一条 凡银制品用银，依本规则管理之。

第二条 自本规则公布之日起，凡制造银器、银饰，应以化学银为原料，其必须掺用纯银者，所含纯银量不得超过百分之三十。

第三条 在本规则公布以前制成之银器、银饰，暂准照旧出售，至售罄为止。其未制造成品之银料，不得私行出售。

第四条 自本规则公布之日起一个月内，银制品制造者，应将制成之银器、银饰名称，件数，及其所含纯银量，并现存银料数量，报由当地该业同业公会或商会，转报当地或就近中央银行或其他代理行号查核，转报财政部。其未设有中央银行地方，报由中国或交通银行或其代理行号查核转报。

第五条 银制品制造者需用银料，应向中央、中国、交通银行或指定之代理行号购买，但应由当地该业同业公会或商会出具不作别用之保结，同负连带责任。

第六条 银制品制造者购买银料，其最高限度以本规则公布前三年该制造者出售银器、银饰平均数量百分之三十为准。其未及三年者，以前一年出售数量百分之三十为准。

第七条 银制品制造者，应将每六月售出银器银饰所含纯银问题，报明当地该业同业公会或商会，转报发售银料之中央或中国、交通银行或代理行号查核，转报财政部。

第八条 银制品制造者停业时，应将所存银器、银饰、银料，按所含纯银，向中央或中国、交通银行兑换法币。

第九条 银制品制造者，违背本规则之规定，应勒令停业，其有偷漏或意图偷漏情事，如查有第九条所列情事时，依照妨害国币惩治暂行条例第二条、第五条论罪。

第十条 本规则第二条至第八条所列事项，应由发售银料之银行随时派员稽查，如查有第九条所列情事时，应报由当地行政或司法官署办理。

第十一条 凡属艺术、药品及其他工业之用银，准用本规则之规定。但呈准财政部特准者，得不受第二条及第六条百分三十之限制。

第十二条 本规则自公布之日施行。

发行准备管理委员会检查规则

（1935 年 12 月 23 日公布）

1. 本规则依照发行准备管理委员会章程第 7 条之规定制定之。

2. 法币发行数额及其准备金种类数目，定为每月检查 1 次。

3. 法币发行准备金，应分别现金准备及保证准备 2 项检查之。

4. 法币发行须按发行数额十足准备，现金准备为 6 成，以金银或外汇充之；保证准备为 4 成，以国民政府发行或保证之有价证券，及经财政部认为确实之其他资产或短期确实商业票据充之。

5. 现金准备检查，如系库存现币现金银，应分别点验；如系寄存分库或存放国外银行者，应核验各该分库、存放银行之单据证明之。

6. 保证准备之检查，如系库存证券或其他资产，应分别点验；如系寄存分库或寄存国外银行者，应核验各该分库、寄存银行之单据证明之。

7. 凡设有发行准备管理委员会分会地方，其法币发行数额及准备金之种类数目，由分会检查后，转报发行准备管理委员会汇办。无分会地方由该地中、中、交 3 行将发行及准备数目填报各该总行，转报发行准备管理委员会汇办。

8. 发行准备管理委员会每次检查后，应将发行数额及准备种类数目分别公告，并陈报财政部备案。

9. 本规则自公布之日施行。

金类兑换“法币”办法

（1937 年 9 月 30 日公布施行）

1. 凡以生金、金器、金饰、金币，或新产之金块、金沙等金类兑换法币，或换算作为法币存款者，悉照本办法规定办理。

2. 金类兑换法币机关，由财政部委托中央中国交通农民 4 银行邮政储金汇业局邮政局及其分支局处，或其委托代理机关办理之。

3 金类兑换法币，按其实含纯金成分，依照中央银行逐日挂行市计算。

4. 以金类交由第 2 条规定兑换机关兑换法币者，依下列规定给以手续费：①10 两以下者，给 3%；②10 两或 10 两以上者，给 4%；③50 两或 50 两以上者，给 5%。前项手续费由财政部负担。

5. 以金类交由中央中国交通农民 4 行换算作为法币存款，定期在 1 年以上者，除依第 4 条之规定，加给手续费外；并照银行规定利率，加给周息 2 厘。

6. 以金类购买救国公债者，得不依本办法第 4 条之规定，毋论多寡，一律加给 6%。

7. 本办法自公布之日施行。

统一发行办法

（1942 年 7 月 1 日财政部核定实施）

1. 由政府命令，自本年 7 月 1 日起，所有法币之发行，统由中央银行集中办理。

2. 中、交、农 3 行在本年 6 月 30 日以前所发行之法币，仍由各该行自行负责，应造具发行数额详表，送四联总处财政部及中央银行备查。

3. 中、交、农 3 行订印未交，及已交未发之新券，应全部移交中央银行集中库保管。

4. 中、交、农 3 行因应付在，需要资金，得按实际情形提供担保，商请中央银行充分接济，并报财政部备查。

5. 中、交、农 3 行三十一年 6 月 30 日以前所发钞券之准备，应规定期限，由各行缴交中央银行接收（其详细办法另定之）。

6. 各省地方银行之发行，由财政部规定办法，限期结束。

收复区敌伪钞票及金融机关处理办法

（财政部 1945 年 9 月 27 日公布）

第一条 收复区内敌伪钞票及金融机关之处理，除台湾省及东北九省另行规定外，依本办法之规定行之。

第二条 收复区内敌伪钞票，除伪钞由政府分别定价限期收换外，敌钞由持有人向指定之银行或机关申请登记，不得在市面流通。登记办法另定之。

第三条 收复区内人民持有之伪钞，应于政府规定期限内，向指定之银行或机关请求收换。逾期未持请收换者，一律作废。收换办法另定之。

第四条 收复区内敌伪设立之金融机关，由政府指定国家行局接收清理。

第五条 收复区内经敌伪核准设立之金融机关，其执照一律无效，并限期清理。清理办法另定之。

第六条 本办法自公布之日起施行。

中央银行发表公告订定“伪币”取换办法

（1945 年 10 月 24 日公布）

1. 收换伪币，为避免拥护及暂时找零困难起见，自三十四年 11 月 1 日开始收换日起，第 1 个月先兑 1000 元以上之券，第 2 个月加兑 500 元、200 元、100 元券 3 种，第 3 个月加兑 10 元、5 元券 2 种，第 4 个月加兑 1 元券及辅币券。

2. 收换数额以每人每次国币 10 元为最低限额，国币 5 万元为最高限额。如遇拥挤，得编号挨次收换之。

3. 苏、浙、皖省内之中国、交通、中国农民 3 银行、中央信托局、邮政储金汇业局、市银行、省银行、或地方银行、及四明、中国通商、中国实业、中国国货等 4 银行，并各税收机关，均由本行委托为代理收换机关。如当地无上述 5 行局者，由邮汇局委托各地邮局收换。

金圆券发行办法（节选）

（1948 年 8 月 20 日上海大公报）

……

第十八条 自本办法公布之日起，中华民国之货币以金圆为本位币，每元之法定含金量为纯金 0.22217 公分。由中央银行发行金圆券，十足流通行使。

第十九条 金圆之辅币为角及分，以 10 分为 1 角，10 角为 1 圆。

第二十条 金圆券券面分为 1 圆、5 圆、10 圆、50 圆、100 圆 5 种。

第二十一条 金圆辅币分为 1 分、5 分、1 角、2 角、5 角 5 种，以铜镍银分别铸造，并由中央银行发行金圆辅币券，同时流通。

第二十二条 自本办法公布之日起，法币及东北流通券停止发行，所有以前发行之法币以 300 万圆折合金圆 1 圆，东北流通券以 30 万圆折合金圆 1 圆，限于中华民国三十七年 11 月 20 日以前无限制兑换金圆券。在兑换期间，法币及东北流通券暂准照上列折合率流通行使。台湾币及新疆币之处理办法，由行政院另定之。

第二十三条 自本办法公布之日起，公私会计之处理一律以金圆为单位。凡依法应行登记之事项，须载明金额者，应于本办法公布后 6 个月内为变更之登记。

第二十四条 自本办法公布之日起，所有法币及东北流通券之公私债权债务，均应按照本办法第五条规定之折合率折合清偿。政府发行之法币公债尚未清偿者，由行政院另订办法处理之，除民国三十六年美金公债应照原条例偿付外，所有民国二十七年金公债、民国二十九年建设金公债、民国三十一年同盟胜利美金公债、及民国三十六年美金短期库券，应按法定兑换率换发金圆公债。

第二十五条 金圆券之发行采十足准备制。前项发行准备中必须有 40% 为黄金、白银及外汇，其余以有价证券及政府指定之国有事业资产充之。

第二十六条 金圆券发行总额以 20 亿元为限。

第二十七条 金圆券发行准备之检查保管，设金圆券发行准备监理委员会办理之。其组织规程由行政院定之。

第二十八条 金圆券须经中央银行总裁及其发行局局长签署，方得发行。

第二十九条 金圆券每月发行数额，应由中央银行于每月终列表报告财政部及金圆券发行准备监理委员会。

第三十条 金圆券发行准备监理委员会，应于每月终了后检查中央银行发行金圆券之数额及发行准备情形，作成检查报告书公告之；同时报告行政院，并以副本分送财政部及中央银行。

第三十一条 金圆券发行准备监理委员会，如发现金圆券之准备不足，或金银外汇之准备不及第八条第二项规定之百分比时，应即通知中央银行停止发行，收回其超过发行准备之金圆券，并分别报告行政院及财政部。

第三十二条 中央银行接到前条通知后，应即兑回其超额部分之金圆券，或补足其发行准备。非经金圆券发行准备监理委员会检查认可后，不得续增发行。

第三十三条 金圆券不得伪造变造或故意毁损，违者依妨害国币惩治条例治罪。

第三十四条 本办法自公布之日施行。

人民所有金银外币处理办法

（1948 年 8 月 20 日上海大公报）

第一条 本办法所称人民，包括在中华民国境内之自然人、法人及其他社团。

第二条 自本办法公布之日起，黄金、白银、银币及外国币券，在中华民国境内禁止流通买卖或持有。

第三条 人民持有黄金、白银、银币或外国币券者，应于中华民国三十七年 9 月 30 日以前，向中央银行或其委托之银行，依下列各款之规定兑换金圆券：

（1）黄金按其纯含量每市两兑给金圆券 200 圆；

（2）白银按其纯含量每市两兑给金圆券 3 圆；

（3）银币每元兑给金圆券 2 圆；

（4）美国币券每元兑给金圆券 4 圆，其他各国币券照中央银行外汇汇率兑给金圆券。

第四条 黄金、白银、银币及外国币券之持有人，除按前条规定兑换金圆券外，并得依其志愿就下列二款之一处理之：

（1）购买民国三十六年美金公债：如为美国币券，得以原币请购；如为黄金、白银、银币或其他外国币券，得依照前条各款之兑换率折购之。

（2）存储于中央银行：如为外国币券，各以其原币存储；如为黄金、白银、银币，得依照前条各项兑换率折合美金存储。

前项存储之款，得凭输入许可证支付输入物品之货价，或支付经财政部核准之其他用途。

第五条 国内生产之矿金、砂金及矿银，由中央银行或其委托之银行随时定价收兑之，不受第三条之限制。

第六条 医学、工业及其他正当需要购用金银为原料者，随时报请财政部核准办理。

第七条 人民持有之金饰、银饰准许继续持有及转让，但不得以超过本办法第三条所定兑换率之价格买卖这。

第八条 人民不得以黄金条块改铸金饰。

第九条 黄金、白银、银币及外国币券一律禁止携带出国，但每人所携金饰总量不超过 2 市两，银饰总量不超过 20 市两，或附有售给外国币券银行出具证明书之旅行零用外国币券其总值不超过美金 100 元者，不在此限。

第十条 携带黄金、白银、银币、金银饰物或外国币券进入国境者，应报明海关。除每人所携金饰总量不超过 2 市两，银饰总量不超过 20 市两，准许携带自行持有外，其余应缴送中央银行或其委托之银行，按照第三条之规定兑给金圆券。过境或游历旅客除得按前项规定自行携带之金饰银饰外，所有之金银外币仍须携带出境者，应于入境时报明海关，交由中央银行或其委托之银行封存保管，于出境时领回原物。但于入境后 6 个月内仍未请求发还携带出境者，应依照第三条之规定兑给金圆券。

第十一条 除中央银行外，所有其他中外银行非经中央银行之委托，不得收兑持有或保管黄金、白银、银币或外国币券。

第十二条 违反本办法第三条、第四条之规定，不于限期内兑换或存储者，及违反本办法第八条、第九条、第十条、第十一条之规定者，其黄金、白银、银币及外国债券一律没收。

第十三条 违反本办法第七条之规定者，或违反第十一条之规定擅自收兑黄金、白银、银币或外国币券者，除将其标的物没收外，其违反第七条规定，以超过兑换率之价格买卖金饰，或违反第十一条规定，擅自收兑黄金或外国币券之行为，并应依照黄金外币买卖处罚条例处罚之。

第十四条 对于违反本办法第三条、第四条规定，不于限期内兑换或存储，及违反本办法第七至第十一条规定之行为，向主管官署报告因而查获没收者，应以没收品价值 40% 奖给报告人。

第十五条 本办法自公布之日施行。

修正金圆券发行办法

（1948 年 11 月 12 日公布）

第一条 中华民国之货币以金圆为本位币，每圆之法定期含金量为纯金 4.4434 公毫，由政府铸造，交由中央银行发行之。

第二条 金圆之辅币为角及分，以 10 分为 1 角，10 角为 1 圆。

第三条 金圆单位分为 1 圆、5 圆、10 圆、50 圆、100 圆 5 种，以金银分别铸造，并由中央银行发行金圆券，同时流通。

第四条 金圆辅币分为 5 分、1 角、2 角、5 角 4 种，以铜镍分别铸造，并由中央银行发行金圆辅币券，同时流通。

第五条 自金圆券发行之日起，法币及东北流通券停止发行，所有以前发行之法币以 300 万圆折合金圆 1 圆，东北流通券以 30 万圆折合金圆 1 圆，限于中华民国三十七年 11 月 20 日以前无限制兑换金圆券。在兑换期间，法币及东北流通券均暂准照上列折合率流通行使。台湾币及新疆币之处理办法，由行政院另定之。

第六条 自金圆券发行之日起，公私会计之处理一律以金圆为单位。凡依法应行登记之事项须载明金额者，应于金圆券发行之日起 6 个月内为变更之登记。

第七条 自金圆券发行之日起，所有法币及东北流通券之公私债权债务，均应按照本办法第五条规定之折合率折合清偿。政府发行之法币公债尚未清偿者，由行政院另订办法处理之，除民国三十六年美金公债应照原条例偿付外，所有民国二十七年金公债、民国二十九年建设金公债、民国三十一年同盟胜利美金公债、及民国三十六年美金短期库券，应按法定兑换率，换发金圆公债。

第八条 金圆券之发行采十足准备制，其中40%为黄金白银及外汇，其余60%为有价证券及政府指定之国有事业资产。

第九条 凡持有黄金白银银币及外汇者，得按照规定比率兑换金圆或金圆券。前项比率另定之。

第十条 凡持有金圆或金圆券者，得照政府管理外汇办法之规定购买外汇。前项管理外汇办法，关于进出口贸易部分应依连锁制制定之。

第十一条 凡以金圆券存入中央银行指定之银行，存期满1年者，除照章计息外，并得于存款时，以与存款同额之金圆券向存款银行兑换金圆。在金圆未铸成前，得按照规定比率兑取黄金或银币。前项存款银行之指定及收受存款兑换金银之开始日期，应由中央银行于本办法公布后10日内公告之。

第十二条 金圆券发行总额，另以命令定之。

第十三条 金圆券发行准备之检查保管，设金圆券发行准备监理委员会办理之，其组织规程由行政院定之。

第十四条 金圆券须经央行总裁及其发行局长签署，方得发行。

第十五条 金圆券每月发行数额，应由央行于每月终列表报告财政部及金圆券发行准备监理委员会。

第十六条 金圆券发行准备监理委员会应于每月终了后，检查央行发行金圆券之数额及发行准备情形，作成检查报告书，报告行政院，并以副本分送财政部及央行。

第十七条 金圆券发行准备监理委员会，如发现金圆券之准备不足，或金银外汇之准备不及第八条规定之百分比时，应即通知央行停止发行，收回其超过发行准备之金圆券，并分别报告行政院及财政部。

……

第三十五条 央行接到前条通知后，应即兑回其超额部分之金圆券，或补足其发行准备，非经金圆券发行准备监理委员会检查认可后，不得续增发行。

第三十六条 金圆券不得伪造变造或故意毁损，违者依妨害国币惩治条例治罪。

第三十七条 本办法自公布之日施行。

银元及银元兑换券发行办法

（1949 年 7 月 3 日）

第一条 中华民国国币以银元为本位。银元一元总重量为二六点六九七一公分，成色为千分之八百八十，含纯银二三点四九三四四八公分。

第二条 银元之辅币，分为一分、五分、一角、二角、五角五种，其质量成色另定之。

第三条 银元及辅币由中央造币厂铸造，中央银行发行。

第四条 为便利行使起见，由中央银行发行银元兑换券及银元辅币券。银元兑换券之面额分为一元、五元、十元、五十元、一百元五种。

银元辅币券之面额分为五分、一角、二角、五角四种。

辅币及银元辅币券，每次授受以合银元二十元为限。

第五条 银元兑换券及银元辅币券之发行，应有十足准备。其中银元黄金或外汇合计不得少于六成，有价证券、货物栈单合计不得多于四成。

第六条 银元兑换券之兑换地点，经财政部核定后，由中央银行公告。

第七条 银元铸造未充分时，银元兑换券之兑现，得以黄金为之，其兑换率由中央银行挂牌公告。

第八条 银元兑换券购买外汇，依管理外汇条例之规定办理。

第九条 自本办法公布之日起，所有公私收付，一律以银元为计算单位。各级政府税收及公营事业收费，应一律收受银元兑换券。

第十条 中央银行对于政府垫款，非依照本办法第五条之规定收足准备金，不得支付。

第十一条 银元兑换券及辅币券数额，由中央银行按月报请行政院、财政部核明公告。

第十二条 中央银行发行数额及准备金实况，中央银行监事会应按月实施检查，并由行政院、财政部请监察院派员会同检查。如查有不合于本办法之规定时，应立即纠正。

第十三条 各省省银行经财政部之核准，得发行面额一元之银元兑换券及银元辅币券，其发行数额及准备实况，应按月报告财政部，并由财政部随时检查。

第十四条 银元兑换券、辅币券均不得伪造、变造、或故意毁损，违者依《妨害国币惩治条例》治罪。

第十五条 本条例自公布之日施行。

法币发行统计

时间		法币发行额（单位：10 亿元）	环比	指数（1937 年 6 月为 1）
1937 年	1 月	1. 31	—	—
	2 月	1. 36	1. 03	—
	3 月	1. 37	1. 00	—
	4 月	1. 39	1. 01	—
	5 月	1. 41	1. 01	—
	6 月	1. 41	1. 00	—
	7 月	1. 45	1. 02	1. 03
	8 月	1. 51	1. 04	1. 07
	9 月	1. 55	1. 02	1. 10
	10 月	1. 56	1. 03	1. 10
	11 月	1. 60	1. 02	1. 13
	12 月	1. 64	1. 02	1. 16
1938 年	1 月	1. 68	1. 02	1. 19
	2 月	1. 70	1. 01	1. 20
	3 月	1. 68	0. 98	1. 19
	4 月	1. 70	1. 01	1. 20
	5 月	1. 71	1. 00	1. 21
	6 月	1. 73	1. 01	1. 23
	7 月	1. 75	1. 01	1. 24
	8 月	1. 82	1. 04	1. 29
	9 月	1. 93	1. 06	1. 37
	10 月	2. 04	1. 05	1. 45
	11 月	2. 16	1. 05	1. 53
	12 月	2. 31	1. 06	1. 64

续表

时间		法币发行额（单位：10 亿元）	环比	指数（1937 年 6 月为 1）
1939 年	1 月	2. 31	1. 00	1. 64
	2 月	2. 36	1. 02	1. 67
	3 月	2. 41	1. 02	1. 71
	4 月	2. 49	1. 03	1. 77
	5 月	2. 59	1. 04	1. 84
	6 月	2. 70	1. 04	1. 91
	7 月	3. 19	1. 18	2. 26
	8 月	3. 34	1. 04	2. 37
	9 月	3. 59	1. 07	2. 35
	10 月	3. 72	1. 03	2. 64
	11 月	3. 92	1. 05	2. 78
	12 月	4. 29	1. 09	3. 04
1940 年	1 月	4. 45	1. 03	3. 16
	2 月	4. 67	1. 04	3. 31
	3 月	4. 69	1. 00	3. 33
	4 月	5. 22	1. 11	3. 70
	5 月	5. 60	1. 07	3. 97
	6 月	6. 06	1. 08	4. 30
	7 月	6. 25	1. 03	3. 43
	8 月	6. 65	1. 08	4. 72
	9 月	6. 84	1. 02	4. 85
	10 月	7. 07	1. 03	5. 01
	11 月	7. 49	1. 05	5. 31
	12 月	7. 87	1. 05	5. 58
1941 年	1 月	8. 2	1. 04	5. 82
	2 月	8. 7	1. 06	6. 17
	3 月	9. 2	1. 05	6. 52
	4 月	9. 6	1. 04	6. 81
	5 月	10. 1	1. 05	7. 16

续表

时间		法币发行额（单位：10 亿元）	环比	指数（1937 年 6 月为 1）
1941 年	6 月	10. 7	1. 05	7. 59
	7 月	11. 3	1. 05	8. 01
	8 月	11. 9	1. 05	8. 44
	9 月	12. 7	1. 06	9. 01
	10 月	13. 4	1. 05	9. 50
	11 月	14. 4	1. 07	10. 21
	12 月	15. 1	1. 05	10. 71
1942 年	1 月	16. 0	1. 05	11. 35
	2 月	16. 8	1. 05	11. 91
	3 月	17. 5	1. 04	12. 41
	4 月	15. 5	1. 05	13. 12
	5 月	20. 0	1. 08	14. 18
	6 月	24. 9	1. 24	17. 65
	7 月	27. 5	1. 10	19. 50
	8 月	26. 4	0. 96	18. 72
	9 月	27. 9	1. 05	19. 78
	10 月	29. 9	1. 07	21. 21
	11 月	31. 8	1. 06	22. 55
	12 月	34. 4	1. 08	24. 40
1943 年	1 月	35. 7	1. 03	25. 32
	2 月	37. 9	1. 06	26. 87
	3 月	40. 4	1. 08	28. 64
	4 月	43. 7	1. 08	30. 98
	5 月	46. 5	1. 06	32. 97
	6 月	49. 9	1. 07	35. 38
	7 月	52. 5	1. 05	37. 22
	8 月	56. 3	1. 07	39. 92
	9 月	60. 5	1. 07	42. 89
	10 月	64. 4	1. 06	45. 66

续表

时间		法币发行额（单位：10亿元）	环比	指数（1937年6月为1）
1943年	11月	68.9	1.06	48.85
	12月	75.4	1.09	53.46
1944年	1月	81.6	1.08	57.85
	2月	86.6	1.06	61.40
	3月	95.9	1.10	67.99
	4月	104.4	1.08	74.02
	5月	113.8	1.09	80.68
	6月	122.8	1.07	87.07
	7月	129.1	1.05	91.53
	8月	137.6	1.06	97.56
	9月	150.2	1.09	106.49
	10月	161.2	1.07	114.29
	11月	170.3	1.05	120.74
	12月	189.5	1.11	134.36
1945年	1月	202.9	1.07	143.86
	2月	226.2	1.11	160.38
	3月	246.9	1.09	175.05
	4月	280.8	1.13	199.09
	5月	336.5	1.19	235.58
	6月	397.8	1.18	282.04
	7月	462.3	1.16	327.77
	8月	556.9	1.20	394.84
	9月	674.2	1.21	478.01
	10月	805.9	1.19	500.48
	11月	901.0	1.11	638.81
	12月	1 031.9	1.14	731.62
1946年	1月	1 149.9	1.11	815.28
	2月	1 261.2	1.09	864.19
	3月	1 345.6	1.06	954.03

续表

时间		法币发行额（单位：10亿元）	环比	指数（1937年6月为1）
1946年	4月	1 528.1	1.13	1 083.42
	5月	1 796.0	1.17	1 273.36
	6月	2 112.5	1.17	1 497.76
	7月	2 158.1	1.02	1 530.45
	8月	2 376.1	1.10	1 684.65
	9月	2 700.6	1.13	1 914.73
	10月	2 983.9	1.10	2 115.59
	11月	3 296.2	1.10	2 337.01
	12月	3 726.1	1.13	2 641.80
1947年	1月	4 509.5	1.21	3 197.24
	2月	4 837.8	1.07	3 430.00
	3月	5 744.1	1.18	4 072.57
	4月	6 901.1	1.20	4 892.88
	5月	8 381.3	1.21	5 942.34
	6月	9 935.1	1.16	7 096.53
	7月	11 664.1	1.15	8 455.80
	8月	13 697.3	1.17	9 714.39
	9月	16 948.1	1.24	12 019.92
	10月	20 791.2	1.23	14 745.53
	11月	26 878.9	1.29	19 063.04
	12月	33 188.5	1.23	23 537.04
1948年	1月	40 940.9	1.23	29 036.09
	2月	53 928.7	1.32	38 247.30
	3月	69 682.1	1.29	49 419.92
	4月	97 798.9	1.40	69 360.92
	5月	13 7418.8	1.40	97 460.14
	6月	196 520.3	1.43	139 376.09
	7月	374 762.2	1.91	265 788.79
	8月21日	663 694.6		

民国时期贵阳市业务较大的商业银行设置情况

1. 上海商业储蓄银行贵阳分行

该行于1915年在上海成立总行，贵阳分行于1938年7月15日在中华路开业。经理姚吟舫。有职员18人。营运基金30万元。该行办事人员素以服务态度好、办事效率高著称。

2. 金城银行贵阳分行

该行总行于1917年5月18日成立于天津。为著名的“北四行”（即金城、中南、盐业、大陆四银行）之一。1938年10月在贵阳设立办事处，对外营业，地址在中华南路。主任由该行重庆分行经理王恩东兼，有办事人员3人。1941立年改为支行，邵仲和、李朝桓先后任经理，有职工20人。1943年迁入王家巷自建行址，有营运基金10万元。

3. 四川美丰银行

1939年来贵阳筹建分行，1940年8月7日开业，有职工17人，负责人先后为李叔声、谢通芳、赵仲华、刘葆三等。1947年8月25日迁入省府路新址营业。1948年7月1日起更名为美丰商业银行。解放后，1950年经批准继续营业。

该行于1942年9月19日在遵义设办事处，先后由陈瑾怀、刘可洪、伍锡亨等人任主任，共有职员7人。

4. 聚兴诚银行贵阳支行

这是一家著名的“川帮”银行。1915年在重庆成立总行，贵阳支行于1941年6月15日成立。地址在省府路，先后由戴彦容，马叔文等人任经理，有职工24人，营运基金25万元。1948年更名为“聚兴诚商业银行”。解放后，1950 年经批准继续营业。

1944 年冬，日寇侵犯湘桂，该行衡阳、柳州、沅陵三办事处先后撤退来筑，支付存款，清理账务。

5. 亚西实业银行

为“川帮”银行之一。1941 年 1 月在重庆成立总行。贵阳分行于同年 7 月 23 日开业，行址在省府路。周其恒、陈雨膏、刘崇华等先后任经理，有职工 14 人，营运基金 10 万元。1948 年 5 月更名为亚西商业银行。

1942 年 9 月 19 日设立遵义办事处，营运基金 5 万元，主任金汉初，1949 年 7 月撤销。

6. 重庆商业银行贵阳办事处

其前身为重庆市民银行，1934 年改组为重庆商业银行。

该行贵阳办事处于 1941 年 12 月 10 日在中华南路开业。李晓岚、周寿徵先后任主任。有职工 9 人，营运基金 20 万元。后因亏损，于 1945 年 12 月 31 日停业。

7. 云南兴文银行贵阳分行

1939 年 5 月 1 日由兴文官银号改组成立，为官商合办。贵阳分行于 1943 年 1 月 20 日在中华南路成立开业。营运基金 50 万元，马铨、马季唐、张启宇等先后任经理。1948 年 5 月 1 日停业。

1945 年 7 月 5 日设立城北分理处，同年 11 月撤销。

8. 和成银行贵阳办事处

该行总管理处设在重庆，1937 年由钱庄增资组建而成。1943 年 4 月 26 日在大十字成立贵阳办事处。刘汉平、韦文宣等先后任主任，有职工 6 人，营运基金 25 万元。1950 年经批准继续营业。

9. 云南实业银行

原为云南省建设厅创办，1942 年加入商股改组为云南实业银行。贵阳分行于 1943 年 6 月 1 日先行营业，同月 18 日在中华南路正式开业。马冀良、钱恂如等先后任经理，有员工 24 人，营运基金 50 万元。1949 年 9 月停业。

10. 复兴实业银行贵阳分行

该行前身为醴陵农民银行。1939 年 1 月 27 日醴陵农民银行贵阳办事处成立，主任王兰生。主要办理联络和收回在黔发行之辅币券等事项，同年9月结束。其后该总行增资改组为复兴实业银行，资本法币200万元。1943年9月该行总管理处因避战乱迁来贵阳，旋于同110月1日成立贵阳分行，行址在正新街。蔡钟洛、周克明、文运鹄等先后任经理，有营运资金30万元。1948年9月改名为“复兴商业银行”。

1944年7月，该行所属战区内的部分行处，经财政部批准迁移贵州，计有：

渌口办事处迁独山。

醴陵办事处迁遵义。

湘潭支行迁镇远。

白地市汇总所迁安顺。

上述该行机构均于抗战胜利后迁回。

11. 云南益华银行贵阳办事处

1942年1月益华银行改组成立，贵阳办事处于1943年12月28日在正新街开业。营运基金25万元，主任梁灿宇，有职工8人，1947年撤销。

1945年，该行在安顺设立办事处。

12. 大同银行贵阳分行

1942年底由大同银行增资改组而成，总行设于重庆。贵阳分行于1944年3月11日在中华中路开业，经理吴志高，有职工13人，营运基金25万元，1947年增为50万元。1944年11月该行衡阳分行，迁来贵阳清理；桂林分行迁遵义营业。

13. 昆明商业银行贵阳分行

为云南省主义龙云1940年投资开办，由其子龙绳武任董事长，曾朗奎为总经理，资本2100万元。贵阳办事处于1944年1月8日先行营业，5月22日正式开业，地址在省府路。主任孙祖荫。1945年7月改为贵阳分行，经理黎兰笙，营运基金25万元。

14. 中国国货银行贵阳分行

1929年11月15日在上海成立，为官商合办，总经理宋子良。贵阳分行于1944年6月15日先行营业，9月15日正式开业，地址在正新街，有营运基金 25 万元。经理卞燕侯。1945 年 12 月底停业。

15. 利群银行贵阳分行

为“川帮”银行之一。总行设在江津，总经理李鉴因。贵阳分行成立于 1947 年 8 月 28 日，行址中华南路，经理李佩瑶，营运基金 1000 万元。该行还在遵义设立分行，于 1947 年 8 月 4 日开业。主任况雨霖，营运基金 1000 万元。上述两分行均于 1949 年解放前停业。

16. 大川银行贵阳分行

该行于 1940 年创立于成都。1946 年刘熙乙投资 5 亿元，接替王缵绪股权，成为主要股东，并一度任董事长。贵阳分行于 1940 年 9 月 18 日开业，经理萧济刚。1948 年 10 月起更名为大川商业银行，1949 年初停业。

17. 福钰银行贵阳分行

1944 年 3 月 1 日起在云南益华银行内办公，3 月 7 日正式开业。经理庄铁君。

以上在贵州省先后正式开业的商业银行共计 17 家。

此外，尚有湘西农村银行于 1933 年在铜仁设代办处；华侨兴业银行、山西裕华银行于 1942 年前后来贵阳筹设机构，但未开业，旋即撤销。中国通商银行、工矿银行、永成银行、华侨兴业银行、建业银行等因战争影响于 1944 年将湘、桂两省部分行处迁来贵阳清理。

二野前委进入少数民族区域内的一些注意事项

（1949 年 9 月 20 日）

注：这个材料是由南京熟习西南少数民族问题的人士和学者经过详细讨论之后写出来的，对我们很有帮助，望注意研究并结合你们本身的调查材料，针对不同对象，提出几条简明的注意事项，通令全体官兵一体遵行。

1. 多带露营的设备，因为他们的房子都很小，而且不集中，生活习惯又不同，非常不方便。

2. 不要进他们的庙宇、祠堂，除非受他们的邀请。在看他们举行祭祀或跳神的时候，要同他们一样保持严肃的态度，不要谈笑。

3. 西康人对于宗教特别虔诚，须十分小心尊重他们的习惯。

4. 在进军的时候，最好预先派人和他们的领袖接洽好，他们可以帮很多的忙。

5. 他们要邀请参加他们的宴会的时候，不要过于拒绝，怕他们多心认为是看不起他们，他们宴会中所吃的东西，也许是很难吃的，但为顾全主人的面子，要勉强尝一点。

6. 和他们妇女办交涉的时候，要十分小心，不要使他们发生误会，认为是调戏他们的妇女。

7. 四川、西康交界的大小凉山一带领的倮倮，喜欢世代寻仇，叫做“打冤家”。在他们宴会或许多人聚会的时候，不要问他们的家世，因为可能使两家之间起了冲突。

8. 川北和西康一带领，非常贫瘠，农产品极少，并缺乏食盐（但西康之宁属盐源，盐边等县产盐）而且大小凉山区域，成半独立状态，不受汉人征调，向这些地方进军的时候，粮食最好能预先筹划，还多带点盐巴进去，自己吃，也可送人。

9. 云南贵州两省少数民族和汉人杂处，国民党对于他们是征粮征兵的，解放军去了，要征粮，大概他们会视为当然的事情，为省麻烦，当然经过旧有的政权机关的好，但要严防旧有的人员舞弊中饱。

10. 西康南部和云南永宁相近的木里土司地，是么些人和估倧人合住的地方，也成半独立状态，他们自称为木王国，他们对于汉人素来取一种极客气而疏远的状态。汉人官员来往必隆重的接送，有时还送许多粮食，马匹和金子，（他们藏金子不少）但不愿汉人在那里久留。要向那里进军要先和他们的"王"接洽好，他有一位"宰相"是能说汉话的。

11. 少数民族中往往有许多不合理的事情，例如，大小凉山的倮倮，阶级制度很严，主人对于奴隶可以自由的生杀买卖，掠取汉人为奴隶，非常的虐待，又如有许多民族的土司出来，老百姓都须跪伏道旁，土司可以随便召去老百姓家的女儿做婢妾。又如木里土司地政治清明，但刑罚非常残酷，常常将犯罪的人，用铁练长系终身，甚至断去手足，让他在牢中自死，对于这些事情，只能慢慢的去教育，而不要性急的去干涉。

12. 国民党这几年在少数民族中，设立了不少的小学，宣传国民党的抗战功绩，恐怕少数民族受影响很不少，须慢慢的去说服他们，改造他们的思想。

13. 近年来西南各省种鸦片烟和买卖鸦片烟的事，几乎是公开的，为产烟苗的事，几次激成民变，少数民族中有不少是做这种生意的，对于他们也只能慢慢的教育，而不要操之过急。

14. 多带点针线一类的东西，可以换粮食，付工资。

15. 多带点普通药品，如治痢疾的药，治疥疮的药，治火眼的药以及红药水、碘酒、十滴水、万金油等，到处受欢迎，而且赢得他们的信仰，不过施药时得特殊小心，如果施坏了他们也容易失望。

16. 云南的盐缺乏碘质，人吃久了，容易生瘿袋病，最好也带点海盐和紫菜、海带一类的东西去。

17. 云南野人山江心坡一带，系滇缅北段未定界的地方，民族复杂，而且受西洋传教士的影响很深，最好暂且不进去，以省去麻烦，如果非在那里经过不可，必须有深知他们内容的通事人预先接洽好。

贵阳市军管会成立布告

（1949 年 11 月 23 日军秘字第 1 号）

案奉人民解放军第二野战军司令员刘、政治委员邓电令开：贵阳已获解放，应实施军管制，兹任命苏振华为贵阳市军事管制委员会主任，曾固、赵健民为副主任，杨勇、徐运北、刘星、秦天真为委员，组成为贵阳市军事管制委员会，仰即到职视事。等因；奉此，本会遵于 11 月 22 日宣布成立，振华等亦于同日到职视事。特此布告周知，仰各军民人等一体知照为要。

主　任　苏振华
副主任　曾　固
　　　　赵健民

贵阳市军管会关于人民币为唯一合法货币的布告

（1949 年 11 月 28 日金字第 1 号）

本会为保护人民利益，稳定金融市场，迅速建立新民主主义的经济秩序起见，兹确定中国人民银行之人民币为市场流通之唯一合法货币，并作如下规定：

（一）自即日起，一切伪币（伪银圆券及伪省地方发行之纸币）一律禁止在市场流通。

（二）自即日起，所有完粮纳税及一切公私款项的收付、物价计算、债务、账务、票据、契约等，均以人民币为计算及清算本位，不得再以伪银圆券或黄金、银元及外币为计算及清算本位，所有已往账务、债务之清算，均应以人民银行当时牌价为准。

（三）自即日起，凡税收、贸易机关、交通、邮政等各种公共事业收入款项，必须一律收用中国人民银行发行之人民币。

以上规定，仰全体人民遵照办理，如有故违，一经查获，以扰乱金融论处。

此布。

主　任　苏振华

副主任　曾　固

赵健民